교과교재 연구 및 지도법

제2판

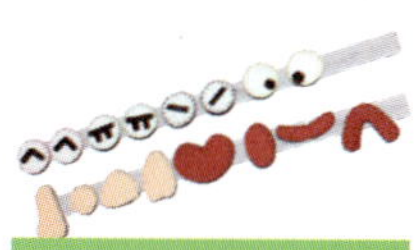

황소영 나혜선 공저

정민사

머리말

영유아는 발달특성상 추상적이고 간접적인 과정보다는 직접적이고 감각적인 경험을 통해 학습을 가장 잘한다. 따라서 교사는 영유아의 흥미와 발달에 적합한 다양한 교재교구를 활용하고, 활동주제나 학습자의 요구에 따라 직접 제작하기도 한다. 교재교구를 제작하는 일은 많은 시간과 노력을 필요로 하기 때문에 수업을 듣는 학생들뿐만 아니라 현장에 있는 교사들에게도 부담스러운 일이다.

이에 본 교재는 유아교육과 관련된 분야의 종사자들뿐만 아니라 유아교육에 관심 있는 모든 사람이 교재교구와 관련된 기본적인 이론에 대한 이해를 바탕으로, 교재교구를 효율적으로 제작하고 수업에 적절하게 활용하는 데 도움을 주고자 하는 목적으로 집필되었다.

본 교재는 크게 교과교재 및 제작과 관련된 내용을 다룬 이론편과 교재교구의 제작과정 및 활용에 대한 활동안을 제시한 실제편으로 다음과 같이 구성하였다.

이론편은 5개의 장으로 제1장은 교과교재에 대한 개념을 설명하였고, 교재교구가 영유아발달에 어떤 교육적 효과와 가치가 있는지에 대한 내용을 다룸으로써 교재교구의 필요성 및 중요성을 강조하였다. 제2장은 교재교구와 관련된 이론들을 고찰함으로써 각 이론이 교사의 교수방법과 활용되는 교재교구의 목적 및 내용에 어떻게 적용되는지 살펴보았다. 제3장은 수많은 교재교구를 분류할 수 있는 몇 가지 기준을 제시하여 교재교구를 효율적으로 활용하고 체계적으로 관리할 수 있는 내용을 다루었다. 제4장은 교재교구 제작과 관련된 내용으로, 교재교구를 제작할 때 고려해야 할 기본적인 내용들을 소개하였다. 또한, 제작절차와 교재교구의 종류에 따른 제작방법을 구체적 사례 및 사진과 더불어 설명함으로써 교재교구 제작과정과 방법에 대한 이해를 높이고자 하였다. 제5장은 제작한 교재교구를 어떻게 활용하고 관리할 것인가에 대한 내용을 다루었다. 교재교구의 제시, 배치, 활용방법은 자유놀이와 대·소집단 활동으로 나누어 설명하였고, 보관 및 관리는 효율적 관리의 중요성에 강조점을 두어 설명하였다.

실제편은 유아와 영아를 대상으로 한 활동으로 2개의 장으로 구성하였다. 교재교구를 실제로 제작하고 활용하는 과정을 모두 포함하고 있으며, 유아와 영아로 대상을 나누어 구성하였다. 각 활동마다 교재교구 제작을 위한 준비물과 제작방법, 완성된 교재교구의 교육적 목표와 활용방법 및 확장활동 등을 사진과 함께 소개하였다. 교재교구의 제작과정과 활용방법에 대한 실제 내용을 계획안 형식으로 제시함으로써 각 교과 수업에서 교재교구를 제작하는 학생이나 현장에 있는 교사들이 응용하여 적용하는 데 도움을 주고자 하였다.

아무쪼록 본 교재가 영유아를 대상으로 활동을 계획하고 실행하고자 하는 교사와 예비교사들에게 좋은 지침서가 되기를 기대해 본다. 본 교재가 잘 만들어질 수 있도록 정성을 다해 협조해 주신 정민사 출판사의 모든 분께 깊은 감사의 말씀을 드린다.

2021년 7월

저자 일동

차례

PART 01 이론편

Chapter 01 교재교구의 이해

Chapter 02 교과교재 관련 이론

Chapter 03 교재교구의 분류

Chapter 04 교재교구의 제작

Chapter 05 교재교구의 활용 및 관리

PART 02 실제편

Chapter 06 교재교구 활용의 실제

침실
화장실
부엌
거실

PART 01

이론편

Chapter 01 교재교구의 이해

영유아교육의 교수-학습과정은 교수매체 활용의 연속이라고 해도 과언이 아닐 정도로 다양한 유형의 매체가 영유아교육현장에서 활용되고 있다. 특히, 여러 가지 구체물로 된 교육자료가 활용되고 있으며, 급변하는 사회 변화에 따라 새로운 교수매체가 지속적으로 개발 · 적용되고 있다. 영유아의 흥미를 유발하고 이해를 돕기 위해 교수매체의 활용은 필수적이므로, 영유아교사들은 교수매체의 효과에 대해 인지하고 민감하게 반응해야 하며 능동적으로 대처하려는 노력을 기울여야 한다. 영유아교육현장의 교사는 효율적인 교수-학습방법을 이론적으로 터득하는 것뿐만 아니라 영유아 수업에 활용되는 교수매체, 즉 교재교구에 대한 이론적 기초와 더불어 이를 실제로 제작하는 절차와 활용하는 방법을 습득해야 한다. 따라서 교재교구에 대한 이론적 기초를 정립하기 위해 먼저 교재교구의 개념을 명확히 해야 한다.

제1장에서는 교재교구의 정의와 중요성에 대해 알아보고자 한다.

1. 교재교구의 개념

매체(medium, 복수형은 media)라는 용어는 라틴어에서 유래된 것으로 '사이(between)', 즉 맺어 주는 역할이라는 뜻이다. 매체란 송신자와 수신자 간의 정보 전달을 뜻하는 의사소통의 통로라고 할 수 있다. 이와 같은 정의에 비추어 볼 때 교과서를 포함한 모든 인쇄자료, 실물, 표본, 영화, 비디오, TV, 다이어그램, 컴퓨터는 물론 교사와 같은 인적 자원도 매체에 포함된다. 이러한 매체가 교수-학습을 목적으로 메시지를 전달하는 것을 교수매체(instrumental medium)라고 한다(Heinich, Russell, Molenda, & Smaldino, 2002). 교육 분야에서 매체가 활발하게 사용된 이유는 매체가 학습자에게 구체적인 경험을 제공할 뿐만 아니라 학습자들이 자신의 선행경험을 새로운 학습에 통합하여 지식을 구성하는 데 영향을 미치기 때문이다.

교수매체는 교육의 전반에서 광범위하게 사용되고 있으나 영유아교육현장에서의 교수목표 달성을 위한 교수매체는 교육자료인 교과교재를 의미한다. 영유아를 위한 교과교재에는 영유아의 발달을 도모하기 위해 교사가 계획한 대 · 소집단 활동, 실내 · 외 자유놀이 등 유치원과 어린이집에서 이루어지는 영유아들의 모든 활동에 사용되는 교재와 교구를 모두 포함한다(김정균, 이광자, 조정숙, 한애향, 2014).

사전적 의미로 교재(teaching materials)는 학문이나 기예를 가르치거나 배우는 데 필요한 재료를 뜻하고, 교구(teaching tool)는 학습을 구체화하여 효과적으로 지도하기 위해 사용하는 도구를 뜻한다(국립국어원 표준국어대사전, 2014). 교재와 교구의 사전적 의미는 차이가 있으나 영유아교육기관의 경우 영유아의 발달특성상 놀이, 학습, 생활의 구별이 어려워 실질적으로 교수 및 학습활동을 위한 교재와 교구를 명확히 구별하는 것은 어렵다. 따라서 교재교구 또는 교재 · 교구로 명명한다. 영유아교육기관에서 교재교구는 놀잇감, 장난감, 교재, 교구, 활동자료, 교수매체, 교수자료 등 다양한 용어와 범위로 사용되고 있으며, 일반적으로 영유아중심의 자유놀이부터 교사주도 수업에 이르기까지 활용되는 모든 자료를 의미하기 때문이다(박지선, 2017).

교재는 교육목표를 달성하기 위해 영유아가 학습해야 할 내용으로 각종 정보 제시 기기를 통해 제시되는 교수자료를, 교구는 교육활동에서 매체를 제시하는 구체물로서 영유아가 학습할 내용과 활동을 연결시켜 학습목표를 달성하기 위한 내용을 여러 가지 형태로 제시하는 데 쓰이는 물품을 뜻한다(조정숙, 이대균, 2002).

놀이의 관점에서 교재교구는 놀이에 대한 영유아의 흥미를 유발시키고, 놀이를 효율적으로 진행시키는 매체의 역할을 하는 모든 물건을 지칭한다(이숙재, 2004). 즉, 교재와 교구는 영유아의 전인발달을 도모하기 위해 사용되는 모든 자료로서 영유아가 교육기관에 등원해서 하원할 때까지 대·소집단 활동뿐 아니라 실내·외 자유놀이 등에서 사용되는 것이다. 영유아가 가지고 놀 수 있는 놀잇감은 물론 교육활동 진행에 필요한 교수매체를 포함하여 영유아교육기관에 있는 모든 자료가 교재교구이다.

영유아교육에서 교재교구는 교육활동에 제시되는 매체를 포괄하며, 영유아가 학습할 내용과 활동을 연결시켜 학습목표를 달성하기 위한 내용을 여러 가지 형태로 제시하는 데 쓰이는 물품을 총괄하는 것을 의미한다. 즉, 교재교구란 교수-학습장면에서 교수와 학습을 성공적으로 실현하기 위해서 사용되는 교사용 교수자료와 영유아의 학습자료를 모두 포함한다.

영유아는 추상적이고 간접적인 과정보다는 직접 만져 보고, 흔들어 보고, 냄새를 맡아 보는 등 감각적·직접적인 경험을 통해 학습한다. 사물이나 자료를 가지고 구체적인 활동을 함으로써 가장 잘 학습할 수 있으므로, 영유아를 위한 교재교구는 구체적인 경험을 줄 수 있는 풍부하고 다양한 자료로 제공되어야 한다.

2. 교재교구의 중요성

효과적인 교육을 위해서는 먼저 학습목표를 설정하고, 목표를 성취하기 위한 학습내용을 구성한다. 그리고 그 학습내용을 어떤 방법으로 효과적으로 전달할 것인가를 결정하여 이에 적합한 교재교구를 선정해야 한다. 이러한 의미에서 교재교구는 학습자의 이해를 도모하고 교수효과를 높여 궁극적으로는 학습목표 달성을 촉진하는 기능을 한다.

본 절에서는 영유아기의 발달특성과 발달영역에 근거하여 영유아를 위한 교재교구의 중요성을 살펴보고자 한다.

1) 영유아의 발달특성과 교재교구

영유아교육의 모든 교수-학습과정은 교재교구의 활용으로 이루어진다. 이는 영유아기 발달특성상 추상적 사고능력이 부족하기 때문에 구체적이고 감각적 활동을 제공하는 교재교구를 활용한 학습이 효과적이기 때문이다. 영유아들은 언어로만 구성된 활동보다는 자신의 흥미와 욕구에 기초하여 직접 경험할 수 있는 활동을 좋아한다. 피아제(Piaget)는 영유아기에는 구체적인 사물을 직접 조작함으로써 지식을 구성해 간다고 보았다. 에릭슨(Erikson)도 영유아가 스스로 교재교구를 활용하여 놀이에 몰두할 때 즐거움을 경험하며, 놀이를 통한 즐거움을 경험한 영유아들은 주도성을 갖게 되어 스스로 놀이계획을 세우고 실행한다고 하였다. 이와 같이 영유아에게 구체적인 경험을 제공하는 교재교구는 그들이 지니고 있는 끊임없는 에너지를 발산시키기에 유용한 놀잇감이며, 놀이를 긍정적인 방향으로 이끌어 주는 역할을 한다. 또한, 영유아의 활동 동기를 자극하고 확장시키며, 학습효과를 극대화하고 교육의 내용과 질을 결정해 준다.

영유아의 발달특성에 따른 교재교구의 필요성을 정리하면 다음과 같다(심성경, 2007; 이대균, 송정원, 2000).

첫째, 영유아들은 자신의 잠재적인 능력을 바탕으로 환경에 능동적으로 적응하는 존재로서, 직접 탐색하고 경험하는 활동을 좋아한다. 영유아기 특징 중의 하나는 감각을 사용하여 사물을 탐색하고 직접적인 조작을 통해 지식을 구성해 나가는 것이다. 영유아들은 직접 만져 보고, 냄새 맡고, 맛보고, 두드려 보는 등 오감을 활용하여 주변세계를 이해하므로 구체적인 경험을 제공하는 다양한 교재교구를 다룰 수 있는 기회가 필요하다.

둘째, 영유아들은 자기중심적 사고를 지니고 있으며, 신체적 · 언어적 표현이 미숙해 실수하기 쉽다. 이러한 부분은 다양한 교재교구를 직접 조작해 보는 활동을 통해 보완하고 발달을 증진시킬 수 있다. 즉, 교재교구를 활용함으로써 다양한 관점에서 사물과 사건을 보고 일상생활에서 자연스럽게 하는 활동들이 놀이를 통해 익숙해지는 것이다. 이때 역할놀이의 자료나 또래와 함께 조작할 수 있는 게임자료 등이 도움된다.

셋째, 영유아들은 주변의 자연환경과 사물, 인간관계, 다양한 사건에 관심이 많다. 영유아들의 흥미를 충족시키기 위해서는 실물자료나 모형, 다양한 문화자료, 생활양식, 사회적 지식에 대한 자료 등이 필요하다.

넷째, 영유아기는 아직 성장하는 시기로 발달의 개인차가 크기 때문에 발달수준 및 흥미에 적합한 다양한 교재교구가 필요하다. 또한, 집중시간이 짧은 영유아들의 관심과 흥미를 유지하기 위해서는 매력적인 교재교구들이 필요하다.

다섯째, 영유아의 잠재된 가능성을 자발적으로 이끌어 내는 적절한 방법은 성인과 유아, 유아와 유아, 사물과 유아 간의 상호작용이다. 이때 교재교구가 적절한 매개체가 된다.

이러한 영유아기의 발달특성 때문에 구체적인 경험을 제공해 줄 수 있는 다양한 교재교구의 선택 및 활용은 매우 중요하다.

2) 영유아발달의 영역과 교재교구

교재교구와 영유아발달과의 관련성에 대한 분석에 기초하여 중요성을 살펴보면 다음과 같다.

(1) 감각 및 운동능력

영유아는 추상적이고 간접적인 과정보다는 감각적이고 직접적인 경험을 통해 학습을 잘하므로 구체적인 경험을 제공하는 다양한 교재교구는 영유아교육에서 매우 중요하다. 영유아에게 적합한 교재교구는 영유아의 감각능력, 대 · 소근육 운동능력, 눈과 손의 협응능력 등을 신장시킨다. 이는 영유아가 직접 교재교구를 조작하고, 냄새 맡고, 만져 보고, 소리 듣고, 관찰해 보고, 신체를 활용해서 활동하기 때문이다.

(2) 사회성

교재교구 활동은 영유아의 자아존중감, 협동능력, 양보, 배려 등 사회성을 발달시킨다. 영유아의 흥미, 연령과 발달수준에 적합한 교재교구를 활용하여 놀이할 때 영유아들은 만족감과 성취감을 얻는다. 이러한 경험들이 반복되면 자신감이 향상되고, 또래와 함께하는 놀이에 즐겁게 참여한다. 또한, 또래와 함께 놀이할 때 교재교구의 사용규칙을 지키고, 양보하고, 협동하고, 차례를 지키고, 함께 정리 · 정돈하는 경험을 통해 서로 약속을 지키고 배려하며, 적절하게 자신의 감정을 조절해야 즐거운 놀이가 된다는 것을 알게 되어 사회성이 발달한다. 적절한 교재교구를 충분히 제공해 주면 목적 없이 방황하는 영유아의 행동이나 영유아들 간의 갈등을 줄여 주고, 또래와의 상호작용을 촉진시켜 협동적이고 친사회적인 행동이 증진된다.

(3) 언어 및 인지

영유아는 사람과 사물의 능동적인 상호작용의 경험을 통해 스스로 지식을 구성해 나가는 존재이다. 영유아기 학습에서 교재교구와의 상호작용은 매우 중요한 학습요인이며, 이러한 상호작용 과정에서 영유아의 언어능력이 향상된다(박찬옥 외, 1999). 영유아는 교사로부터 교재교구 활용방법에 대해 언어적 설명을 듣고 또래와 함께 활용하며, 상호작용하는 과정에서 언어이해능력과 언어표현능력이 향상된다. 즉, 영유아의 발달에 적합한 교재교구를 활용하는 활동을 통해 영유아와 영영유아, 영유아와 교사, 영유아와 교재교구 간 다양한 상호작용이 이루어지면서 영유아의 언어능력이 신장된다.

영유아들은 교재교구를 직접 탐색하며, 또래들과 끊임없이 대화하는 과정을 통해 자신들의 지식을 교환하고 공유하며, 더 발전시켜 나간다. 또한, 영유아가 직접 경험하는 활동의 내용과 방법을 좀 더 명료하게 이해하게 되고 이를 지속적으로 기억할 수 있는 능력이 향상됨으로써 인지발달이 촉진된다. 새로운 개념도 더 쉽게 이해하고 필요한 방법과 기술을 학습하여 능숙해지고, 문제해결력이 발달하고 더 나아가 탐구하려는 태도와 동기를 갖는다.

(4) 정서

영유아들은 끊임없는 에너지를 가지고 있는데 이러한 에너지는 사회적으로 용인되는 바람직한 내용과 방식으로 발산되어야 한다. 영유아들은 교재교구를 활용하여 다양한 놀이를 할 수 있고, 즐거움과 만족감을 경험한다. 이러한 경험들은 영유아들이 지닌 욕구와 에너지를 긍정적으로 발산시킬 수 있는 기회가 되고 긍정적인 정서를 형성할 수 있는 밑바탕이 된다.

(5) 창의성

교재교구를 활용하는 과정에서 영유아의 창의적 표현능력이 신장될 수 있다. 예술표현활동에서 사용되는 교재교구는 미적 요소와 원리를 탐색할 수 있는 능력, 다양하고 독창적인 아이디어를 표현할 수 있는 능력, 다양한 자료를 융통성 있게 활용하는 능력, 아름다움에 민감하게 반응하는 능력 등을 발달시킨다.

Chapter 02

교과교재 관련 이론

영유아발달에 관한 주요이론은 성숙주의, 행동주의, 구성주의로 구분된다. 어떠한 이론에 근거하여 수업을 진행하는가에 따라 교수방법과 수업에서 활용되는 영유아를 위한 교재교구의 목적과 내용에 차이가 있다.

제2장에서는 교재교구와 관련된 이론을 살펴보고 각 이론을 적용하여 교사들이 고려해야 할 점들에 대해 알아보고자 한다.

1. 성숙주의

성숙주의는 기본적으로 인간의 발달이 유전적으로 이미 결정되어 있고, 결정된 발달시간 예정표에 따르며, 유전인자의 통제를 받는 신경계통의 성숙을 통해 발달이 이루어지는 것으로 본다. 성숙주의에 따르면 발달적 변화는 생리적인 구조의 성숙과 자연적인 내부구조 전개의 결과이며, 연령에 따라 영유아발달의 표준행동을 설정하고 한 단계에서 다음 단계로 발전된다. 사물 · 상황 등의 환경이 발달과정에 영향을 미칠 수 있지만 더 나은 발달을 초래하지는 않으며 유전적인 요인이 발달의 형태를 결정한다. 발달은 유기체 내부에서 자연스럽게 이루어지는 것이므로 환경은 행동을 변화시키는 2차적 역할을 한다.

영유아 간의 발달 속도가 다른 것은 유전적으로 다르기 때문이지 조기에 특정한 과제를 배워서 얻은 경험의 결과가 아니다. 발달은 자연스럽게 발달단계를 거치는 과정에서 좀 더 성숙하고 바람직한 방향으로 바뀌어 나가기 때문에 발달적으로 성숙하기 전에 주어지는 교육적 경험은 학습에 도움이 되지 않고 오히려 해가 될 수 있다.

성숙주의의 핵심은 영유아에게 무엇을 가르치기 위해서는 그들이 성숙할 때까지 기다려야 한다는 학습준비도 개념이다. 성숙주의는 영유아가 배울 준비가 되지 않았다고 여겨진다면, 그에 대한 준비가 이루어질 때까지 특별한 교수방법을 적용할 필요 없이 준비도에 맞는 활동과 따뜻하고 안정된 환경만 제공해야 한다고 주장한다.

예를 들어, 재질에 따라 사물을 분류할 준비가 되어 있고, 소근육을 조절할 수 있을 때 분류할 수 있는 자료를 제시해 준다면 분류개념의 발달이 자연스럽게 이루어진다.

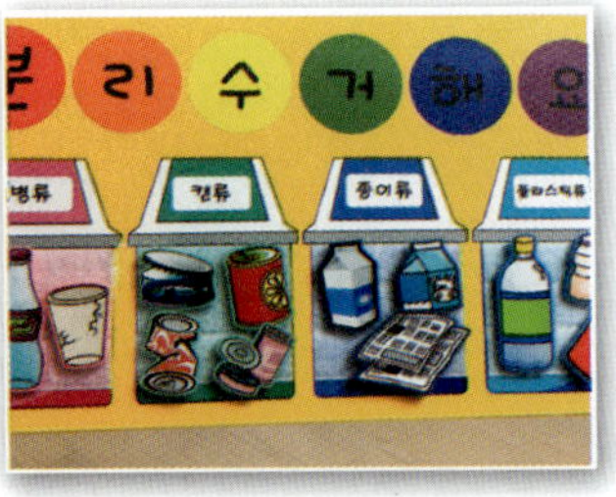

영유아에게는 자신의 속도에 맞는 발달이 요구되므로 교사는 영유아중심의 환경을 제공해야 한다. 즉, 영유아의 요구나 흥미에 의해 자발적으로 활동을 선택하고 참여할 수 있도록 흥미영역이나 활동영역에 교재교구를 준비하고 교육적 경험을 제공해야 한다. 자유놀이와 영유아의 선택에 의한 놀이가 주된 활동이므로 교재와 교구는 개방적이고, 구조화되어 있지 않으며, 다목적이어야 한다. 또한, 교사는 영유아가 행복함을 느낄 수 있도록 자유로운 분위기를 제공해 주고, 교재교구와 상호작용하며 놀이할 수 있는 충분한 시간을 허락해 주어 다양한 방법으로 교재교구를 탐색할 수 있도록 허용해 주어야 한다.

2. 행동주의

행동주의는 인간의 행동이 대부분 학습되거나 학습에 의해 수정되며, 발달은 점진적이고 연속적인 과정이라는 것을 기본 전제로 한다. 발달의 주요 에너지 자원은 유기체 내부가 아닌 환경에 있다고 보고 영유아발달에서 생물학적 요인보다는 환경적 요인을 더 강조한다. 따라서 무의식적인 동기나 인지적 사고과정과 같이 눈에 보이지 않는 내적인 것에 초점을 두기보다는 직접 관찰과 측정이 가능한 외현적 행동을 중요하게 여긴다. 행동주의는 자극과 반응 간의 관계를 강조하면서 영유아는 계속적인 반복 · 연습 · 모방을 통해 학습하고 강화나 보상을 통해 학습이 촉진된다고 하였다.

행동주의에서 영유아는 환경에 반응하는 수동적인 존재이고, 학습이란 자극에 대해 반응하고, 정보를 흡수함으로써 특정행동에 강화되는 것을 의미한다.

교사는 영유아에게 필요한 행동 변화를 구체화시키고, 그 변화된 행동에 도달할 수 있는 활동을 배치하며, 행동의 변화를 강화해야 한다. 또한, 학습내용을 교사의 의도대로 분류하고, 그들 간의 관계를 계층적으로 조직하여 낮은 수준부터 높은 수준으로 순서화시켜 설계한다. 여기에서 교사의 역할은 영유아에게 쉬운 것부터 점차 어려운 과제를 제시하여 영유아가 이전의 경험에 기초하여 특정 정보를 알아가도록 지도하는 것이다. 학습목표는 명확해야 하며 도달하려는 결과는 분명하게 설정되어야 한다.

행동주의에서 활동은 영유아가 자유롭게 선택해서 실시하는 성숙주의와는 달리 정해진 방법에 따라 교재교구를 사용하거나 반응하도록 강조함으로써 지속적인 훈련과 반복을 통해 특정한 학습기술을 발달시키는 것을 우선으로 한다.

3. 구성주의

구성주의는 유전과 환경이 모두 상호작용을 통해 발달에 영향을 미친다는 이론으로, 인간의 발달은 미리 계획된 내용을 일방적으로 가르침으로써 이루어지는 것이 아니라 단순히 개체의 요구에 따라 활동이나 놀잇감을 제공해 주는 것만으로도 충분하지 않다는 견해이다. 구성주의는 피아제의 이론과 비고츠키의 이론에 기초한다.

피아제(1962)는 인간에게는 인지적인 적응을 활발하게 추구하려는 내적인 힘이 있다고 보았다. 즉, 학습자인 영유아는 스스로의 경험이나 환경과의 상호작용을 통해 지식을 구성하는 존재라는 것을 강조하였다. 그의 이론에 의하면, 영유아기에는 구체적인 사물과 다양한 성인과의 경험을 통해 학습이 이루어지므로 영유아에게 스스로 학습할 자료와 기회를 충분히 제공해 주어야 한다. 영유아들이 경험하는 환경은 그들의 지식 구성과 인지발달 수준에 영향을 미치므로 풍부하고 가치 있는 환경을 구성해 주며, 그 속에서 놀이를 통한 학습의 기회를 주어야 한다.

비고츠키(Vygotsky)는 영유아를 의미 있는 사회 · 문화적 맥락 내에서 다른 사람들과 협동하면서 자신의 이해를 구성하고, 스스로 지식을 획득해 나가는 능동적인 존재로 보았다. 영유아들은 블록을 만져 보거나, 비교해 보거나, 이리저리 쌓아 보면서 물체의 크기나 모양의 기초적인 개념을 구성한다. 이때 학습을 발달로 이끌고 언어는 인지발달에 중요한 영향을 미친다. 영유아들은 교재교구를 가지고 놀이하는 동안 또래들과 끊임없이 사회적 상호작용을 하면서 자신이 보유하고 있는 지식들을 교환하고, 함께 공유하면서 더 많은 지식을 발달시켜 나간다(Vygotsky, 1976).

교사는 영유아가 스스로의 힘으로 문제를 해결할 수 있는 수준인 실제적 발달수준과 성인이나 유능한 또래로부터 도움을 받아 문제를 해결할 수 있는 잠재적 발달수준의 간격인 근접발달영역(ZPD: Zone of Proximal Development)을 알고 적절한 도움을 제공해야 한다. 교육적인 환경을 스스로 조성하고, 새로운 기술을 학습하려고 노력하는 영유아에게 필요할 때 도와주고, 그들의 능력이 향상됨에 따라 도움을 감소시켜 궁극적으로는 독립적인 문제를 해결하여 자기조절을 할 수 있도록 돕는 비

계(scaffold)를 설정하여 영유아들 간의 협력을 도모해 주어야 한다.

영유아가 학습경험을 하는 동안 교사는 학습환경을 구성하면서 각 영유아의 반응형태를 발견하고 그것을 중시해야 한다. 교사가 제시하는 과제는 개방적일 수도 있고(예 "여기 선생님이 교구를 준비했어. 어떻게 놀이하면 좋을까? 네 생각대로 놀이해 보렴."), 구체적일 수도 있다(예 "붕어빵을 굽는 판을 돌려 가면서 잘 익었는지 뚜껑을 열어 확인해 보자.").

영유아마다 개인차는 있지만 과제를 수행할 때는 구조와 분명한 기대 수준을 고려하여 제시해야 한다.

Chapter 03 교재교구의 분류

영유아를 위한 교재교구는 그 수를 헤아릴 수 없이 많기 때문에 몇 가지 영역으로 나누어 이해할 필요가 있다. 다양한 교재교구의 유형을 파악하면 영유아의 발달수준 및 활동주제에 적합한 자료를 제공할 때나 교재교구를 체계적으로 보관·관리할 때 도움이 된다. 그러나 교재교구를 분류하는 입장은 내용·방법·형태 등에 따라 각각 다르다.

호반(Hoban)은 여러 종류의 시각적 교재를 구체성과 추상성을 기준으로 분류하여 그것을 교육현장에 사용할 경우 제공할 수 있는 학습경험과 그 효과를 분석하였다. 견학과 같이 현장에서 직접 관찰하는 경험은 구체성이 가장 높고, 언어에 의존하는 경험은 가장 추상성이 높은 것으로 분류하였다. 추상성이 높은 교재를 사용할 때는 구체성이 높은 시각자료도 함께 통합시켜 추상적 개념을 구체적으로 경험하도록 지도해야 한다고 보았다. 데일(Dale)은 시청각 교재교구가 제공하는 경험을 구체성 정도에 따라 분류하였다. 즉, 추상성과 구체성의 두 개념을 양측으로 하여 구체성에서 추상성으로 옮겨 가는 단계를 원추형으로 설명하였다. 올센(Olsen)도 학습의 3가지 기본형으로 직접 경험에 의한 직접 학습, 대리적 경험에 의한 대리학습, 상징적 경험에 의한 대리학습을 제시하였다. 앤더슨(Anderson)은 감각기능에 따라 시각적·청각적·시청각적 자료로 구분하였고, 파울러(Fowler)는 폐쇄식 구조와 개방식 구조의 자료로 나누었다(김은심 외, 2016). 패쇄식 구조의 특수목적용 자료는 수단과 결과를 연결시키도록 고안되어 고정된 방법으로만 사용해야 하는 자료이고, 개방식 구조의 다양성을 유도하는 자료는 여러 창의적인 활동에 활용할 수 있는 것이다. 학자들의 이러한 분류방법 이외에도 흥미영역, 영유아의 연령, 발달영역, 생활주제, 놀이형태, 교재교구 영구성의 여부, 전기 작동의 여부, 제작 주체자, 교재교구의 움직임의 정도 등 다양한 분류기준으로 유형을 나눌 수 있다.

제3장에서는 흥미영역, 경험의 구체성의 정도, 감각의 유형, 제작 주체에 따른 분류를 살펴보고자 한다.

1. 흥미영역에 따른 분류

영유아교육기관의 가장 보편적인 하는 분류유형은 활동영역별로 분류하는 것이다. 영유아들은 자유놀이시간에 각 흥미영역에서 자신이 선택한 활동을 한다. 교재교구 활용의 교육효과를 높이기 위해서는 흥미영역에 따라 그 특성에 맞는 교재교구를 배치해 주어야 한다. 리딕(Riddick)의 기준에 의한 분류표를 통해 흥미영역에 따른 교재교구의 종류와 교육기능 등을 알아보면 〈표 3-1〉과 같다(엄정례, 유향선, 2013, 재인용).

표 3-1 리딕의 기준에 의한 분류

흥미영역	교육기능	교재교구	평가기준
조작 놀이	• 눈과 손의 협응력 • 소근육 운동 조절 • 형태와 색의 변별	• 그림퍼즐 • 입체퍼즐 • 맞춤블록 • 색깔블록 • 모양 찾아 넣기	• 종류별로 색깔이 선명하여 영유아가 쉽게 구별할 수 있는가? • 전체와 부분의 개념 형성에 도움을 줄 수 있는가? • 조각 부품들이 정교한 것인가? • 손, 팔, 눈, 목, 손가락의 협응을 도울 수 있는가? • 형태와 색채에 통일성이 있고, 멋있게 디자인되어 있는가?
구성 놀이 (목공 놀이)	• 대 · 소근육 운동기능 • 창의적 표현 및 구성 감각 • 감정 표출 및 성취감 • 협동심	• 블록(벽돌, 모자이크) 나사 끼우기, 토막 쌓기, 모양 맞춤블록, 각종 공구(드릴 · 망치 · 못 · 톱 · 대패)	• 창의력 표현과 구성에 대한 발달을 권장할 수 있는가? • 여러 형태를 만들 수 있는가? • 무게 · 크기 · 개수는 적합한가?
언어 놀이	• 어휘, 문장, 의사소통 • 예절 및 창의적 표현	• 동화책, 그림책, 동요, 동시, 융판, 동화자료, 낱말카드, 전화기, 라디오, 녹음자료	• 언어의 정확한 이해와 표현에 도움을 줄 수 있는가? • 생각한 것을 말로 표현하는 데 도움이 되는가? • 적당한 어휘 사용능력을 증진시키는가? • 현상이나 사물에 그림을 제시할 수 있는가?
작업 (창의적 표현활동)	• 눈과 손의 협응 • 창의적 표현 • 글자의 기초기능	• 크레용, 물감, 분필, 점토, 색종이, 풀, 털실, 스펀지, 가위, 연필, 나무토막, 모래놀이 도구 등	• 구성 재료가 정확하고 질이 좋으며 불편함은 없는가? • 색이 선명하고 색감이 좋은가? • 창의적 표현을 조장할 수 있는가?

흥미영역	교육기능	교재교구	평가기준
역할놀이	• 생활습관 및 협동심 • 의사소통 기능 • 창의적 표현 및 신뢰감 • 사회생활 기초 인식	• 인형, 소꿉놀이, 병원놀이, 장난감, 종, 손인형, 가면, 장난감 차, 역할 놀잇감(의사 · 건축기사 · 간호사 · 소방수), 의생활 훈련	• 모양과 색깔이 영유아의 흥미와 호감을 살 수 있는가? • 실물을 모방한 장난감의 기능 · 질감 · 색채가 적당한가? • 영유아가 생각한 것을 표현할 수 있는가? • 구성 재료는 안전하고 견고한가?
사고 및 과학놀이	• 과학적 개념 및 사고 • 협동심과 성취감	• 화분, 어항, 온도계, 자석, 자, 슬라이드, 사진, 저울, 각종 표본, 프리즘, 만화경, 계량컵, 시계, 확대경, 병, 빈 깡통	• 자연현상 속에 숨어 있는 원리를 깨닫게 하는 데 도움이 되는가? • 생활에 간단히 적용하는 데 도움이 되는가? • 호기심과 탐구심을 권장할 수 있는가? • 정확하고 정밀하게 구성되어 있는가?
수놀이	• 숫자 및 시간개념 • 분류개념 • 응용력	• 숫자블록, 숫자카드, 숫자 맞추기, 셈판, 달력, 숫자퍼즐	• 10 이하의 숫자를 취급하는가? • 각 속성의 수준이 5 이상을 넘지 않으며, 속성의 종류는 3가지 이상을 넘지 않는가? • 아름다운 디자인으로 영유아의 주의를 끌 수 있는가?
음악활동	• 청각기능 • 손과 눈의 협응 • 발음 및 어휘력 신장 • 감상력	• 카세트 레코드, 실로폰, 마라카스, 북, 피아노, 오르간, 캐스터네츠, 장구, 심벌즈, 트라이앵글, 목탁, 녹음자료	• 적당한 음정을 가진 악기인가? • 안전성을 갖고 있는가? • 감상용 테이프가 영유아 수준에 맞는가?
활동놀이	• 대근육 운동기능 • 감정 표출 • 의사소통 기술	• 미끄럼틀, 시소, 정글짐, 그네, 사다리, 로프, 큰 공, 고리 던지기, 공, 여러 가지 탈것, 평균대, 줄넘기, 징검다리, 타이어	• 신체발달을 권장할 수 있는가? • 영유아가 흥미를 갖고 접할 수 있는가? • 위험성이 없이 안전한가? • 인체지수를 포괄적으로 고려했나?

그 밖의 분류로 컴퓨터 영역, 대근육 및 신체활동영역, 기본생활영역, 실외 놀이 영역의 내용을 살펴보면 〈표 3-2〉와 같다(서예석 외, 2010).

표 3-2 흥미영역에 따른 교재교구 분류

흥미영역	교육기능	교재교구	평가기준
컴퓨터 영역	• 문자 익히기 • 사고력	• 컴퓨터 본체, 키보드, 마우스, 주제 관련 소프트웨어 등	• 공동 작업이 가능한가? • 친사회적 행동의 기회가 있는가? • 시간과 순서가 정해져 있는가?
대근육 및 신체활동 영역	• 신체운동능력 • 감각활동 탐색 • 신체조절능력 • 공간 인식 • 창의성 만족감 • 성취감, 긍정적 자아개념 • 유연성, 균형	• 훌라후프, 줄넘기, 자동차, 타이어, 그네, 줄, 스카프, 공, 평균대, 매트, 미끄럼틀, 계단, 오름대 등	• 대근육 자료가 다양한가? • 영유아의 수에 따라 충분한가? • 안전한가? • 영유아들의 신체발달에 알맞은가? • 다양한 동작을 유도할 수 있는가?
기본 생활 습관 영역	• 배변에 대한 긍정적인 감정 • 질서 • 청결, 절약 • 자긍심 • 식사 예절 • 인사 예절 • 타인에 대한 배려 • 규칙에 대한 이해	• 기저귀갈이 용품(기저귀, 물휴지, 로션, 그림이나 사진, 딸랑이, 모빌, 음악상자, 안전거울, 수건 등), 화장실 사용법 그림, 복도 바르게 걷는 그림, 교실 내에서의 약속 그림	• 예절을 지킬 수 있는가? • 질서를 지킬 수 있는가? • 청결한가? • 즐겁게 생활하는가? • 또래와 즐겁게 생활하는가? • 규칙과 약속을 잘 지키는가?
실외 놀이 영역	• 인지발달 • 정서발달 • 사회성 • 언어발달 • 감각경험 제공 • 신체발달 자유의 욕구 충족	• 모래놀이 도구, 물놀이 도구, 대근육 활동기구(미끄럼틀, 복합 놀이기구), 동식물 기르기 등	• 끝이 날카롭지 않은가? • 무독성 페인트로 되어 있는가? • 부서지거나 칠이 벗겨진 것은 없는가? • 안전한가?

2. 경험의 구체성 정도에 따른 분류

데일(1969)은 시청각 교수매체를 활용한 학습경험의 종류를 구체성과 추상성의 정도에 따라 분류하였고, 이를 경험의 원추(cone of experience)라고 하였다. 데일은 교재교구를 통한 경험의 종류는 행동적 경험, 시청각적 경험, 상징적 경험으로 분류되며, 원추의 아래에서 위로 올라갈수록 추상성이 높아지고 위에서 아래로 내려올수록 구체성이 높아진다고 보았다. 데일에 의하면 추상성이 높아질수록 학습내용이 어려워지는 것은 아니며, 교재는 학습자의 발달수준이나 경험에 맞게 선택하는 것이 적절하므로 반드시 원추의 맨 아래 단계인 직접적 경험에서 시작할 필요는 없다고 보았다. 즉, 경험의 나열 순서가 실제 학습의 순서를 의미하는 것이 아니며 어느 특정경험이 다른 경험보다 더 교육적임을 암시하는 것도 아니다.

데일이 원추 모형을 통해 제시하는 교육방법은 다양한 시청각 교재를 활용하여 학습경험을 제공한다는 것이다. 이러한 각각의 학습경험을 종합하면 개념에 대한 이해가 증진될 수 있다. 즉, 학습자는 직접 행동을 통한 경험에서 출발하여 이를 시각화한 매체를 통해 실제 사실을 관찰하고, 사건을 재현하는 추상적 기호를 사

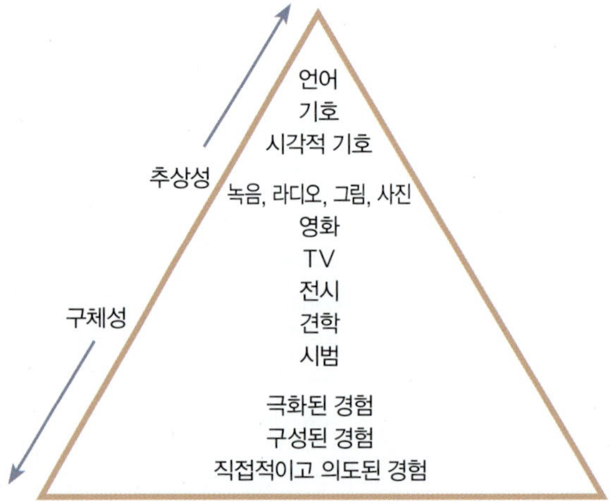

출처: 전선영 외(2000).

그림 3-1 데일의 경험의 원추

용함으로써 개념 이해를 증진시킬 수 있다. 데일의 경험의 원추와 관련된 내용을 영유아의 활동과 관련하여 구체적으로 설명하면 〈그림 3-1〉과 같다(정상녀 외, 2010).

1) 행동적 경험

행동적 경험에는 직접적이고 의도된 경험, 구성된 경험, 극화된 경험이 있다.

(1) 직접적이고 의도된 경험

직접적이고 의도된 경험이란 직접 행동을 통한 경험이다. 즉, 실제 사물을 직접적이고 감각적이며, 구체적으로 경험함으로써 영유아가 실제 경험을 통해 의미 있는 정보와 개념을 익히는 것이다. 예를 들어, 옷의 지퍼를 올리고 실제로 요리를 해 보는 것과 같은 구체적인 경험이 직접적이고 의도된 경험에 해당한다.

(2) 구성된 경험

직접적인 경험은 영유아의 흥미와 학습동기를 자극하며, 학습효과를 높이는 데 도움이 되지만 모든 학습내용을 직접 경험하기는 어렵다. 실물의 성격상 실제로 경험하기에 너무 위험한 것, 자료가 방대한 것, 물리적으로 접근이 어려운 것 등은 모형과 같은 구성된 경험이 더 효과적이다. 즉, 실물의 복잡성을 단순화시켜 핵심적인 기본요소를 제시함으로써 직접적이고 의도된 경험의 한계점을 극복하고 실제 경험과 유사한 교육효과를 얻을 수 있다. 구성된 경험은 교사가 의도한 학습목표와 내용에 적합하도록 고안할 수 있다는 장점이 있다. 예를 들어, 올바른 이 닦기 방법의 학습을 위해 치아 모형과 칫솔을 사용하여 영유아들이 직접 해 보거나 지구 모형을 활용해서 구조와 특징을 관찰해 보는 등의 경험이 구성된 경험에 해당한다.

(3) 극화된 경험

모형과 같은 구성된 경험은 공간적인 한계를 극복할 수 있도록 해 주지만 시간 · 사고 · 개념을 이해하기에는 한계가 있다. 직접적인 경험이나 구성된 경험으로 접근하기 힘들고, 시간적으로나 개념적으로 쉽게 다루기 어려운 활동의 경우 활용할 수 있는 경험이 극화된 경험이다. 역사적 사건의 재연, 동물 및 사물의 의인화, 심리영역 등을 극화시켜 경험해 볼 수 있다. 예를 들어 소방관, 버스기사, 의사, 시장 상인 등 다양한 직업에 대한 극화놀이를 통해 직업의 특징뿐만 아니라 우리 생활에 어떤 도움은 주는지, 어려운 점은 무엇인지 등을 경험할 수 있다.

2) 시청각적 경험

시청각적 경험은 시범 · 견학 · 전시 · TV · 영화에 의한 경험과 녹음 · 라디오 · 그림 · 사진 등에 의한 경험이다. 이는 추상성이 점차 높아지는 순서대로 열거한 것으로, 시청각적 경험이라고 행동적 경험이나 상징적 경험과 완전히 분리되는 것이 아니라 시청각적 경험이 주로 이루어지는 것으로 이해해야 한다. 왜냐하면 시범을 통한 교육이 이루어지는 동안 영유아가 실제로 참여하여 행동적 경험을 할 수 있고, 전시내용이 추상적인 경우에는 영유아가 상징적인 경험을 하기 때문이다. 주로 행동적 경험을 하는 교재교구도 시청각적 경험을 함께 제공할 수 있다.

(1) 시범

시범은 시청각적 경험 중 가장 직접적이고 구체적인 것으로, 다른 시청각적 경험과 달리 교사가 직접 참여하므로 교사와 유아 간에 활발한 상호작용이 이루어진다는 장점이 있다. 이때 교사는 그림 · 사진 · 모형 등과 같은 여러 가지 다양한 교재교구를 함께 활용할 수 있고, 교사가 직접 시범을 보여 주고 유아는 즉각적으로 실행에 옮기며 학습할 수 있다. 즉, 언어적 설명만으로는 이해하기 어려운 부분이 해결된다. 예를 들어, 손을 깨끗하게 씻는 방법이나 미술활동 기법 등을 설명할 때 활용할 수 있다.

(2) 견학

견학은 학습하고자 하는 것을 현장에 가서 직접 보고 들으며 경험하는 활동이다. 견학이 시범과 다른 점은 학습목표를 위해 의도적으로 마련된 상황을 영유아들에게 반드시 보여 주는 것이 아니라는 점이다. 영유아들은 견학을 통해 주어진 학습목표와 관계없는 경험을 할 수도 있다. 따라서 견학을 가고자 할 때는 무엇을 보고 올 것인지, 알고 싶은 것은 무엇인지, 역할 분담이 필요하다면 어떻게 할 것인지 등에 대해 사전에 미리 계획을 세워야 한다.

(3) 전시

전시는 어떠한 의도나 주제에 따라 자료들이 정적으로 제시되는 것으로, 영유아들은 전시된 사물들을 관찰 · 판단하며 학습한다. 전시가 시범이나 견학과 다른 점은 그 대상이 동적이지 않고 정적이라는 것이다. 예를 들면, 실물 · 모형 · 사진 · 그림 · 포스터 · 표본 등이 전시물에 해당한다.

(4) TV

TV는 동적이고 감각적이며 인상적인 요소를 지니고 있어서 영유아의 흥미를 끌기에 효과적이다. 영유아는 TV를 통해 다양한 사건의 전개과정과 사물의 변화를 생동감 있게 볼 수 있고 주요 장면만 선택해서 편집된 기록물로도 경험할 수 있다. 직접 가서 볼 수 없는 공연이나 경기 등을 간접적으로 경험할 수도 있다. 그러나 생방송인 경우 의도하지 않게 영유아에게 부정적인 상황이나 장면이 제공될 수 있다는 단점이 있다.

(5) 영화

영화는 TV와 마찬가지로 시청각적 경험을 가능하게 한다. 내용을 잘 조직하고 제작하여 극화시킴으로써 영유아의 흥미를 이끌고 교육효과를 높인다. 또한, 주제와 발달수준에 따라 다양하게 제작된 영화를 통해 영유아들의 이해를 도울 수 있다.

(6) 녹음 · 라디오 · 사진 · 그림 · 슬라이드

녹음과 라디오는 청각적으로만 경험할 수 있는 자료이다. 녹음된 자료는 교사의 의도에 따라 내용을 선택할 수 있고, 라디오는 실제 일어나는 상황을 소리를 통해 듣게 되므로 좀 더 생동감이 있다. 반면 사진이나 그림, 슬라이드 등은 TV나 영화에서 경험할 수 있는 동적 및 청각적인 요소가 없어 시각적으로만 경험할 수 있는 자료다.

이와 같이 감각요소가 줄어든 교재는 상대적으로 실제성이 낮고 추상성이 높다. 사진은 실물을 그대로 보여 주는 자료로 사실성이 높고, 그림은 사진으로 제공할 수 없는 사물과 현상을 경험할 수 있도록 해 준다. 그림은 사진보다 사실성이 약하지만 활용 의도에 따라 영유아의 학습 흥미와 주의를 방해하는 요소들을 배제할 수 있고 강조하고자 하는 부분을 표현할 수 있어서 더 효과적인 경우도 있다.

녹음 · 라디오 · 사진 · 그림의 자료들은 영유아들로 하여금 한 가지 감각에 집중할 수 있도록 하는 특징이 있다. 그만큼 실제성이 낮아지고 추상성이 높아진다. 그러나 한 가지 감각에 집중함으로써 영유아의 주의집중에 도움이 되고, 학습주제와 내용에 따라 더 유용하게 활용될 수 있기 때문에 자료의 교육적 가치를 경험의 실제성만 보고 판단할 수 없다.

3) 상징적 경험

상징적 경험은 추상성이 가장 높은 경험으로 시각적 기호와 언어적 기호가 상징적 경험에 해당된다.

(1) 시각적 기호

시각적 기호는 지도 · 날씨 · 도표 · 차트 등과 같은 것으로 추상성이 높다. 시각적 기호는 복잡한 내용을 간단한 기호로 함축적으로 나타낼 수 있고 대부분의 사람이

동일하게 해석할 수 있어서 유용하다. 그러나 영유아가 기호 자체의 의미를 알지 못하는 경우에는 기호로서의 기능을 상실하여 상징적 경험으로 활용할 수 없다. 영유아를 위한 시각적 기호를 활용한 활동의 예로는 간단한 지도나 여러 가지 다양한 자료를 수집 · 분류하여 그래프로 표현해 보는 수학적 활동을 들 수 있다.

(2) 언어적 기호

언어적 기호는 경험의 원추에서 가장 추상성이 높은 경험으로, 영유아가 그 기호가 의미하는 것을 이해하고 있어야 사용이 가능하다. 언어에는 시각적인 문자언어와 청각적인 음성언어가 있는데 음성언어인 말보다는 문자언어인 글이 더 추상성이 높다.

언어는 거의 모든 생각과 감정을 표현할 수 있는 도구로 교육적으로 매우 중요하다. 언어적 기호가 추상성이 가장 높지만 어떤 활동에서도 언어를 완전히 배제하기가 어렵기 때문에 영유아의 생활 전반에서 매우 중요하게 활용된다. 동화나 동시를 읽는 활동, 글자가 적힌 게임판으로 게임하는 활동, 단어카드를 활용한 활동 등의 경험이 언어적 기호에 속한다.

3. 감각유형에 따른 분류

다양한 교재교구는 감각기관의 유형에 따라 크게 시각자료, 청각자료, 시청각자료로 나눌 수 있다. 과거 아날로그 방식의 매체와 요즘 많이 쓰이는 디지털 매체를 포함하여 살펴보면 다음과 같다.

1) 시각자료

시각자료에는 대표적으로 그림, 사진, 텍스트, 인쇄물 등이 포함된다. 최근에는 종이 대신 전자기억장치를 이용하여 만든 전자책(e-book)이 많이 활용한다. 전자책은 데스크 탑, 노트북, 인터넷 TV, 스마트폰 등의 디지털화된 책을 총칭한다.

2) 청각자료

청각자료에는 오디오 테이프, 녹음자료, 라디오 방송, 오디오 CD, MP3 등이 있으며 기록성 · 보존성 · 반복성이 특징이다. 수시로 재생이 가능하고 반영구적이며, 보관과 휴대가 편리하고 개별학습이 용이하다.

3) 시청각자료

시청각자료는 정보를 전달하기 위해 시각과 청각이 함께 사용되는 자료로 영화, 인형극, TV, DVD 등이 포함된다. 이는 영유아에게 구체적이고 생동감 있는 경험을 제공해 주어 학습동기와 흥미를 유발시킨다.

그 밖에 후각과 촉각을 주로 자극하는 교재교구들도 있다. 이와 같은 자료들을 정리해 보면 〈표 3-3〉과 같다.

표 3-3 감각유형에 따른 분류

시각	청각	시청각	후각	촉각
그림, 사진, 만화, 인쇄물, 그림책, 신문, 표본, 융판, 모형, 디오라마, 게시판, 그래프, 포스터, 실물 등	녹음자료, 라디오 방송, 여러 가지 악기, 동화 듣기, MP3, 오디오 CD, 테이프 등	영화, 인형극, 그림 이야기, 견학, TV, DVD 등	후각병, 냄새 분류하기 상자, 실제 여러 가지 사물	촉각상자, 궁금이 상자

4. 제작 주체에 따른 분류

영유아교육기관에서 영유아와 교사가 활용하는 교재교구는 제작 주체에 따라 분류할 수 있다. 즉, 교사가 직접 제작한 교재교구와 상품화된 교재교구로 분류할 수 있다. 생활주제에 따라 교사가 직접 제작한 교재교구만 교육적 가치가 있는 것이 아니고, 값비싼 상품화된 교재교구가 더 가치 있는 것도 아니다. 영유아교육기관의 재정과 생활주제의 연계성, 가정과의 협력 등을 고려하여 적절한 교재교구를 선택해서 활용하는 것이 바람직하다.

1) 교사가 제작한 교재교구

현재 대부분의 영유아교육기관은 교실환경을 다양한 흥미영역으로 구성하여 자유놀이시간에 영유아들이 스스로 계획하고 선택한 활동들을 할 수 있도록 한다. 이때 각 영역별로 다양하고 양적으로 많은 교재교구가 필요하게 됨에 따라 교사는 영유아가 사용하는 다양한 활동자료를 고안 · 제작해야 한다. 교사가 모든 자료를 직접 제작하기는 어렵지만 교사가 제작한 교재교구의 이로운 점을 먼저 이해하고 실제에 적용할 필요가 있다.

교사가 직접 제작한 교재교구는 영유아의 흥미, 발달수준, 활동주제, 교육목표, 제시 시기 등을 고려하고 여러 가지 소재를 사용하여 제작한 것으로 다양한 방법으로 창의적 활용이 가능하다. 이와 같이 교사가 영유아의 발달수준과 생활주제에 맞는 교재교구를 직접 제작하여 제시하면 영유아의 반응과 교육효과를 확인할 수 있으며, 이를 지도 방향에 반영할 수 있다. 또한, 교사가 교재교구를 직접 제작하면 활용방법에 숙달되어 영유아와 다양한 상호작용을 할 수 있고 폐품을 활용한 교재교구를 제작할 경우에는 제작비용이 절약되는 경제적인 이점이 있다.

그러나 교재교구 개발을 위해 교사들은 교육과정에 대한 내용을 숙지하고, 이를 기반으로 제작하기 위해 서로 협력할 수 있는 능력이 있어야 한다. 교재교구를 제작하는 데 많은 시간과 노력이 요구된다. 이러한 부분을 보완하기 위해 활동시간에 영유아와 함께 간단한 교구를 만들어 볼 수도 있다. 주의할 점은 보관 및 관리가 잘되도록 보관함을 만들거나 적당한 크기로 제작하고, 견고하면서도 매력적으로 제작해야 한다.

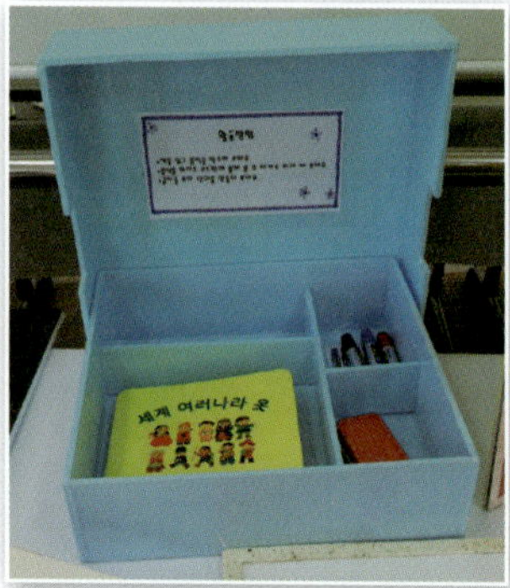

2) 상품화된 교재교구

상품화된 교재교구는 품질이나 견고성, 매력성에서 우수한 점들이 많아 한 번 구입한 교재교구는 반영구적으로 사용할 수 있다. 교재교구를 제작하는 데 걸리는 시간을 절약할 수 있으므로 활동내용과 교수방법 및 영유아와 상호작용하는 방법 등에 대한 연구에 좀 더 집중할 수 있다는 장점이 있다. 그러나 직접 제작하는 것에 비해 비용이 많이 들고 종류도 다양하지 않다. 다양한 방법으로 활용하는 것이 어려운 부분에서는 영유아의 발달수준과 흥미에 적합하지 않을 수도 있다.

상품화된 교재교구를 구입할 때 고려할 점은 다음과 같다.

첫째, 영유아의 발달수준과 교육내용에 적합한지 영유아에게 제시하기 전에 교사가 먼저 사용해 보며 직접 확인하고 안전한 재질로 된 것을 선택한다.

둘째, 현재 기관에 있는 교재교구를 확인하여 중복되지 않도록 하고, 보관 공간을 확보해 둔다.

셋째, 선정된 교재교구를 교사가 제작할 수 있는지 검토하고 상품 구입이 교사가 제작한 것보다 더 효율적인지 비교한 후 구입한다.

넷째, 기관의 예산에 맞는 범위에서 구입한다.

다섯째, 사후 서비스가 보장되는지 확인하고 상품의 구입처와 판매자에 대한 정보를 받아 보관한다.

여섯째, 영유아들이 스스로 조작할 수 있고 다양한 방법으로 활용 가능한 교재교구를 구입한다.

출처: http://www.froebel.co.kr

그림 3-2 영아기 다중 Edu

이상의 내용과 함께 교재교구를 선택할 때 고려해야 할 기준을 살펴보면, 〈표 3-4〉와 같이 정리할 수 있다(김정규 외, 2010).

표 3-4 교재교구 선택기준

항목	내용
적합성	• 영유아의 발달수준, 연령, 흥미에 적합한 것 • 영유아의 교육적 요구, 학습목표, 학습내용 등에 적합한 것 • 고정적인 성역할, 특정 민족이나 문화에 대한 선입견, 편견적 사고가 표현되지 않은 것

항목	내용
안전성	• 안전한 재질, 무독성 페인트를 사용하고 페인트가 묻어나지 않는 것 • 모서리가 날카롭지 않고 부속 연결 부위가 매끈한 것 • 청결하고 위생적인 것 • 영유아가 다루기에 안전한 크기 · 두께 · 무게를 가진 것 • 영유아가 삼키거나 귓속, 콧속에 들어가지 않을 크기의 것 • 정전기가 일어나지 않는 것
견고성	• 견고하고 내구성이 있어 반영구적으로 사용 가능한 것 • 누르거나 떨어져도 손상되지 않을 정도로 견고한 것 • 열에 잘 견디는 것 • 구조가 튼튼하고 쉽게 고장 나지 않는 것
개방성	• 다양한 방법으로 활용 가능한 것 • 새로운 놀이에도 활용 가능한 것
경제성	• 최소 비용에 지속적으로 사용이 가능한 것 • 교재교구의 품질이 우수하면서 값이 싼 것 • 폐품을 재활용한 것
매력성	• 색 · 질감 · 크기 · 형태 등이 영유아에게 미적 만족감과 흥미를 주는 것
관리성	• 가벼워서 이동이 쉽고 공간을 적게 차지하여 보관이 용이한 것 • 깨끗하고 부식되지 않는 것

Chapter 04

교재교구의 제작

1. 교재교구 제작 시 고려해야 할 점

영유아교육기관에서 상품화된 교재교구를 구입하여 활용하기도 하지만 아직 많은 부분에서 교사가 교재교구를 직접 제작해 활용하고 있다. 왜냐하면 영유아의 발달수준, 흥미, 요구, 생활주제 등을 직접적으로 반영할 수 있는 장점이 있기 때문이다. 적절한 교재와 교구가 갖추어진 영유아교육기관의 물리적 환경은 영유아의 전인적 발달과 교육과정의 질적 수준에 영향을 미치는 중요한 요인이다.

교재교구를 제작할 때 고려해야 할 점은 다음과 같다(교육과학기술부, 보건복지부, 2013; 서현아 외, 2016).

1) 영유아의 발달수준에 적합해야 한다

영유아의 연령과 발달수준에 적합하여 영유아가 스스로 사용하고 정리할 수 있어야 한다. 영유아의 수준에 너무 어렵거나 쉬우면 영유아가 흥미를 느끼지 못해 사용하지 않게 된다. 어느 정도 인지적 갈등이 있는 자료가 제공되면 하고자 하는 의욕이 생겨 직접 다룸으로써 성공감을 경험할 수 있다. 교재교구를 수준별로 난이도를 다르게 하여 한꺼번에 제작하기는 어렵지만 새로 제작하는 교재교구는 이전의 것과 단계적으로 계열성 있게 제작하는 것이 좋다.

2) 영유아에게 매력적이고 흥미를 자극할 수 있는 것이어야 한다

적당한 인지적 갈등을 유발하고 발달수준에 적합한 교재교구라도 영유아가 흥미를 느끼지 못하면 활용하지 않으므로 제작 의미가 없다. 따라서 영유아가 관심을 갖고 적극적으로 활용할 수 있도록 매력적인 요소가 있어야 한다. 교재교구의 내용도 중요하지만 외형의 색이 아름답고 조화로우며, 그림이 선명하고 잘 그려져 있으면 영유아의 흥미를 좀 더 끌 수 있다.

3) 영유아에게 교육적으로 의미가 있어야 한다

교재교구의 외형적인 화려함, 좋아하는 캐릭터, 유행으로만 영유아의 흥미를 끌기보다는 그것을 활용하는 과정이나 결과가 교육적으로 유익해야 한다. 즉, 교재교구의 활용목표가 뚜렷해서 영유아들이 활용했을 경우 기대되는 교육효과가 확실하도록 제작해야 한다. 또한, 생활주제와 학습내용에 적합한 것으로 영유아가 스스로 교재교구를 활용한 후 만족감과 성취감을 느낄 수 있도록 제작해야 한다.

4) 교재교구는 안전하고 견고하며 위생적이어야 한다

영유아를 위한 교재교구는 내구성이 있어 견고하고 형태가 쉽게 변하거나 파손되지 않아야 한다. 모서리가 날카롭지 않도록 마무리 작업에 신경을 쓰고 영유아에게 무해하고 청결하며 친환경적인 자료를 사용한다. 교사가 직접 제작하는 교재교구는 상품화된 교재보다 견고함이 떨어지기 때문에 파손 시의 위험성을 고려하여 영유아들이 여러 번 사용해도 파손되거나 망가지지 않도록 제작해야 한다. 또한, 영유아의 위생을 위해 세탁이나 세척이 용이하도록 제작한다.

5) 교재교구의 활용목적, 제작방법, 재료 등이 다양해야 한다

교재교구는 다양한 목적을 위해 활용될 수 있고 영유아의 학습활동 경험을 확장시킬 수 있어야 한다. 제작에 사용되는 재료와 제작방법도 다양하게 하여 지루함을 줄이고 영유아의 호기심을 자극한다. 예를 들어, 사용하는 대부분의 교재교구가 평면적인 그림자료로만 일관된다면 참신성이 없어 쉽게 지루할 수 있다. 다양한 재료와 제작방법은 영유아의 호기심과 창의적 사고를 자극하는 이점이 있다.

6) 크기와 무게가 적당해야 한다

영유아들이 사용하기에 적합한 크기와 무게로 다양한 소재를 사용하여 제작해야 한다. 너무 크거나 작은 크기의 교재교구는 대소근육 조절능력이 아직 미숙한 영유아들이 조작하고 활용하기에 어렵고, 정리할 때도 부품이 없어지거나 이동하는 데 문제가 생길 수 있다. 따라서 영유아들이 쉽게 이동할 수 있고 조작할 수 있는 크기와 두께로 제작한다.

7) 보관이 용이해야 한다

교재교구는 사용한 후 보관이 쉽도록 제작해야 한다. 너무 큰 교재교구는 분해해서 보관할 수 있도록 조립식이나 접이식으로 제작하면, 공간 활용에 효과적일 뿐만 아니라 교재교구 자체의 손상도 줄일 수 있다.

8) 경제적이어야 한다

최소의 노력과 경비로 최대의 효과를 낼 수 있도록 한다. 폐품을 활용하거나 소모되는 재료가 없도록 아껴 쓴다.

9) 우리 문화에 적합해야 한다

우리 문화의 정체성을 잃지 않도록 내용을 선정한다. 외국의 교재교구를 참고하여 제작할 때는 우리나라 상황에 맞게 수정하여 적용하고, 성별 · 인종 · 문화에 대한 편견이 포함되지 않았는지도 점검해서 제작한다.

2. 교재교구 제작계획

교사는 영유아교육기관이나 학급에서 진행되는 생활주제에 따라 다양한 교재교구를 직접 제작한다. 교재교구를 직접 제작하는 데는 많은 시간과 노력이 필요하므로 미리 체계적이고 세밀한 계획을 세워 효율적으로 제작해야 한다. 즉, 어떤 영역에 활용할 것인지, 대상 영유아의 수준은 어떠한지, 집단유형은 어떠한지, 크기와 형태는 어떠한지, 생활주제는 무엇인지 등을 고려해야 한다. 그리고 월간계획안과 주간계획안을 참고하여 필요한 교재교구를 확인한 후 제작을 구상해야 하고, 교사 혼자 제작할 것인지, 동료교사와 함께 제작할 것인지, 영유아와 함께 제작할 것인지 등도 계획해야 한다.

영유아교육기관에서 일반적으로 진행되는 교재교구의 제작절차는 다음과 같다(서향희, 2014; 오숙자 외, 2011).

첫째, 제작하고자 하는 교재교구가 현재 기관에 비치되어 있는지 확인한다. 기관에 교재교구 관리대장이나 목록표가 있으면 좀 더 효율적으로 확인할 수 있다.

기존에 있는 교재교구를 그대로 사용할 수 있는지, 다시 새롭게 만들어야 하는지, 수정 · 보완이 필요한지, 각 영역별로 골고루 있는지 살펴보고 판단하여 제작계획을 수립한다. 그리고 다른 교재교구가 추가로 더 필요한지도 고려할 수 있다.

둘째, 교육효과를 높이기 위한 방법을 고려하며 어떤 형태의 교재교구를 제작할 것인지 선정한다. 예를 들어, 주사위를 사용하는 게임판 형식으로 할 것인지, 평면적인 그림자료로 할 것인지, 퍼즐로 제작할 것인지, 어떤 재질의 자료를 사용할 것인지, 전기 작동이 되는 형태로 제작할 것인지 등을 결정한다.

셋째, 교재교구의 제작계획서를 작성한다. 교재교구의 제작계획서를 양식에 맞게 작성해 두면 추후에도 유용하게 사용할 수 있다. 가능한 한 정확하고 구체적으로 기록하여 누구든지 계획서만 보고도 그 교구를 제작할 수 있도록 해야 한다. 제작계획서에는 생활주제, 대상 연령, 활동명, 활동유형, 교육과정 관련 요소, 활동목표, (제작)준비물, 제작방법, 활동방법, 유의점 등을 자세하게 기록한다. 제작계획서에 포함되는 구체적인 내용은 〈표 4-1〉과 같다.

표 4-1 교재교구 제작계획서에 포함해야 할 내용

구성요소	내용
생활주제	어떤 주제를 진행할 때 사용할 수 있는 것인지 기록한다.
연령	교재교구의 난이도를 고려하여 영유아의 연령에 적합한지 기록한다.
활동유형	교재교구가 활용될 활동유형 및 영역을 기록한다. 즉 이야기 나누기, 음률활동, 신체표현, 미술활동 등과 같은 대 · 소집단 활동에 사용되는 자료인지, 역할놀이영역, 조형영역, 과학영역, 언어영역 등의 흥미영역에 제시되는 자료인지를 기록한다.
활동목표	영유아가 제작한 교구를 사용할 경우 기대되는 교육효과를 기록한다. 목표는 지식 · 기술 · 태도의 영역에 따라 구체적으로 기록한다.
교육과정 관련 요소	활동목표와 연계하여 교육과정 관련 요소를 추출한다.

구성요소	내용
준비물	교재교구 제작 시 필요한 재료를 하나도 빠짐없이 모두 기록한다. 색깔 · 크기 · 모양 등을 상세히 기록하고, 구하기 어려운 재료가 있으면 어디서 구입하는지 기록해 놓아 추후 제작에 도움이 되도록 한다.
제작방법	교재교구 제작방법은 순서대로 자세히 기록한다. 크기는 어느 정도인지, 모양은 어떠한지, 어떤 도구를 사용했는지 등을 구체적으로 기록하여 제작계획서만 보고도 제작이 가능하도록 한다.
활동방법	교재교구를 활용하는 방법을 자세히 기록하여 누구든지 제작계획서을 보고 제작된 교재교구를 활용할 수 있도록 해야 한다. 추후활동과 연결시킬 수 있으면 그 내용도 함께 기록한다.
유의점	제작 시 어려운 부분이나 활용할 때 고려해야 할 사항 등을 자세히 기록한다.

넷째, 교재교구 제작에 필요한 재료를 준비한다. 기관에 있는 재료, 재활용품, 자연 재료, 상품화된 재료 등 다양한 재료 중 제작하고자 하는 교재교구의 특성을 가장 잘 나타낼 수 있는 재료를 선택한다.

다섯째, 교재교구 제작을 실행에 옮긴다. 제작하는 과정 중에 재료의 종류나 제작방법 등에 수정해야 할 사항이 생기거나 더 좋은 아이디어가 있다면 적용할 수 있다. 제작된 교재교구를 먼저 활용해 본 후 부족한 부분이 있으면 보완하여 제작을 완료한다.

이와 같은 절차를 통해 교재교구 제작을 실행하고자 한다면 교재교구 계획안을 작성하여 제작방법을 구체적으로 기록한다. 〈표 4-2〉는 교재교구 계획안의 예시이다.

표 4-2 **교재교구 계획안**

생활주제	우리나라
교구명 (활동명)	힘껏 던져 보자! 윷놀이
활동목표	• 윷놀이 게임규칙을 안다. • 양손에 윷을 잡고 깔판 안으로 던질 수 있다. • 윷놀이 활동 후 느낀 점을 말로 표현할 수 있다. • 함께 놀이하는 즐거움을 느낀다.
누리과정 관련요소	• 신체운동건강 〉 신체활동 즐기기 〉 실내외 신체활동에 자발적으로 참여하기 • 의사소통 〉 듣기와 말하기 〉 자신의 경험, 느낌, 생각 말하기 • 사회관계 〉 더불어 생활하기 〉 친구와 서로 도우며 사이좋게 지내기
준비물	4절 색 하드보드지, 8절 하드보드지, 글루건, 펠트지, 바늘, 실, 가위, 한지, 마스킹테이프, 시트지, 풀, 컴퍼스, 자, 칼, 유리병
제작방법	**〈윷놀이판〉** ① 하드보드지를 가로, 세로가 39cm인 정사각형이 되도록 자른다. ② 하드보드지가 반으로 접힐 수 있도록 가운데에 칼집을 낸다. 하드보드지 뒷면에 칼집을 내어 안쪽으로 접히도록 한다. ③ 색지로 지름 6cm인 원 5개, 지름 4cm인 원 29개를 만들어 자르고, 윷놀이판에 맞게 붙인다. 지름 6cm인 원 안에 지름 4cm인 원을 붙인다. ④ 지름 6cm인 원 안에 게임 방향을 알리는 화살표를 만들어 붙인다. ⑤ 윷놀이판 뒤 한쪽 면에는 게임 활동방법을 붙이고, 다른 한쪽에는 교구 제목을 붙인다. ⑥ 투명 시트지로 윷놀이판 전체를 앞뒤로 감싼다. ⑦ 테두리는 마스킹테이프로 둘러 마무리한다. **〈게임 말〉** ① 똑같은 크기의 2개의 유리병(렌즈병 크기)을 각각 다른 색의 펠트지로 감싼다. ② 부자재로 말을 예쁘게 꾸며 준다. **〈윷〉** ① (아랫면) 갈색 펠트지를 세로 20cm, 가로 4cm의 크기로 8장 자른다. 아랫면은 위아래가 볼록한 모양으로 자른다. ② (윗면) 갈색 펠트지를 세로 20cm, 가로 4cm의 크기로 8장 자른다. ③ 아랫면은 하드보드지를 직사각형 모양에 맞게 자른 후 글루건으로 붙인다. ④ 윗면은 아랫면과 함께 버튼홀 스티치 바느질 기법으로 솜을 넣고 꿰맨다. ⑤ 이와 같은 방법으로 윷 4개를 만든다.

생활주제	우리나라
제작방법	〈약속판〉 (벌칙: 엉덩이로 이름 쓰기, 노래 부르기 등) ① 하드보드지를 가로 30cm, 세로 15cm의 크기로 자른다. ② 자른 하드보드지의 앞뒤를 한지로 감싼다. ③ 한지 위에 인쇄된 약속판을 붙이고, 앞뒤를 시트지로 감싼다. ④ 마스킹테이프로 테두리를 감싸 마무리한다. **〈약속카드〉** ① 파워포인트를 이용하여 한 슬라이드에 5장씩 벌칙 및 보너스 등 여러 가지 카드의 내용을 만들어 총 10장의 카드를 만든다. ② 인쇄하여 오린 뒤 코팅한다.
활동방법	① 가위바위보를 해서 순서와 말을 정한다. 인원수는 최대 한 팀에 4명씩으로 한다. ② 이긴 사람이 약속 주머니에서 약속카드를 뽑아 약속판 위에 올려놓는다. ③ 각자의 말을 가지고 게임을 한다. ④ 먼저 말을 다 빼낸 사람이 이긴다. ⑤ 진 사람은 벌칙을 실행한다.
유의점	• 규칙과 순서를 지키도록 한다. • 벌칙, 약속카드와 같은 경우 기존의 윷놀이와는 다르다는 것을 유아에게 말해 준다.

3. 교재교구의 종류에 따른 제작

영유아의 발달수준, 흥미, 연령, 생활주제, 학습목표, 학습내용, 집단 구성 등에 적합한 교재교구를 선택하기 위해서는 교재교구의 종류와 특성을 알아야 한다. 영유아교육기관에서 일반적으로 활용하고 있는 교재교구의 유형과 특성을 살펴보면, 다음과 같다(나은숙 외, 2014; 서현아 외, 2016; 임은숙, 2014).

1) 그림자료

그림자료는 이야기 나누기 활동, 동화 듣기 활동, 자유놀이 등 영유아교육현장에서 다양하고 손쉽게 활용할 수 있는 평면적이고 정적인 시각자료 중의 하나이다. 주제에 대한 추상적인 개념의 설명을 위해 현실적이고 구체적인 이미지를 제공함으로써 영유아의 이해를 도울 수 있다. 그림자료는 직접 그린 그림, 잡지, 카탈로그, 도안집, 인터넷 이미지 등을 활용하여 제작할 수 있다. 그림자료는 자료를 쉽게 구할 수 있고 비용이 적게 들며, 제작이나 사용이 편리하고 활용범위가 넓어 다양한 학습활동에서 활용할 수 있다는 장점이 있다. 또한, 언어만으로 전달하기 어려운 추상적인 상황을 구체적인 이미지로 제작하여 활용하기 때문에 용이하다.

그러나 사물의 원근과 깊이, 크기에 대한 이해를 표현하기 어렵고, 사용되는 그림자료 이미지의 구체성 정도가 다양하여 일관성 있게 맞추어 제시하기 어렵다. 사물의 이미지가 사진과 같이 구체적인 것부터 특성만 강조된 단순화된 그림까지 다양하기 때문에 여러 장의 그림자료를 사용할 때에는 일관성 있게 준비해야 한다. 또한, 정적이고 평면적인 시각적 자료의 특징 때문에 정지된 순간이나 상황은 관찰할 수 있지만 연결된 동작의 움직임을 나타내기는 어려운 제한점이 있다. 정적인 화면만 보게 되는 단점을 보완하기 위해 낚싯줄 · 할핀 · 자석 등을 이용하거나 칼집을 내어 그림자료 뒷면에서 조작해 부분적으로 움직이는 그림자료로 제작할 수 있다. 구체적인 방법은 다음과 같다.

첫째, 낚싯줄을 이용하는 방법은 그림에 낚싯줄을 달고 그 길이만큼 상하좌우로 움직이며 이동시키는 것이다. 뒤쪽에서 낚싯줄을 잡고 움직이거나 뒤에서 앞으로 등장인물이 나타나도록 걸쳐 놓을 수 있다.

둘째, 할핀은 2개의 면에 구멍을 내고 겹친 후 할핀을 연결시켜 움직임을 나타내는데 사용한다. 예를 들면, 사람이나 동물의 팔다리와 몸통 부분을 할핀으로 연결하면 움직이는 모습을 나타낼 수 있다.

셋째, 자석은 배경판 뒤에서 자석을 붙인 그림자료를 다른 자석으로 움직일 때 사용한다. 그림자료가 배경판에 잘 붙도록 배경판의 두께를 고려하고, 자석의 크기 · 개수 · 자력을 확인한다. 서로 같은 극이 맞닿지 않도록 주의한다.

넷째, 칼집은 배경판에 칼집을 내고 그 사이에 그림 자료를 끼운 뒤 뒤에서 조작하여 움직일 때 사용한다. 다음은 칼집과 할핀을 이용하여 제작한 그림자료이다.

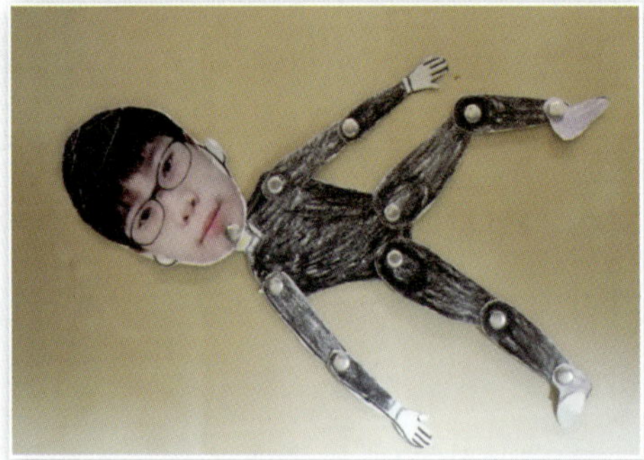

시각적 그림자료의 특징과 장단점을 고려하고 영유아의 발달수준과 요구, 학습내용에 따라 적절한 그림자료를 선택할 때 고려해야 할 점은 다음과 같다.

첫째, 전달하고자 하는 내용을 명확하게 표현하는 그림자료를 선택한다. 정확한 개념이나 정보를 전달해야 하는 경우 그 내용이나 디자인의 구성이 명확해야 한다.

둘째, 교수-학습상황을 고려하여 활용목적에 따라 그림자료의 형태를 선정한다. 개념 전달이 목적이라면 실제에 가까운 사실적인 자료를 사용하고, 영유아에게 시각적으로 거부감을 줄 수 있는 내용이라면 단순화된 그림자료를 사용한다. 게임에 활용될 재료는 특징을 과장되게 표현한 자료를 사용할 수도 있다.

셋째, 그림자료는 영유아에게 흥미를 줄 수 있어야 한다. 대비나 명도가 뚜렷하고 색이 아름다우며 매력적인 그림자료를 선택한다.

다음의 그림자료들은 전달하고자 하는 내용을 함축적으로 중심개념의 부분만 강조하여 나타낸 것으로, 사실적인 사진자료나 동영상 자료보다 영유아가 이해하기에 더 용이할 수 있다.

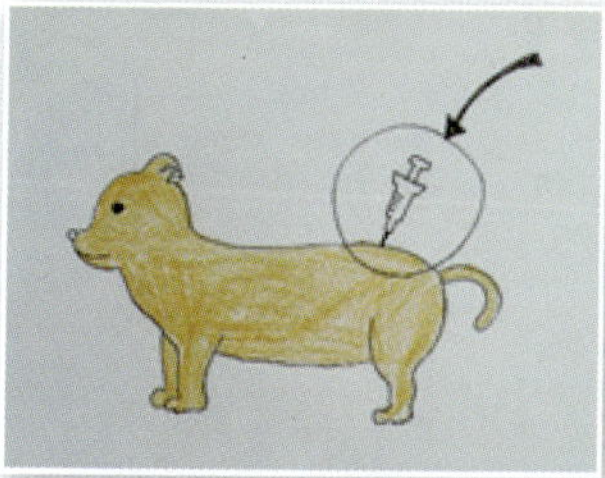

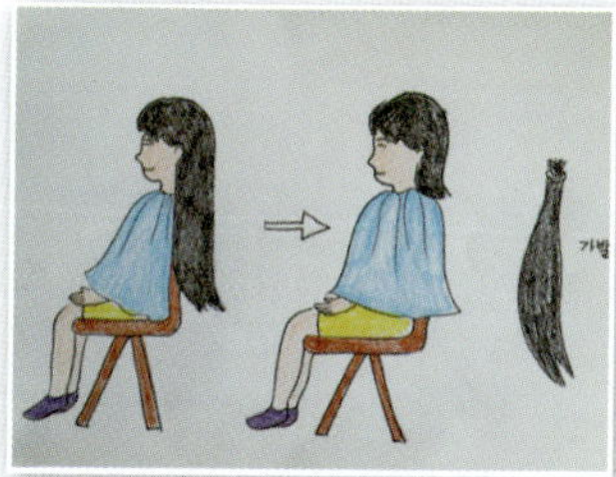

2) 융판자료

융판자료는 교재를 붙였다 떼었다 하며 영유아에게 제시할 수 있는 교재교구로 제작 및 사용방법이 쉽고 비용도 적게 든다. 융판자료는 그림자료 뒷면에 찍찍이나 펠트지, 융, 부직포 등을 붙여 제작하는데 너무 무거우면 쉽게 떨어지므로 자료의 두께와 크기를 고려해야 한다. 융판은 상품화된 것을 사용하거나 베니어판이나 하드보지를 연결하여 접었다 폈다 할 수 있도록 제작할 수도 있다. 융판은 4절 크기의 하드보드지에 솜을 넣고 찍찍이가 붙을 수 있는 천을 씌워 제작한다.

융판자료를 활용할 때는 영유아의 눈높이에 맞춰 제시하고 한꺼번에 너무 많은 자료를 제시하지 않도록 한다. 교사는 제시할 자료의 순서를 미리 익혀 적절한 위치에 배치한다. 준비한 융판자료는 영유아들이 미리 보지 못하게 작은 바구니에 넣어 손수건 등으로 가리고 있다가 순차적으로 붙여 영유아들이 집중할 수 있도록 한다. 활용한 후에는 흥미영역에 배치해서 영유아들이 직접 조작해 볼 수 있도록 한다.

그림 4-1 접이식 융판

그림 4-2 융판자료의 제시

3) 자석자료

자석판은 융판과 비슷하지만 사물의 움직임을 나타낼 수 있다는 점에서 차이점이 있다. 자석판은 상품화된 것을 구입하거나 활동의 유형과 집단의 종류에 따라 다양한 크기로 직접 제작할 수 있다. 자석판을 직접 제작할 경우 얇은 철판에 컬러 시트지를 씌우고 모서리가 날카롭지 않도록 마감하여 제작한다.

자석자료는 붙는 성질을 활용한 자료이므로 그림자료나 사진자료 뒤에 자석을 붙이거나 헝겊 속에 자석을 넣어 꿰맨 후 자석판과 함께 활용한다. 자석자료를 사용할 때는 N극과 S극의 특성에 유의하여 다른 극끼리 맞닿도록 한다. 자력이 약하면 쉽게 떨어지므로 자료가 무거울 경우 자석 수를 늘려 주고, 헝겊 속에 자석을 넣어 바느질할 때는 너무 두꺼운 헝겊을 사용하지 않도록 한다.

4) 게시판

게시판은 영유아의 작품이나 활동결과물 게시, 생활주제와 관련된 개념이나 정보 제공, 학습 분위기 조성을 위한 환경 구성, 영유아교육기관의 행사 안내, 영유아의 학습 동기유발 등의 역할을 하는 자료이다. 게시판의 한 유형인 출석판은 교실 입구에 게시된 것으로, 영유아가 등원하면 자신의 이름표나 사진을 찾아 출석을 표시하도록 하는 자료이다. 활동실 내의 흥미영역 표시판은 흥미영역의 이름과 활동 가능 인원수를 나타내는 게시자료다. 게시판은 영유아의 눈높이를 고려하여 부착한다.

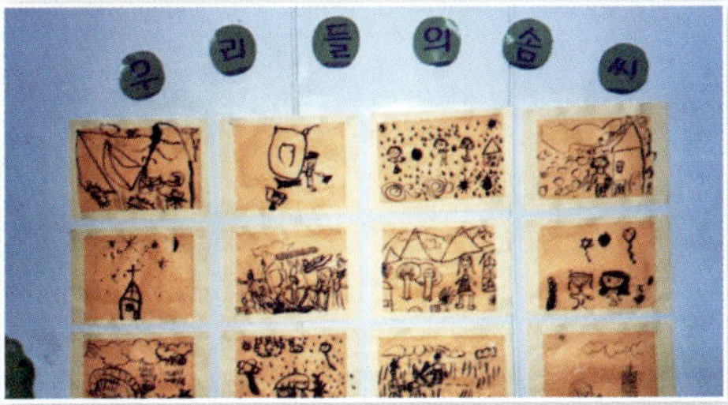

5) 동화

동화는 내용과 학습 의도에 따라 다양한 유형으로 제작해서 들려줄 수 있다. 동화의 유형에는 그림동화, TV 동화, 융판동화, 막대동화, 그림자 동화, OHP 동화 등이 있다.

(1) 그림동화

그림동화는 동화의 장면을 낱장 그림으로 그려 한 장씩 뒤로 넘겨가며 들려주는 방식이다. 동화내용 중 중심이 되는 장면을 선정하여 4절 크기의 하드보드지나 머메이드지에 그림을 그려서 제작한다. 하드보드지는 두껍고 무거워서 장면이 너무 많으면 다루기 어려우므로 장면의 수를 조절한다. 머메이드지를 활용할 경우에는 종이가 얇아 그림이 흐느적거릴 수 있으므로 뒤에 두꺼운 도화지를 덧댄다.

동화내용은 그림 뒷면에 기록한다. 들려주는 그림내용을 몸 쪽에 있는 맨 뒤 장면의 뒷면에서 읽을 수 있도록 하나씩 밀려서 기록한다. 즉, 첫 번째 그림 뒤에는 두 번째 그림의 내용이 기록되어 있어야 한다. 동화내용과 함께 순서를 나타내는 숫자를 기록하여 순서가 뒤바뀌지 않도록 주의한다.

동화판에 칼집을 내거나 낚싯줄, 자석 등을 활용하여 움직임을 나타내면 내용을 생동감 있게 전달할 수 있다.

(2) TV 동화

TV 동화는 TV 상자와 같은 틀 안에 동화내용을 연결시켜 두루마리로 만들어 넣고 그림을 감으면서 보여 주는 방식이다. 동화가 마치 TV 화면처럼 움직이는 느낌을 주기 때문에 그림동화보다 생생하게 전달할 수 있다.

그림이 그려진 종이는 TV 화면보다 좀 더 커야 하며, 첫 장과 마지막 장의 양쪽은 두루마리 막대에 감겨지는 부분이므로 여분의 종이를 덧붙여 그림이 잘려 보이지 않게 한다. 동화내용은 각각의 그림 뒤에 적고, 종이가 얇으면 글씨가 비칠 수 있으므로 종이의 두께를 고려해야 한다. 두루마리 방식이 아니어도 TV 상자 틀을 만들고 동화장면을 하나씩 끼우면서 보여 주는 방식도 있다.

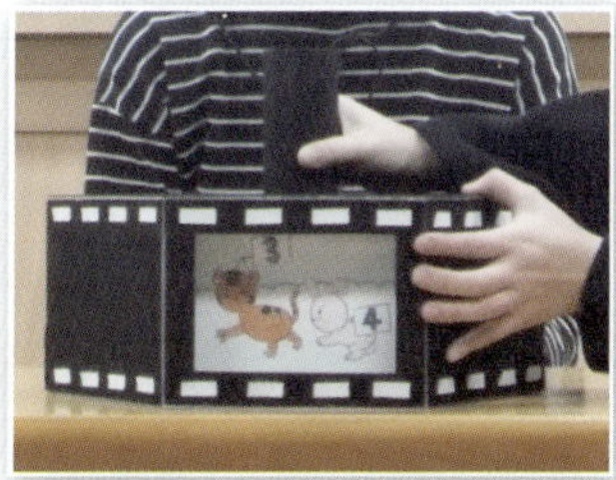

(3) 융판동화

융판동화는 딱딱한 판을 융이나 펠트천으로 감싸 융판을 만들고 찍찍이를 붙인 그림자료, 즉 등장인물이나 배경 등을 융판에 붙이며 동화를 들려주는 방식이다. 영유아가 주의를 집중하는 데 효과적이다. 동화를 들은 후 영유아가 스스로 흥미영역에서 활동해 볼 수 있는 장점이 있고, 자료의 일부를 첨가하거나 삭제해서 이야기를 재구성하기에도 용이하다.

(4) 막대동화

막대인형은 제작방법이 간단하고 영유아가 직접 조작하기도 쉽다. 영유아들이 그린 여러 가지 동물 · 과일 · 사람의 그림자료 등을 오린 후 그 뒤에 막대를 붙여 사용하거나 조그만 인형에 막대를 끼워서 사용할 수 있다.

막대가 될 수 있는 재료에는 아이스크림 막대, 나무젓가락, 숟가락, 자, 탄력 있는 고무호스 등이 있다. 막대인형은 인형의 몸체에 막대를 붙여 전체적으로 움직이게 만들 수 있고, 인형의 손과 다리에만 막대를 붙여 부분적인 움직임을 표현할 수도 있다. 교사가 인형을 손에 들고 이야기를 들려주거나 간단한 무대를 만들어서 테이블에 막대를 꽂으면서 제시할 수 있다(심성경 외, 2007).

(5) 그림자 동화

그림자 동화는 이야기 속 인물의 특징이나 배경에 맞게 평면적 및 입체적 인형을 제작한 후 빛에 투사시켜 그림자로 보여 주는 방식이다. 제작방법은 다음과 같다.

첫째, 동화내용을 먼저 파악한 후 몇 가지 동화장면과 등장인물을 선정한다.

둘째, 등장인물을 검정 도화지에 그린 후 오린다. 인물에서 강조하고 싶은 부분이 있다면 구멍을 낸 후 색 셀로판지를 붙인다.

셋째, 인형극 틀에 창호지를 대고 그 뒤에 등장인물을 막대에 붙여 움직인다. 막대가 나타나지 않게 하려면 투명 필름을 사용한다.

넷째, 바깥 조명은 어둡게 하고 인형극 틀 등장인물 뒤쪽에서 손전등을 비춰 동화를 들려준다.

그림자 동화는 영유아에게 흥미를 주는 매체인 인형을 사용하고 움직이는 화면에 영유아의 주의를 집중시키며, 그림자로만 보이는 장면을 통해 상상력을 자극시키는 장점이 있다. 또한, 등장인물을 직접 제작 · 조작할 수 있어서 영유아가 흥미를 갖고 적극적으로 활동에 참여할 수 있다.

(6) OHP 동화

OHP 동화는 투명한 필름에 유성 사인펜으로 직접 그림을 그리거나, 동화책 위에 필름을 대고 베껴 그리거나, 편집된 인터넷 동화를 인쇄한 후 스크린에 비춰 보여 주는 방식이다. 색을 입힐 때는 주로 유성 사인펜을 사용하지만 투명한 색 셀로판지를 사용할 수도 있다.

한 장면에 여러 등장인물이 나오는 경우에는 겹치기 기법을 활용한다. 겹치기 기법은 배경이 되는 기본 필름을 놓고 그 위에 다른 필름들을 순서대로 제시하는 방식으로, OHP 기기를 사용하지 않고 그림자료와 함께 활용할 수 있다. 즉, 그림 동화의 한 장면 위에 유성 사인펜으로 그려진 투명 필름을 한 장씩 올려놓으며 동화를 들려준다.

OHP 동화는 제작비가 저렴하고 제작방법이 간편하며, 제작 소요시간도 그림동화에 비해 오래 걸리지 않는다. 화면에 비춰지는 장면이 크고 밝기 때문에 영유아들의 흥미를 유발하기 쉽고 투명 필름을 여러 장 사용하기 때문에 겹쳐지는 효과를 나타내기에 용이하다. 제작 시 유의해야 할 점은 필름이 흐느적거리지 않도록 가장자리를 두꺼운 종이로 감싸 주고 겹쳐져 있는 자료들이 서로 들러붙지 않도록 사이사이에 얇은 종이를 끼워 둔다. 그림이 투사되는 화면은 상하, 좌우가 바뀌므로 이 점을 유의해서 그리고 제시한다.

6) 디오라마

디오라마는 전시자료로 배경 위에 모형을 설치하여 실제 장면의 사물을 축소 또는 확대하여 하나의 장면을 입체적으로 만든 것이다. 이는 입체적인 모형 전경을 제시함으로써 강한 현실감을 주고 부분과 전체의 상관관계를 인식할 수 있도록 해 준다. 시중에 판매되고 있는 인형의 집을 예로 들 수 있다. 제작과정이 비교적 간단하고 제작비용도 적게 들어 유아와 함께 만들어 볼 수 있다. 주제와 관련된 동화 내용을 재연해 보는 활동을 하거나 등장인물을 입체적으로 제작하여 다양한 놀이 활동을 할 수 있다.

7) 손인형

손인형은 구연동화나 영유아의 주의집중에 활용하기 좋은 교재교구이다. 상상력이 풍부한 영유아에게 손인형은 자기표현을 할 수 있는 매개물로, 영유아로 하여금 자발적으로 대화를 하게 하며, 창의성을 증진시킨다. 언어표현이 미숙하거나 두려움을 갖고 있는 영유아는 손인형을 통해 편안한 마음으로 자기표현을 자유롭게 할 수 있다.

손인형을 제작하는 방법은 인형의 입이 움직일 수 있도록 손수건, 양말, 벙어리장갑, 종이봉투로 손 전체를 감싸서 안에 있는 손을 벌리고 오므리도록 하거나 한 손이 인형의 머리와 손이 되도록 한다.

Chapter 05

교재교구의 활용 및 관리

1. 교재교구의 제시

교재교구를 제시하는 방법과 시기에 따라 그 교재교구에 기대되는 교육효과는 달라진다. 영유아들은 교사가 소개해 주는 교재교구에 흥미를 갖게 되면 활동에 좀 더 적극적으로 참여하게 된다. 이러한 과정을 통해 영유아들이 교재교구를 사용하며, 또래들과 서로 활발한 상호작용을 하고, 교사의 인정과 격려를 받게 되면 교육효과는 더 높아질 수 있다. 이미 제시된 교재교구가 잘 활용되지 못하고 방치되어 있는 경우에는 교사가 새로운 방법으로 다시 소개해 주면 영유아의 관심과 흥미를 유발할 수 있다. 비싸고 좋은 교재교구라도 영유아의 흥미와 관심을 끌지 못하는 방식으로 제시된다면 영유아가 활용하지 않게 되므로 교육적 의미가 없다.

이와 같이 교재교구는 그 내용과 활용방법 등 교재교구 자체의 특성도 중요하지만, 교사의 제시방법에 따라 잘 활용되기도 하고 오랜 기간 영유아들이 전혀 활용하지 않을 수도 있다. 교재교구는 자유놀이와 대 · 소집단 활동에서 각각 다른 방법으로 제시되어야 하는데 그 내용을 살펴보면 다음과 같다.

1) 자유놀이에서의 교재교구 제시방법

자유놀이에서 활용될 교재교구를 제시하는 방법은 교재교구의 유형, 영유아의 발달수준, 소개 시기, 소개 장소, 소개하는 주제 등에 따라 다양하다. 각 상황에 따른 교재교구 제시방법은 다음과 같다(김유정 외, 2011; 서향희, 2014).

(1) 흥미영역별 교재교구를 학급에 내어 주기 전 전체 영유아에게 소개하는 방법

영유아가 혼자 다루기에 사용방법이 복잡하거나 규칙이 많은 경우 또는 위험한 부분이 있는 경우에 교사가 그 점을 자세히 설명해 주는 방법이다. 사용방법과 주의사항을 알려 주고, 지켜야 할 규칙이 많을 때는 영유아들과 함께 사용방법에 대해 토의하는 시간을 갖는다. 그 밖에 새로운 주제로 바뀔 때 도입 부분에서 제시하거나 영유아의 관심과 흥미를 끌기 위해서 사용할 수 있는 방법이다.

(2) 교재교구의 명칭과 배치해 주고자 하는 장소만 소개하는 방법

교재교구의 활용방법이 복잡하거나 어렵지 않고 위험성이 없어 영유아가 스스로 사용할 수 있는 경우에 소개되는 방법이다. 영유아가 교재교구를 활용하는 동안 교사에게 도움을 청하면 설명해 줄 수 있고, 놀이를 먼저 경험해 본 또래 영유아가 소개해 줄 수도 있다. 교사는 영유아가 시행착오를 겪으며 스스로 알아 가는 놀이과정을 칭찬하고 격려해 주어야 한다.

(3) 자율적인 사용방법과 새로운 방법을 소개하는 방법

이야기 나누기, 신체표현, 음률, 동극 등 다른 활동에서 사용되었던 교재교구를 활동이 끝난 후 어떻게 활용할지 그 방법을 소개하는 것이다. 즉, 개별 사용방법, 자율적 사용방법, 새로운 사용방법 등에 중점을 두어 자연스럽게 설명해 주는 방법이다. 이는 활동이 끝난 후 영유아들이 다시 활용해 보고자 할 때, 심화학습으로 유도하려는 교사의 의도가 있을 때, 교사가 아닌 영유아가 주체가 되어 사용할 때 생기는 문제점에 대해 토의한 후 또래 유아와 협력해서 활용할 수 있게 해 주고자 할 때 사용되는 방법이다.

2) 대·소집단 활동에서 교재교구 제시방법

집단활동은 영유아들이 함께 모여 여러 가지 활동을 하는 것으로, 참여 인원에 따라 대집단과 소집단으로 활동을 구분한다. 대 · 소집단 활동에서 교재교구를 제시하는 방법은 다음과 같다(나은숙 외, 2014).

(1) 실물자료

실물자료로에는 일상용품, 음식, 도구, 돌과 같은 자연물, 동물, 식물, 전자제품 등이 있다. 실물자료를 제시하는 방법은 다음과 같다.

첫째, 영유아들에게 제시할 때 가능하면 가까이에서 잘 볼 수 있도록 한다. 위험한 자료가 아니라면 주의사항을 알려 준 후 직접 만져 볼 수 있게 해 준다.

둘째, 실물자료와 관련된 이전의 경험을 회상하고 이야기한다.

셋째, 실물자료의 특성, 즉 모양, 움직임, 쓰임새 등에 대한 생각을 서로 이야기하고 경청하는 기회를 갖는다.

넷째, 실물자료를 통해 알아보고자 하는 학습내용을 상기시킨다.

다섯째, 실물자료를 더 깊이 탐색할 수 있는 방법에 대해 토의해 보고 흥미영역의 활동과 연계한다.

여섯째, 실물자료의 특성에 따라 일정 기간 동안 전시하고 관리한다.

(2) 모형

모형자료에는 인형, 지구본과 같은 축소자료, 자동차 모형, 실험자료, 모조품 등이 있다. 모형자료를 제시하는 방법은 다음과 같다.

첫째, 모형자료를 제시하기 전에 모형과 관련된 학습주제의 구체적인 개념 · 사실 · 행위 등에 대해 이야기 나누는 시간을 갖는다.

둘째, 모형자료에 대한 실물경험과 사전지식에 대해 이야기하는 시간을 갖는다.

셋째, 모형자료의 중요성과 필요성에 대해 설명해 준다.

넷째, 모형자료를 제시해 준 후 실물자료와의 차이점, 모형자료를 다루기에 좋은 점, 다룰 때 주의할 점에 대해 알아본다.

다섯째, 모형자료의 특성을 고려하여 전시해 주거나 직접 다루어 볼 수 있도록 해 준다. 교사만 조작할 수 있는 경우에는 영유아가 잘 볼 수 있는 위치에서 조작하며 소개하고, 영유아도 조작이 가능한 경우에는 직접 해 볼 수 있도록 기회를 제공한다.

(3) 그림 및 사진자료

그림 및 사진자료에는 낱장자료, 카드, 차트, 융판, 자석 등이 있으며 제시방법은 다음과 같다.

첫째, 그림이나 사진을 보여 주기 전에 주제와 관련된 이야기를 나누거나 일부만 보여 준 후 예측해 보도록 한다.

둘째, 다양한 방법으로 자료를 제시하면서 영유아의 실제 경험과 연결시켜 흥미를 유발한다.

셋째, 영유아들이 자료를 선택한 후 제시하며, 이야기를 주도해 볼 수 있는 기회를 제공한다.

넷째, 그림이나 사진으로는 알 수 없는 정보에 대해 알아보거나 알아볼 수 있는 방법에 대한 토의를 진행한다.

다섯째, 대 · 소집단 활동이 끝난 후에도 영유아들이 활용할 수 있도록 벽면이나 게시판에 붙여 놓는다.

2. 교재교구의 배치 및 활용

1) 교재교구의 효과적인 배치방법

교실에는 여러 가지 다양한 교재교구가 배치되어 있다. 그러나 영유아들이 활동하는 공간에 많은 교재교구가 무질서하게 배치되어 있거나 시각적인 전시 위주로만 배치되어 있다면, 영유아들이 흥미를 느끼기 어려울 뿐만 아니라 교육효과도 감소하고 지속적으로 활용하지 않게 된다. 따라서 교재교구는 사용하는 영역과 교육활동의 필요에 따라 세심하게 계획을 세워 적재적소에 배치해야 한다. 교육적이고 질 좋은 교구라도 영유아들의 활용 빈도가 낮다면 하나의 전시품에 지나지 않으므로 교사는 항상 놀이활동을 관찰하여 영유아의 흥미와 요구에 따라 교재교구를 교체하거나 첨가하여 놀이가 확장 · 유지되도록 해야 한다.

교재교구를 배치할 때 고려해야 할 점들을 살펴보면 다음과 같다(서현아 외, 2016; 오숙자 외, 2011)

- 교재교구는 주제, 계절, 교육목표 및 내용, 행사, 영유아의 흥미 등에 따라 적절히 교체해 준다. 많은 자료를 한꺼번에 내어 주거나 자주 바뀌는 변화는 영유아에게 불안감을 주므로 주의한다.
- 교육적 가치가 높고 영유아가 꼭 활용하기 바라는 교재교구 또는 영유아가 매일 즐겨 사용하는 교재교구는 영유아의 시야에 잘 들어오고 꺼내기 쉬운 곳에 배치한다.
- 교재교구는 흥미영역별로 배치해 준다. 물리적 한계를 분명히 해 주면 활동에 필요하고 적절한 공간에서 영유아가 안정감 있게 활동할 수 있다.
- 교재교구는 시각적으로 매력 있게 배치해야 한다. 영유아들이 교재교구를 활용해 보고 싶어 하도록 눈에 띄기 쉬운 곳에 질서 정연하고 깨끗하게 배치한다. 또한, 색과 재질의 조화를 고려하여 아름답게 배치한다.
- 영유아의 눈높이에 맞춰 배치하여 꺼내고 정리하기 편하도록 보관하는 장에 표시해 둔다. 교재교구장이나 선반을 다양한 형태로 충분히 제공해 주면 보관과 정리에 더욱 효과적이다.
- 구조성이 높은 것과 낮은 것, 쉬운 것과 어려운 것, 단순한 것과 복잡한 것, 동적 활동과 정적 활동, 대근육 활동과 소근육 활동, 영유아주도와 교사주도 활동, 개별활동과 집단활동 등 교재교구을 균형 있게 배치한다.
- 연관성 있는 교재교구는 서로 인접하여 배치해 주고 통합적 활동 또는 상호보완적 활동을 할 수 있도록 한다.
- 확장 및 심화활동이 가능한 자료들을 함께 배치해 학습효과를 높인다.
- 교재교구의 활용 빈도가 낮은 경우나 활동하기 불편한 경우에는 교구장의 위치나 교재교구의 배치에 변화를 준다.

- 조각이 작아 분실되기 쉬운 것은 작은 바구니나 상자에 넣어 배치해 준다.
- 교재교구가 무거워서 영유아가 이동시키기 어려운 경우에는 책상이나 선반에 위치를 고정시켜 사용할 수 있도록 한다.
- 시청각자료나 과학기구와 같이 파손되기 쉬운 교재교구는 안전한 장소에 배치해 준다.

그밖에도 교재교구를 배치할 때 활용하면 유용한 구체적인 방법을 소개하면 다음과 같다.

첫째, 윤곽을 그리는 방법이다. 커다란 블록이나 다양한 모양의 블록들, 목공놀이 도구, 악기 등을 배치할 때 그 사물의 윤곽선만 나타내는 그림자 자료를 오려 교구장이나 선반에 붙여 준다. 영유아들이 정리할 때 그 모양을 보고 위치를 정확하게 찾을 수 있으며, 교재교구들이 혼합되지 않도록 정리할 수 있다. 한 바구니에 여러 가지 종류의 블록을 정리해야 하는 경우라면 사진을 찍어 붙여 줄 수 있다.

둘째, 칸막이 분류함을 이용하는 방법이다. 작은 모형이나 인형, 크기가 작은 관찰용 자연물, 손가락 인형, 구슬 등과 같이 섞이면 정리하는 시간이 오래 걸리고 불편한 자료들을 배치할 때 유용하다.

셋째, 파일꽂이를 사용하는 방법이다. 극놀이 배경, 커다란 게임판, 만들기에 대한 설명서, 그림동화자료, 악보, 융판자료 등에 사용할 수 있다. 쉽게 꺼내고 정리할 수 있으며 구겨지거나 손상되는 것을 방지할 수 있다.

넷째, 투명한 플라스틱 상자를 활용하는 방법이다. 많은 양의 사물을 담아 둘 수 있고, 상자 안의 내용물이 보여 찾을 때 편리하다. 예를 들어, 역할놀이에 사용되는 여러 가지 옷이나 소품과 같이 크기와 모양이 다양한 사물을 한곳에 담아 놓을 수 있다.

다섯째, 게시판과 벽면을 이용하는 방법이다. 크기가 큰 평면자료의 경우, 즉 동시판, 요리 순서표, 자료 수집 그래프, 과녁 맞추기 등과 같은 자료를 배치할 때 유용하다. 전시된 자료들은 영유아의 눈높이에 맞춰 항상 일상에서 자연스럽게 볼 수 있으므로 영유아의 흥미를 유발하고 학습에 효과적이다.

2) 활동유형별 교재교구 배치 및 활용

영유아교육기관에서 하루 일과가 진행되는 동안 사용하는 교재교구의 배치와 활용을 자유놀이와 대 · 소집단 활동으로 나누어 살펴보면 다음과 같다.

(1) 자유놀이

자유놀이란 영유아가 스스로의 의지와 흥미에 따라 자발적으로 놀이를 선택하여 활동하는 것이다. 현재 대부분의 영유아교육기관에서는 영유아의 교수-학습을 지원하기 위해 실내 환경을 쌓기놀이영역, 언어영역, 역할놀이영역, 수 · 조작영역, 과학영역, 음률영역, 미술영역 등의 흥미영역으로 구성하고 있다. 영유아는 자유놀이시간에 여러 가지 다양한 흥미영역에서 스스로 계획한 활동들을 실행한다.

흥미영역은 공간의 크기, 소음, 채광, 물의 사용 여부 등을 고려하여 배치하고, 벽에 붙이는 게시물 등은 영유아의 눈높이에 맞추며, 모든 교재교구는 기본적으로 안전과 위생을 고려해서 배치한다. 흥미영역별로 배치할 수 있는 교재교구를 살펴보면 다음과 같다(교육과학기술부, 보건복지부, 2013).

① 쌓기놀이영역

쌓기놀이영역은 여러 가지 크기 · 모양 · 재질의 블록과 소품을 이용하여 어떤 사물을 구성하거나 구조물을 쌓아 보거나 꾸며 보는 등의 과정을 경험하는 영역이다. 주제에 적합한 다양한 소품을 새롭게 첨가해 주면 활동이 좀 더 확장될 수 있다. 이러한 활동을 통해 관찰력, 측정기술, 원인과 결과에 대한 사고력 등이 길러진다. 〈표 5-1〉은 쌓기놀이영역에 배치할 수 있는 교재교구이다.

표 5-1 쌓기놀이영역의 교재교구

종류	세부자료
블록	종이벽돌블록, 단위블록, 공간블록, 우레탄 블록 등
모형	동물 · 사람 · 공룡 등의 인형이나 모형, 탈것(예 기차, 트럭, 레미콘, 구급차, 경찰차, 여객기, 운전대) 등
사회 극놀이 소품	여러 종류의 가면, 교통신호나 표지판 등
기타	쌓기놀이에 도움을 주는 책, 그림자료 등

② 언어영역

언어영역은 듣기, 말하기, 읽기, 쓰기와 관련된 활동을 경험하는 영역이다. 언어영역에서는 다양한 활동을 통해 일상생활에 필요한 언어능력을 향상시키고, 예절을 익힐 수 있으며, 올바른 의사소통 능력 및 태도를 기를 수 있다. 언어영역에는 듣기, 말하기, 읽기, 쓰기 등 여러 가지 언어활동을 위한 자료를 준비한다. 〈표 5-2〉는 언어영역에 배치할 수 있는 교재교구이다.

표 5-2 언어영역의 교재교구

종류	세부자료
듣기 자료	다양한 종류의 책, CD 플레이어, 헤드폰, 카세트 레코드와 테이프 등
말하기 자료	이야기 꾸미기 자료와 융판, 그림카드, 막대인형이나 퍼펫, 인형극 틀, 녹음기, 마이크 등
읽기 자료	종류별 책과 책꽂이, 그림책, 잡지류, 글씨가 적혀 있는 다양한 종류의 카드(예 친구 이름카드, 글자카드, 모래 글자카드) 등
쓰기 자료	각종 필기도구, 단어카드, 컴퓨터와 프린터, 한글 고무 글자판과 스탬프, 잉크, 소형 화이트보드와 마커 펜, 가위, 펀치, 스테이플러 등

③ 역할놀이영역

역할놀이영역은 영유아가 가족이나 성역할뿐만 아니라 우리 사회의 다양한 직업이나 사회구성원의 역할을 상상놀이 및 사회 극놀이 등을 통해 경험하는 영역이다. 영유아는 역할놀이를 통해 자기중심적인 사고에서 벗어나 다양한 각도에서 사물이나 사건을 볼 수 있는 경험을 하고, 자신과 타인의 생각과 감정을 인식하여 적절하게 상호작용할 수 있다. 또한, 자신이 속한 사회를 이해하고 공동체에서 서로 협력하며 함께 살아가는 방법을 익힌다. 〈표 5-3〉은 역할놀이영역에 배치할 수 있는 교재교구이다.

표 5-3 역할놀이영역의 교재교구

종류	세부자료
기본 가구	거울, 소파, 유아용 탁자, 의자, 옷장 등
소품	가족놀이 소품(예 인형류, 주방용품, 일상용품, 의류, 신발류, 열쇠, 우산, 가방, 빗, 넥타이, 머플러 등), 교통기관놀이 소품(예 차표, 지도, 여행 소책자, 여행 가방 등), 가게놀이 소품(예 모형 과일, 시장바구니, 지갑 등), 병원놀이 소품(예 의사 가운, 청진기, 바늘을 뺀 주사기, 붕대, 혈압기 등), 기타 주유소 놀이, 은행놀이, 방송국 놀이, 미장원 놀이, 서점놀이, 목욕탕 놀이 등의 각종 역할놀이 소품 등

④ 수 · 조작영역

수 · 조작영역은 일대일 대응, 분류, 비교, 서열 등의 수활동이나 퍼즐 맞추기, 끼워서 구성하기, 간단한 조작게임 등 논리적 문제해결, 소근육 조작 등과 관련된 활동을 주로 하는 영역이다. 영유아는 수 · 조작 놀이활동을 통해 눈과 손의 협응력과 소근육을 발달시킬 수 있다. 또한 논리 · 수학적 개념, 시간개념, 분류개념, 응용력, 문제해결력, 집중력 등을 향상시킬 수 있으며, 문제를 탐색하고 해결해 가는 과정에서 자신감과 자율성을 기를 수 있다. 〈표 5-4〉는 수 · 조작영역에 배치할 수 있는 교재교구이다.

표 5-4 수 · 조작영역의 교재교구

종류	세부자료
구성활동 자료	레고블록, 코코블록, 다목적 블록, 꽃블록, 등
수활동 자료	일대일 대응, 분류, 비교, 서열, 부분과 전체, 무게 · 부피 · 길이 측정, 공간과 형태의 개념에 도움이 되는 교재교구 등
조작활동 자료	퍼즐, 자물쇠 맞추기, 볼트와 너트 맞추기 등
일상생활 활동자료	옮겨 담기, 바느질, 끈 끼우기, 구슬 꿰기, 단추 끼우기, 지퍼 올리기, 끈 매기 등
게임활동 자료	기억하기, 색깔 맞추기와 같은 간단한 게임 등

⑤ 과학영역

과학영역은 간단한 도구와 기계에 관심을 가지고 여러 가지 과학기자재를 활용하여 생물과 무생물, 물질의 성질, 자연현상 등 영유아가 접하는 자연환경을 관찰 · 실험 · 탐구 · 감상활동을 하는 영역이다.

영유아는 과학영역의 활동을 통해 주변의 환경이나 사물, 생명체에 대해 알 수 있고, 지속적으로 탐색함으로써 과학적 사고능력을 향상시킬 수 있다. 〈표 5-5〉는 과학영역에 배치할 수 있는 교재교구이다.

표 5-5 과학영역의 교재교구

종류	세부자료
기본도구	거울, 자석, 돋보기, 현미경, 프리즘, 전지, 온도계, 습도계, 관찰용지, 필기도구, 자, 저울 등
생명체 관련 자료	식물, 자연물(예 나뭇잎, 열매, 씨앗, 솔방울, 조개껍데기 등), 동물(예 거북이, 금붕어, 햄스터, 병아리, 토끼, 개구리 등), 화분, 어항, 새장, 개미집, 동식물 관련 책, 표본 등
기계류	시계(예 손목시계, 모래시계 등), 라디오, 텔레비전, 컴퓨터 등의 부속품, 열쇠와 자물쇠, 다양한 바퀴, 여러 가지 물체와 물질 등
자연현상 관련 자료	기후 관련 사진이나 그림, 기상도, 구름 사진이나 그림, 돌 · 흙 · 달 · 별 · 해 등의 사진이나 그림 등

⑥ 음률영역

음률영역은 생활 주변에서 듣는 다양한 소리에 관심을 갖고 탐색하며, 음악을 듣고 노래를 부르며, 여러 가지 악기도 다루어 보고 음악에 맞추어 자유롭게 몸을 움직이거나 창의적인 신체표현활동을 경험하는 영역이다. 영유아는 음률영역의 활동을 통해 신체발달과 예술적 표현능력 및 감상능력을 키울 수 있다. 〈표 5-6〉은 음률영역에 배치할 수 있는 교재교구이다.

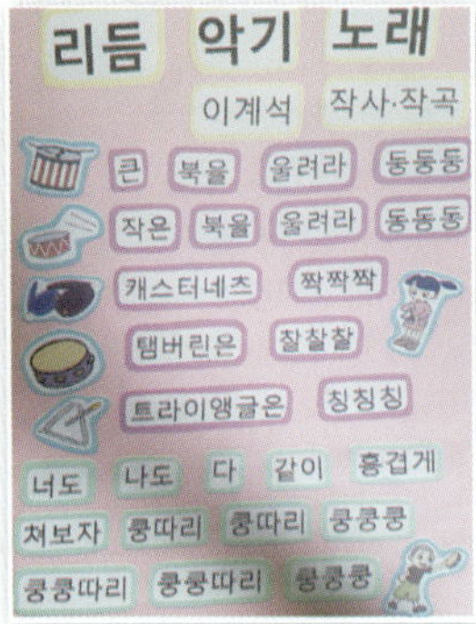

표 5-6 음률영역의 교재교구

종류	세부자료
기본 교구	녹음기, 헤드폰, 카세트테이프, 다양한 음악테이프나 CD, 악보, 악기 관련 사진, 각종 연주회나 춤 공연 등의 사진이나 동영상 자료 등
생활 속 악기	젓가락, 냄비 뚜껑, 깡통, 빨래판, 체, 콩 부채 등
우리나라 전통악기류	장구, 소고, 북, 꽹과리, 가야금, 피리 등
외국 악기류	리듬악기(예 탬버린, 캐스터네츠, 트라이앵글, 마라카스 등), 멜로디 악기(예 실로폰, 멜로디언, 키보드, 피아노 등)
기타	스카프, 리본, 작은 낙하산 등의 신체표현 도구나 음악 연주회, 춤 공연, 오페라 등에서 공연자가 입는 무대 의상 등

⑦ 조형영역

조형영역은 주변의 자연과 사물의 아름다움을 탐색하고 그리기, 만들기, 꾸미기, 구성하기와 같은 다양한 활동을 통해 자신의 느낌이나 생각을 자유롭고 창의적으로 표현하며, 미적 아름다움을 감상하는 영역이다. 영유아는 조형영역의 활동을 통해 예술적 요소를 이해하고 자신의 생각과 감정을 표현함으로써 정서적 안정감과 성취감을 얻는다. 〈표 5-7〉은 조형영역에 배치할 수 있는 교재교구이다.

표 5-7 조형영역의 교재교구

종류	세부자료
종이류	도화지, 색종이, 색지, 골판지, 포장지 등
그리기 도구	크레파스, 색연필, 볼펜, 물감, 먹물, 붓, 사인펜, 매직, 핑거페인트 등
만들기 도구	가위, 풀, 테이프, 스테이플러, 펀치, 핑킹 가위 등
각종 자료	찰흙, 고무 점토, 밀가루 점토, 나뭇가지, 나무젓가락, 빨대, 실, 솜, 스펀지, 수수깡, 자연물(예 솔방울, 돌, 나뭇잎, 조개껍데기, 깃털 등) 등
재활용품	상자, 헝겊, 요구르트병, 휴지 말이 등

이와 같이 각 흥미영역별로 교재교구를 배치할 경우, 다음과 같은 교육효과를 기대할 수 있다(나은숙 외, 2014; 문희연, 2003).

첫째, 물리적 · 시각적으로 영역별 경계를 구분함에 따라 영유아들이 안정감을 가지고 놀이에 참여할 수 있다. 또한, 영유아의 주의력을 집중시킴으로써 작업활동의 효과를 증진시킬 수 있다.

둘째, 영유아는 다양한 수준별 교재교구를 자신에게 맞게 선택하여 활동할 수 있다.

셋째, 또래와의 언어적 상호작용이 증가하여 사회적 기술을 익힐 수 있다. 교구를 함께 활용하면 협동심도 증가한다.

넷째, 영유아의 배회하는 행동이 줄고 활동에 적극적으로 참여하게 된다. 놀이를 지속하는 시간도 증가한다.

다섯째, 교재교구를 효율적으로 배치함으로써 불필요한 관리시간을 줄일 수 있다.

(2) 대 · 소집단 활동

영유아교육기관에서 이루어지는 대 · 소집단 활동의 유형으로는 이야기 나누기 활동, 조형활동, 수활동, 조작활동, 과학활동, 문학활동, 음률활동, 게임 등이 있다. 이와 같은 활동에서 교재교구가 어떻게 활용되는지 살펴보면 다음과 같다.

① 이야기 나누기 활동

이야기 나누기 활동에는 인사, 주말 지낸 이야기, 활동계획, 주제에 따른 개념 학습, 토의, 이야기 꾸미기, 작품 감상, 하루 평가 등이 이루어진다. 이때 필요한 교재교구는 활동유형에 따라 다르지만 보드판, 융판, 보드마카, 실물자료, 그림이나 사진자료, 융판자료 등이 있다. 영유아의 눈높이에 맞춰 흥미를 유발할 수 있는 방법을 제시해 주고 이야기 나누기 시간이 끝난 이후에도 영유아들이 직접 조작해 볼 수 있도록 배치해 준다.

② 조형활동

조형활동을 시작하기 전 해당 주제와 관련된 시청각자료를 통해 주제와 활동에 대한 영유아의 이해를 돕고 흥미를 유발한다. 또한, 조형활동에 필요한 자료들을 여러 가지 방법으로 충분히 탐색함으로써 예술적 감각과 창의적 사고를 자극한다. 조형활동을 전개하는 과정에서는 영유아가 창의적으로 표현해 볼 수 있도록 다양한 재료를 제공해 준다. 귀가시간 전에 완성된 작품의 활동평가와 더불어 감상하는 시간을 갖는다.

③ 문학활동

문학활동에는 동화, 동시, 동극 등의 활동이 포함된다. 영유아에게 제공되는 교재교구는 문학작품의 특성에 따라 달라진다. 동화를 위한 교재교구로는 그림동화, 융판동화, 자석동화, 앞치마 동화, OHP 동화 등을 활용할 수 있다. 동시를 위한 교재교구로는 동시판이나 그림판을 활용할 수 있다. 교사는 영유아들과 함께 동극에 필요한 교재교구를 직접 제작하여 활용할 수 있다. 동화나 동시는 활동이 다 끝난 후 언어영역에 배치하여 영유아들이 자유놀이시간에 다시 활용해 보도록 한다.

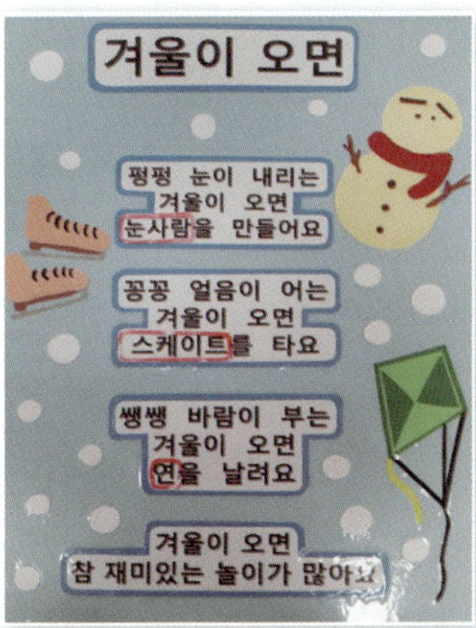

(3) 그 밖의 교재교구 배치 및 활용

자유놀이와 대 · 소집단 활동 외에도 하루 일과 중 교재교구가 필요한 상황에는 등원 및 귀가시간, 간식 및 점심시간, 화장실 가기 등이 있다.

① 등원 및 귀가시간

등원시간에 활용할 수 있는 교재교구에는 날짜와 요일판, 날씨판, 출석표지판, 도장이나 스티커, 하루 일과 순서도 등이 있다. 등원하면 출석카드에 도장을 찍거나 스티커를 붙여서 출석 표시를 한다. 또는 자기 이름표를 뒤집어서 표시할 수도 있다. 하루 일과 순서도는 교실 벽면에 게시하여 영유아들이 오늘 하루 동안 어떤 활동들이 진행될 것인지, 새로운 활동은 무엇인지, 어떤 순서로 진행되는지를 미리 알고 하루를 시작할 수 있도록 한다. 이와 같이 하면 하루 일과를 예측할 수 있으므로 영유아에게 안정감을 줄 수 있다.

② 간식 및 점심시간

간식과 점심시간에 활용할 수 있는 교재교구는 하루 식단표, 당번 표시판 및 이름표, 간식 그릇, 컵, 포크, 조용한 음악 등이 있다. 영유아는 식단표를 통해 자신이 그날 무엇을 먹는지 알 수 있고 영양소가 골고루 포함되어 있는 건강한 음식임을 이해할 수 있다. 당번 표시판과 이름표는 영유아의 사회성 발달을 증진시키는 데 활용된다. 날마다 당번을 정해 유아가 직접 그릇을 배치하거나 간식을 나눠 주도록 역할을 부여하면 영유아의 주도성과 책임감을 증진시킬 수 있다. 음악은 영유아들이 편안한 마음으로 즐겁게 식사하는 데 사용할 수 있다.

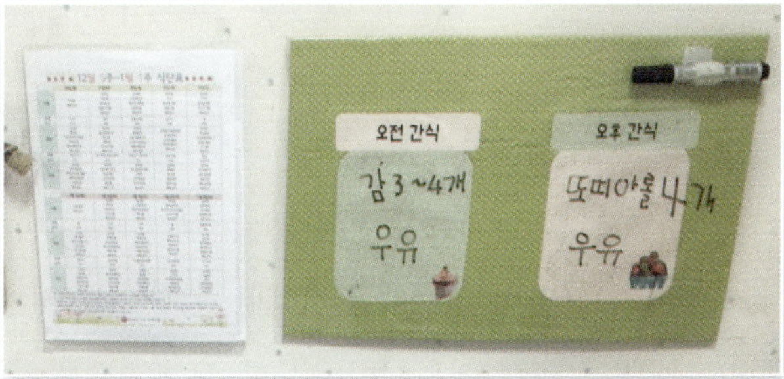

③ 화장실 가기 및 손 씻기

화장실의 예절교육과 청결 및 위생과 관련된 교육을 위해 교재교구를 활용할 수 있다. 화장실에 차례 지키기, 줄 서기, 노크하기, 변기 깨끗하게 사용하기, 나오기 전 뒤를 돌아보기, 깨끗하게 손 씻기, 이 닦기와 관련된 그림자료나 시각적 기호를 활용한 표시를 배치한다. 화장실은 영유아가 날마다 이용하는 곳이므로 유용하게 활용될 수 있다.

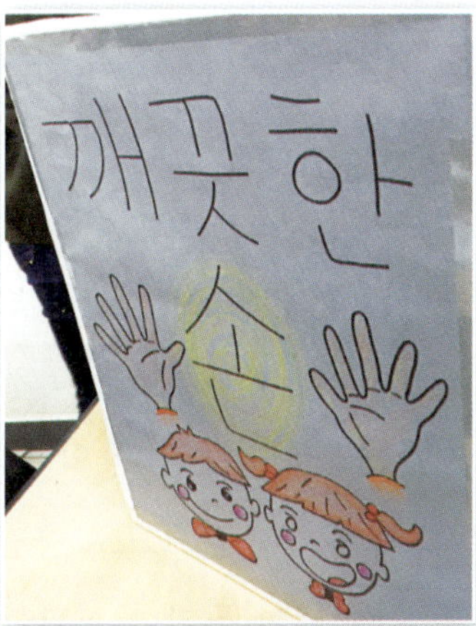

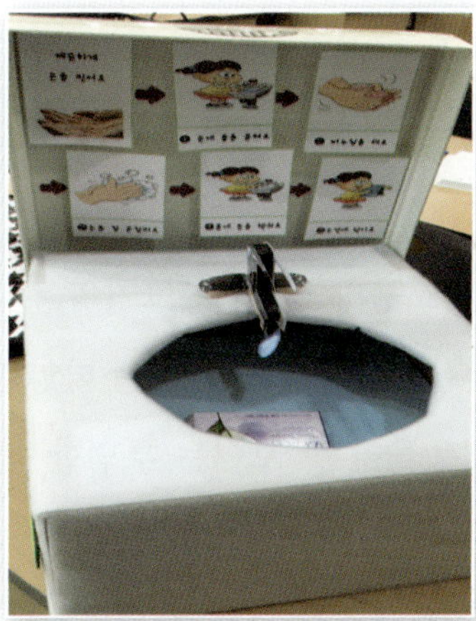

3. 교재교구의 보관 및 관리

제작된 교재교구를 지속적 · 효율적으로 사용하기 위해서는 체계적인 보관 및 관리가 필요하다. 매년 새로운 교재교구를 제작하기에 앞서 기존의 자료를 확인해서 분실된 것, 파손된 것, 보완이 필요한 것, 새롭게 필요한 것 등에 따라 적합한 방법으로 관리한다. 체계적으로 관리하면 유사한 교재교구를 중복해서 제작하거나 구입하지 않고, 부분적으로 보완해 나갈 수 있어서 불필요한 경제적 손실을 줄이고 기존 교재교구의 재사용률을 높인다.

교재교구를 좀 더 효율적으로 관리하기 위해 고려해야 할 점들을 살펴보면, 다음과 같다(서현아 외, 2016; 윤삼중, 2002).

첫째, 교재교구를 보관할 수 있는 독립된 공간이 필요하다. 공간이 충분히 확보되면 교재교구를 생활주제, 연령, 활동유형, 흥미영역 등으로 분류해 관리할 수 있어서 편리하다. 이때 통풍이 잘되고 습도가 높지 않은 청결한 환경을 유지해야 교재교구의 손상을 최소화할 수 있다. 독립된 공간이 확보되지 않을 경우에는 자주 활용하지 않는 공간이나 체육관, 복도, 교실이나 교사실 등에 수납장을 설치하여 활용할 수 있다.

둘째, 교재교구의 형태 및 크기와 같은 특성을 고려하여 적절하게 보관한다. 예를 들어, 역할놀이에서 사용되는 다양한 소품과 같이 교구장에 들어가지 않는 입체자료는 내용물이 잘 보이는 투명한 플라스틱 상자를 활용한다. 악기나 신체활동에 필요한 부피가 큰 교재교구는 정리 · 정돈하기가 쉽지 않으므로 공간을 따로 확보하여 먼지가 쌓이지 않도록 비닐이나 천 등으로 덮어 두거나 보관함을 따로 제작해서 정리해 둘 수 있다. 그림이나 사진자료와 같은 평면적인 자료는 비닐백에 넣고 바깥쪽에 교구명과 활동방법, 주제, 대상 연령 등을 기재하여 보관한다. 환경구성이나 게시판 등의 자료는 사진을 찍어 함께 보관하면 추후에 활용하기 용이하다. 시청각자료의 경우에는 별도로 보관장을 마련하여 보관하고 목록을 작성하여 쉽게 찾아 활용할 수 있도록 한다.

셋째, 교재교구 대장이나 목록을 연령별 및 주제별로 작성하여 관리한다. 교재교구 내용에 대한 데이터베이스를 구축하여 관리하면 자료의 현황 파악이 가능하고 정확한 정보를 유지할 수 있다. 구입 · 폐기 · 보수 등의 계획을 세우는 데에도 용이하다. 즉, 교재교구의 분류기준을 정하고 그 기준에 따라 보관할 경우에는 생활주제, 흥미영역, 활동유형, 교재유형 등에 따라 분류번호를 붙여 준다. 예를 들면 생활주제의 번호는 가, 나, 다로, 흥미영역은 1, 2, 3으로, 교재교구의 일련번호는 ①, ②, ③으로 정한다(오숙자 외, 2011).

가 – 1 – ①

(생활주제)

(흥미영역)

(교재유형)

그림 5-1 교재교구의 분류번호

윤삼중(2002)은 교사들의 교재교구 관리에 대한 요구사항을 알아보는 연구를 통해 생활주제, 하위주제, 교재교구에 고유번호를 부여하여 3개의 단위로 관리하는 것이 바람직하다고 하였다. 예를 들면, 생활주제의 고유번호를 '유치원과 친구'는 '유', '나와 가족'은 '가', '우리 동네'는 '우', '동식물과 자연'은 '동'으로 하고 하위주제와 교구에는 번호를 부여하여 관리하는 것이다. 그 내용을 보면 〈표 5-8〉과 같다.

표 5-8 교재교구 관리

생활주제		주제		활동명
유	유치원과 친구	1	유치원의 환경	각 주제에 따른 수
		2	유치원에서의 하루	
		3	유치원에서의 친구	
		4	우리 유치원의 역사	
가	나와 가족	5	나의 몸과 마음	
		6	소중한 나	
		7	가족의 구조와 문화	
		8	소중한 가족	
우	우리 동네	9	우리 동네 모습	

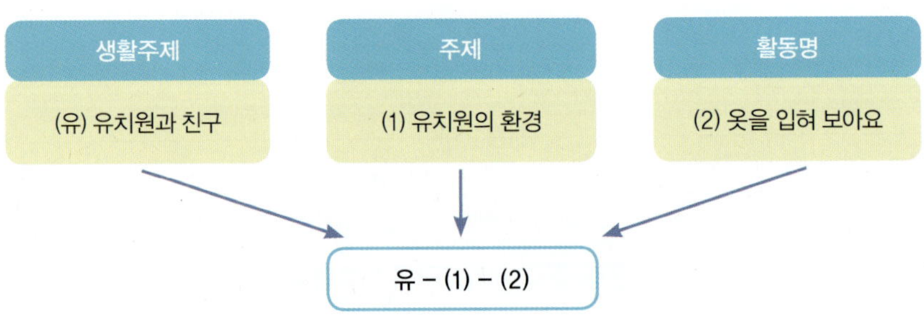

그림 5-2 교재교구의 고유번호

넷째, 교재교구를 보관하는 장에 내용물에 대한 메모를 붙여 둔다. 필요한 교재교구를 찾는 시간을 줄일 수 있고 찾지 못해 다시 제작하게 되는 경제적 손실을 막을 수 있다.

다섯째, 각 교재교구에 활동설명서가 함께 있는지 확인한다. 활동설명서가 없다면 교구상자나 비닐백 바깥쪽에 잘 보이도록 부착해 둔다. 다른 교사나 새로 부임한 교사도 용이하게 교재교구를 활용할 수 있다.

여섯째, 자주 활용하는 교재교구는 꺼내기 쉬운 곳에 배치해 둔다.

일곱째, 활용한 교재교구에 대한 정보를 기록해 두는 것이 좋다. 활용한 후 확장된 활동방법이나 새로운 아이디어가 있다면 이를 기록해 두어 공유할 수 있다. 또한 분실된 부분, 손상된 부분, 보완할 부분 등에 대한 내용을 기록하여 추후에 사용할 때 참고할 수 있도록 한다. 사용한 후 새로 제작하는 것이 더 낫다고 판단될 경우에는 폐기한다.

밤
감
배

POLICE
돌림판

PART 02

실제편

Chapter 06 교재교구 활용의 실제

1. 유아를 위한 교재교구

1) 대·소집단 활동

(1) 이야기 나누기

[활동 1] 꼬꼬의 성장일기

[활동 2] 어 싱싱海!

[활동 3] 표정을 꾸며 보아요

[활동 4] 입는 옷이 달라요

[활동 5] 우리 몸의 영양소는?

[활동 6] 치아에 좋은 음식과 나쁜 음식

[활동 7] 교통기관 암호 풀기

[활동 8] 찾아라! 아름다운 옛 고을

[활동 9] 세계 여러 나라의 탈

[활동 10] 세계 여러 나라에 대해 알아보아요

[활동 11] 동물 먹이를 주어요

[활동 12] 재활용품을 분리수거해요

[활동 13] 여름 과일의 안을 관찰해요

[활동 1] 꼬꼬의 성장일기

<table>
<tr><th>생활주제</th><th colspan="3">동식물과 자연</th></tr>
<tr><td>활동유형</td><td>이야기 나누기</td><td>대상 연령</td><td>만 4세</td></tr>
<tr><td>활동목표</td><td colspan="3">• 알, 병아리, 닭의 생김새와 성장과정에 대해 알아본다.
• 알이 병아리와 닭이 되는 과정을 관찰 · 비교 · 예측해 본다.
• 생명체를 소중히 여기는 마음을 갖는다.</td></tr>
<tr><td>누리과정 관련 요소</td><td colspan="3">• 의사소통 〉 듣기와 말하기 〉 말이나 이야기를 관심 있게 듣기
• 자연탐구 〉 탐구과정 즐기기 〉 궁금한 것을 탐구하는 과정에 즐겁게 참여하기
• 자연탐구 〉 자연과 더불어 살기 〉 생명과 자연환경을 소중히 여기기</td></tr>
<tr><td>활동자료</td><td colspan="3">궁금이 상자, 음원(닭 울음소리), 동영상, 알에서 닭으로 자라는 과정의 모형</td></tr>
<tr><td>준비물</td><td colspan="3">보드롱판, 한지, 시트지, 물감, 폼폼이, 풀, 가위, 칼, 손전등, 분무기와 물, 쌀, 쌀통(닭 모이용), 모형(닭, 병아리, 알), 솜, 둥지, 원기둥 통, 벨크로, 목공본드</td></tr>
<tr><td>제작방법</td><td colspan="3">〈상자〉
1. 겉 상자: 하드보드지로 상자를 만든 후 한지와 시트지를 이용해서 감싼다.
2. 속 상자: 보드롱판의 양쪽 면에 한지를 붙인 후 각 모서리 부분을 풀로 고정시킨다.
(목공본드 : 물 = 1 : 1)
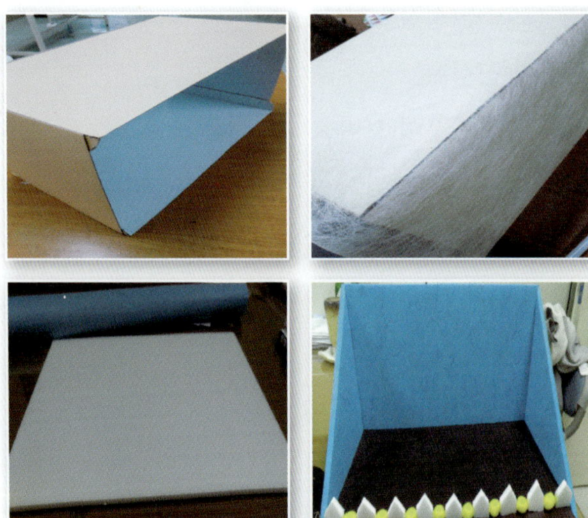</td></tr>
</table>

생활주제	동식물과 자연
제작방법	3. 울타리: 우드락(가로 3cm, 세로 4cm)과 폼폼이를 번갈아가며 붙인다. 4. 배경: 한지를 구겨서 풀(목공본드 : 물 = 1 : 1)을 바른 후 물감으로 색을 칠하고, 다시 풀을 바른다. 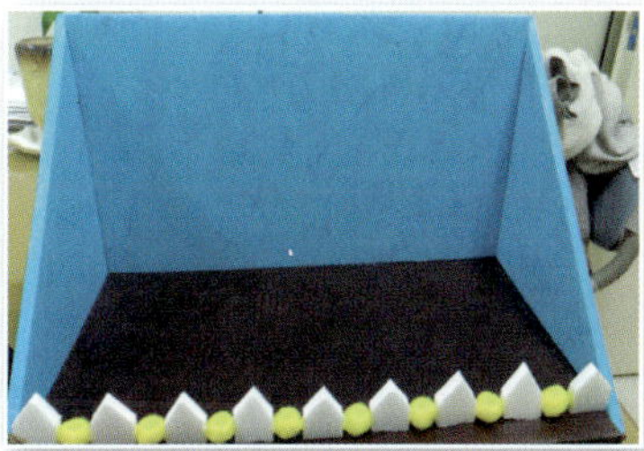  〈성장과정 모형〉 1. 상자에 준비한 모형(알, 병아리, 둥지)과 원기둥 통을 속 벨크로로 고정시켜서 완성한다.(닭은 궁금이 상자에 넣어 둔다.) 2. 교구 뒷면에 교구에 대한 설명을 붙여서 다른 교사들도 이용할 수 있도록 한다.   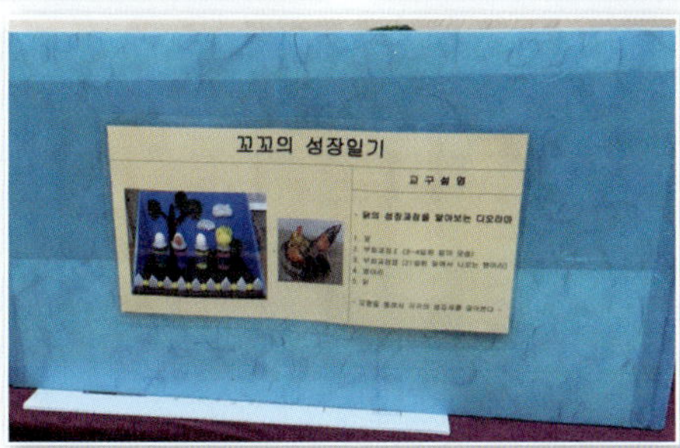
제작 시 유의점	• 배경을 더 단단하게 만들기 위해서는 한지 위에 투명 래커를 발라 준다.

<table>
<tr><th>생활주제</th><th>동식물과 자연</th></tr>
<tr><td>활동방법</td><td>[도입]
1. 궁금이 상자를 보여 주며 유아의 주의를 집중시킨다.
– 이 상자 안에 무엇이 들었는지 수수께끼를 내 볼게.
– 이것은 동물이야.
– 날개가 있어.
– 하지만 날 수가 없어.
– 어떤 동물인지 소리를 들려줄게.
(순서대로 질문하고 유아의 대답을 들은 후 다음 질문을 진행한다.)
– 수수께끼를 통해 알아본 닭의 성장과정에 대해서 알아볼 거야.

[전개]
2. 알, 병아리, 닭의 생김새에 대해서 알아본다.
– (알을 보여 주며) 이것을 어디에서 본 적 있니?
– 알은 어떻게 생겼니? (알을 주면서) 만져 볼까?
– (병아리를 보여 주며) 병아리는 어떻게 생겼니?
– (닭을 보여 주며) 닭이 어떻게 생겼는지 말해 볼까?
– 알과 병아리, 닭이 어떻게 생겼는지 관찰해 보도록 하자.

3. 알에서 닭이 되어 가는 과정을 이야기 나눈다.
– 알은 어떻게 병아리로 될까?
– 동물의 알 속에서 새끼가 껍질을 깨고 밖으로 나오는 걸 부화라고 해.
– 그럼, 어떻게 하면 알이 부화될까?
– 왜 그렇게 생각했니? 또 다른 생각은 없니?
– 알은 3~4일이 지나면 혈관이 퍼져 나가고, 어렴풋이 심장도 보인단다.
– 혀도 생기고, 눈도 생기고, 심장도 콩콩 뛰어.
– 또 무엇이 생길까?
– 그래. 부리도 생기고, 발가락도 생기고, 깃털도 나. 21일이 지나면 부리로 알을 깨면서 이렇게 병아리가 나오게 된단다.
– 그럼, 이제 병아리는 어떻게 닭이 될까?
– (먹이를 놓아 주고 닭을 보여 주며) 그래. 병아리는 먹이를 먹고 자라면 이렇게 닭이 된단다. 알이 부화되어 병아리가 나오고, 자라서 닭이 되는 과정을 잘 이야기해 주었어.

4. 닭의 성장과정이 담긴 동영상을 시청한다.
– (동영상을 보여 주며) 그럼, 이번에는 우리가 이야기해 본 것과 비교해 보면서 닭의 성장과정 동영상을 함께 보도록 하자.
– 친구들이 이야기 나눈 것처럼 알이 부화되었니?</td></tr>
</table>

생활주제	동식물과 자연
활동방법	**[마무리]** 5. 활동 후 느낀 점에 대해서 이야기 나눈다. – 오늘은 닭이 알을 낳고, 그 알에서 병아리가 태어나고, 병아리가 자라서 닭이 되는 걸 알아보았는데 어땠니? – 알이 병아리가 되기 위해서 우리는 어떻게 해 주어야 하니? – 이렇게 동물들은 둥지에서 알을 품어서 따뜻하게 보호하고, 새끼들에게 먹이를 주면서 새끼들이 잘 자랄 수 있도록 돌봐 준단다. 6. 다음 활동에 대해 안내하며 활동을 마무리한다. – 그럼 닭이 알을 낳은 걸까? 아니면 알이 먼저 생긴 걸까? – 닭이 알을 낳고 그 속에 있던 병아리가 자라서 닭이 되는 걸 보았어. – 그런데 정말 알이 먼저 생기고 병아리가 닭으로 자라는 건 아닐까? – 이럴 때는 어떻게 하면 좋을까? – 다음 시간에는 닭이 먼저인지, 알이 먼저인지에 대해서 재미있는 토론을 해 보기로 하자.
연계 및 확장활동	• '꼬꼬의 성장 일기장'을 만들어 본다. • 병아리 동화책을 듣고, 동극활동을 해 본다. • 음악에 맞추어 병아리의 움직임을 몸으로 표현해 본다. • 디오라마 안에 들어갈 병아리, 닭, 알 등을 클레이아트로 만들어 꼬꼬의 집을 꾸며 본다.
활동의 유의점	• 수업이 단순한 지식 전달로 끝나지 않고, 유아가 호기심을 갖고 스스로 과학적 탐구를 할 수 있도록 돕는다. • 수업에 흥미를 가질 수 있도록 실물과 비슷한 디오라마와 시청각자료를 제시한다. • 언어자극을 통해 유아가 창의적으로 자유롭게 표현할 수 있도록 지속적으로 격려한다.

[활동 2] 어 싱싱海!

<table>
<tr><th>생활주제</th><th colspan="3">동식물과 자연</th></tr>
<tr><td>활동유형</td><td>이야기 나누기</td><td>대상 연령</td><td>만 5세</td></tr>
<tr><td>활동목표</td><td colspan="3">• 바다에 사는 다양한 동물에 대해 관심을 갖고 알아본다.
• 시장놀이에 필요한 준비물, 역할, 주의할 점에 대해 말해 본다.
• 시장놀이를 통해 알게 된 점과 자신의 생각과 느낌을 표현해 본다.
• 다양한 수산물에 대해 호기심을 갖고 탐구하는 태도를 갖는다.</td></tr>
<tr><td>누리과정 관련 요소</td><td colspan="3">• 의사소통 〉 듣기와 말하기 〉 자신의 경험, 느낌, 생각을 말하기
• 자연탐구 〉 탐구과정 즐기기 〉 궁금한 것을 탐구하는 과정에 즐겁게 참여하기
• 자연탐구 〉 자연과 더불어 살기 〉 생명과 자연환경을 소중히 여기기</td></tr>
<tr><td>활동자료</td><td colspan="3">바다 동물(오징어, 새우, 꽃게, 조개 등), 모형 돈, 가격표, 접시</td></tr>
<tr><td>준비물</td><td colspan="3">펠트지(파란색, 검은색, 흰색, 주황색, 빨간색, 연노란색), 가위, 글루건, 우체국 박스 2호(3개), 바늘, 실, 솜, 바다 동물 사진자료</td></tr>
<tr><td>제작방법</td><td colspan="3">1. 펠트지를 바다 동물 모양으로 오리고 안에 솜을 넣어 바느질한다.

2. 바다 동물의 종류와 원산지, 가격, 지폐, 동전 등을 컬러로 출력하여 오린 후 코팅한다.
3. 상자 2개를 펠트지로 감싸고 바느질하여 가판대를 만든 후 바다 동물을 세팅한다.
 </td></tr>
</table>

생활주제	동식물과 자연
제작 시 유의점	• 유아들이 가게놀이에 필요한 돈의 단위를 쉽게 계산할 수 있도록 조절한다. • 꼼꼼하게 바느질하여 안에 있는 솜이 밖으로 빠져나오지 않도록 만든다.
활동방법	[도입] 1. 바닷속 동물과 관련된 동영상 'under the sea'를 함께 보며 이야기 나눈다. – 영상 속에 나왔던 장소는 어디였니? – 바닷속에는 어떤 종류의 동물들이 있었니? – 실제로 눈으로 보거나 손으로 만져 본 동물들이 있니? – 바닷속에 사는 동물 친구들과 함께 즐거운 '생선가게 시장놀이'를 할거야. 어떤 친구들을 데려왔는지 한번 만나 볼까? [전개] 2. 수수께끼를 통해 바다 동물의 이름을 맞추도록 한 뒤 사진을 보여 준다. – 머리는 세모 모양이고 다리가 10개인 바닷속 동물 친구의 이름은? – 머리는 동그랗고 다리가 8개이며 다리에 빨판이 있는 동물 친구의 이름은? – 회색 몸통에 푸른 눈을 가지고 있으며 구워서 먹을 수 있는 생선 친구의 이름은? 3. 수수께끼 및 사진자료를 통해 알게 된 동물들을 이용하여 생선가게 시장놀이를 진행한다. – 시장놀이를 하기 위해서 어떤 준비물이 필요할까? 어떤 역할이 필요할까? 4. 시장놀이를 하기 위해 지켜야 할 약속에 대해 이야기 나눈다. – 즐겁게 시장놀이를 하기 위해 지켜야 할 약속에는 무엇이 있을까? 5. 필요한 준비물을 나누어 주고 자유롭게 놀이한다. [마무리] 6. 활동을 평가해 본다. – 생선가게 시장놀이를 해 보았는데 어땠니? – 재미있었던 점은? 새롭게 알게 된 점은? – 어렵거나 힘들었던 점은? – 다음에 또 놀이를 한다면 어떻게 하면 좋을까?
연계 및 확장활동	• 생선가게에 직접 들러 파는 물건과 일하시는 분들의 역할에 대해 조사해 본다. • 바다에 사는 동물에 대한 책을 만들어 본다.
활동의 유의점	• 유아들이 생선을 사고팔 때 돈을 사용하는 방법에 대해 미리 알려 준다. • 다양한 역할을 경험할 수 있도록 충분히 시간을 준다.

[활동 3] 표정을 꾸며 보아요

생활주제	즐거운 유치원(어린이집)		
활동유형	이야기 나누기	대상 연령	만 3세
활동목표	• 자신과 다른 사람들에게 여러 가지 감정이 있음을 안다. • 상황별 표정을 알고, 그에 맞는 표정을 직접 꾸며 본다. • 자신과 다른 사람들의 감정에 관심을 가져 본다.		
누리과정 관련 요소	• 의사소통 〉 듣기와 말하기 〉 자신의 경험, 느낌, 생각을 말하기 • 사회관계 〉 더불어 생활하기 〉 서로 다른 감정, 생각, 행동 존중하기		
활동자료	얼굴 꾸미기 판, 눈 · 코 · 입 모형		
준비물	펠트지(검은색, 살구색, 빨간색, 분홍색), 바늘, 실, 글루건, 벨크로, 가위, 딱풀, 상황별 사진 카드 4장(놀란 표정, 우는 표정, 화난 표정, 웃는 표정)		
제작방법	**〈얼굴 꾸미기 판〉** 1. 펠트지에 남녀의 얼굴과 머리카락을 한 장씩 그려서 오린다. 2. 큰 펠트지에 남녀의 얼굴을 붙이고 그 위에 머리카락을 붙여 준다. 3. 펠트지 한 장을 바닥 펠트지(얼굴을 붙였던 펠트지) 크기로 잘라 펠트지 겉면을 만들어 준 후 겹친 겉면과 바닥을 버튼홀 스티치 손바느질을 한다. 4. 위쪽에 보슬이(벨크로)를 붙이고 눈 · 코 · 입 모형을 붙인다. 		

생활주제	즐거운 유치원(어린이집)
제작방법	〈눈 · 코 · 입 모형〉 1. 흰색 눈 동그라미 16장(총 4쌍), 코 8장(총 4개), 입 8장(총 4쌍)을 그려서 오린다. 2. 눈 · 코 · 입을 만들 펠트지를 두 겹으로 겹쳐서 바느질한다.  
제작 시 유의점	• 벨크로가 펠트지에서 떨어지지 않도록 견고하게 붙인다. • 눈 · 코 · 입 모형을 만들 때 촘촘히 꿰매어 떨어지지 않도록 한다.
활동방법	[도입] 1. 그림카드가 들어 있는 상자를 보여 주며 유아들의 흥미를 끈다. – 이 상자 안에 무엇이 있을까? – 무엇이 들어 있는지 우리 다 같이 알아보자. 2. 다양한 표정(웃는 표정, 우는 표정, 화난 표정, 놀란 표정)의 카드를 꺼내 보여 주며 어떤 기분을 나타내는 것인지 이야기 나눈다. – ((웃는, 우는, 화난, 놀란) 표정 카드를 꺼내 들며) 사진 속 아이의 표정은 어떠니? – 아이의 기분은 어떤 것 같니? – 어떤 때 행복한지(슬픈지, 화가 났는지, 놀랐는지) 이야기해 볼 친구 있니? – 이렇게 우리에게는 다양한 표정이 있어. [전개] 3. 준비한 교구를 보여 주며 얼굴 표정을 꾸미는 방법에 대해 설명해 준다. – 지금까지 이야기 나눈 다양한 표정을 준비한 얼굴과 눈 · 코 · 입 등을 이용해서 직접 꾸며 보도록 하자. – 즐거운(슬픈, 화난, 놀란) 표정은 어떤 것으로 만들면 좋을지 생각해 보고 만들어 보자. – 만든 얼굴 표정을 직접 지어 볼 수 있니? [마무리] 4. 완성된 얼굴을 함께 감상하며 이야기 나눈다. – 오늘 지어 본 표정 중에 친구들은 어떤 표정을 자주 짓는 것 같니? – 어떤 표정이 가장 마음에 들었니? – 오늘 지어 본 표정을 가면으로 만들어 보면 어떨까?

생활주제	즐거운 유치원(어린이집)
연계 및 확장활동	• 표정 가면을 만들어 보고, 가면을 쓰고 역할놀이를 해 본다. • 친구들의 얼굴 표정을 그려 보고, 친구의 기분을 알아맞혀 본다.
활동의 유의점	• 기분에 맞지 않는 표정을 짓는 유아들에게는 올바른 표정이 어떤 것인지 생각해 볼 수 있도록 해 준다.

[활동 4] 입는 옷이 달라요

생활주제	우리 동네		
활동유형	이야기 나누기	대상 연령	만 4세
활동목표	• 다양한 직업의 특징을 알고 관심을 갖는다. • 직업에 따라 입는 옷을 구별하여 붙인 후 옷의 종류와 특징에 대해 말해 본다. • 우리를 도와주시는 분들에게 고마운 마음을 갖는다.		
누리과정 관련 요소	• 의사소통 〉 듣기와 말하기 〉 상황에 적절한 단어를 사용하여 말하기 • 사회관계 〉 사회에 관심 가지기 〉 내가 살고 있는 곳에 대해 궁금한 것을 알아보기		
활동자료	공공기관 설명자료, 공공기관의 이름과 마크카드, 남녀 인형, 유니폼(간호사, 의사, 판사, 우체부, 소방관, 경찰관)		
준비물	하드보드지, 시트지(분홍색), 색지(빨간색, 주황색, 노란색, 하늘색, 파란색, 보라색), 그림자료, 펠트지(검은색, 흰색, 살구색, 빨간색, 분홍색, 초록색, 황토색, 진한 갈색, 파란색), 바늘, 실, 솜, 코팅지, 가위, 고리		
제작방법	1. 우리 동네에서 볼 수 있는 공공기관과 각 직업이 하는 일에 대한 설명을 적어 코팅한 뒤 구멍을 뚫는다. 2. 시트지를 씌운 하드보드지에 구멍을 뚫어 코팅된 종이를 하드보드지 2장 사이에 놓고, 고리를 끼워 책으로 만든다. 3. 펠트지를 사람 모양으로 자르고, 솜을 넣은 후 실로 박음질하여 인형을 만든다. 4. 펠트지로 각 직업에 맞는 옷을 만들고 인형에 옷을 붙일 수 있도록 옷 뒤에 벨크로를 붙인다.  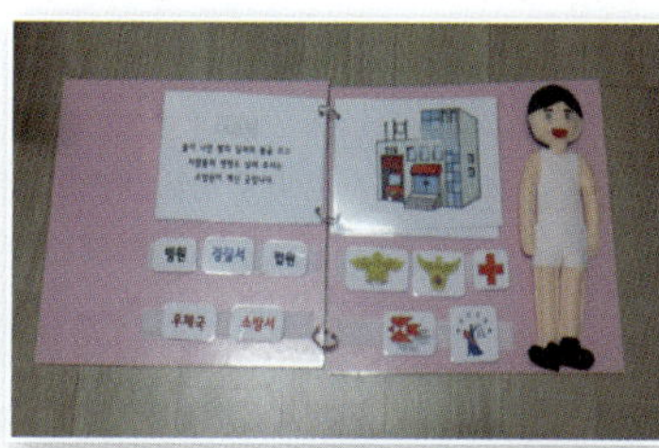  		

생활주제	우리 동네
제작 시 유의점	• 인형에게 입힐 수 있도록 크기를 조절한다. • 각 직업에 따른 유니폼의 특징이 실제와 같은지 미리 정보를 조사하여 준비한다.
활동방법	**[도입]** 1. '그런 집 보았니' 노래를 들어본다. 그런 집 보았니 김성균 우리 동네 많은 집들 중에서 높은 집 짓고 빨간 자동차들이 매일매일 살고 있는 집을 보았니? 그럼요 그럼요 멋진 집이죠 윙윙윙윙~ 소방서 우리 동네 많은 집들 중에서 예쁜 집 속에 편지 쓴 사람들이 매일매일 찾아가는 집 보았니? 그럼요 그럼요 예쁜 집이죠 똑똑똑 어디로 보내드릴까요? 친구에게 보내 주세요 우체국 우리 동네 많은 집들 중에서 배 아픈 사람 골치 아픈 사람들 매일매일 찾아가는 집 보았니? 그럼요 그럼요 예쁜 집이죠 어디 봅시다 톡톡톡 쿡 병-원 – 이 노래에 나온 공공기관에는 어떤 것들이 있니? – 우리 집 주변에 있는 공공기관에는 어떤 것들이 있었니? – 이러한 공공기관에서 일하시는 분들은 무슨 직업을 가지고 있을까? **[전개]** 2. 공공기관에서 일하시는 분들의 역할에 대해 알아본다. – 공공기관에서 일하시는 분들은 어떤 일을 할까? – 그분들에게 어떤 마음을 가져야 할까? 3. 공공기관에 있는 직업의 유니폼을 소개하고, 유니폼을 입는 이유를 알아본다. – 공공기관에서 일하는 사람들이 어떤 옷을 입고 있을까? – 이 옷은 어떤 직업을 가진 사람이 입는 것일까? – 소방관(의사, 판사, 간호사, 경찰, 우체부)은 왜 이런 옷을 입을까? – 유니폼을 입어서 좋은 점은 무엇일까? 4. 한 명씩 나와 직업의 종류에 알맞게 옷을 입혀 주는 활동을 한다. – 직업의 종류에 알맞게 옷을 입혀 주는 활동을 해 보도록 하자. – 공공기관의 이름과 마크를 붙여 주고, 그에 알맞은 직업의 옷을 붙여 주는 거야.

생활주제	우리 동네
활동방법	**[마무리]** 5. 활동을 평가해 본다. – 직업에 맞게 옷을 입혀 보는 활동을 해 보았는데 어땠니? – 새롭게 알게 된 점은 무엇이니? – 유니폼을 입고 일하면 좋은 점은 무엇일까? – 오늘 알아본 직업 말고 다른 직업은 무엇이 있을까?
연계 및 확장활동	• 원 주변의 공공기관을 방문하여 궁금한 점을 인터뷰해 본다. • 쌓기놀이영역과 역할놀이영역을 연계하여 공공기관을 구성하고 역할놀이를 해 본다.
활동의 유의점	• 공공기관에 대한 유아의 경험과 지식에 제한이 있으므로 유아의 흥미와 이해 수준에 적합한 정보를 제공한다. • 직업에 대한 성 고정관념이나 편견이 생기지 않도록 성평등을 고려한 활동자료를 준비한다.

[활동 5] 우리 몸의 영양소는?

생활주제	건강과 안전		
활동유형	이야기 나누기	대상 연령	만 5세
활동목표	• 영양소의 특성에 대해 알아본다. • 영양소별로 적합한 음식을 구별해 본다. • 활동에 참여하면서 음식을 골고루 먹는 태도를 가진다.		
누리과정 관련 요소	• 신체운동건강 〉 건강하게 생활하기 〉 몸에 좋은 음식에 관심을 가지고 바른 태도로 즐겁게 먹기 • 의사소통 〉 듣기와 말하기 〉 상황에 적절한 단어를 사용하여 말하기 • 의사소통 〉 읽기와 쓰기에 관심 가지기 〉 주변의 상징, 글자 등의 읽기에 관심 가지기		
활동자료	식품구성탑, 음식사진카드, 영양소 특징 설명카드		
준비물	크기별 상자 5개, 영양소 이름 글자, 영양소 특징, 벨크로, 폼폼이, 음식 사진, 가위, 풀, 코팅지, 코팅기		
제작방법	**〈식품구성탑〉** 1. 각 상자가 떨어지지 않도록 글루건으로 단단히 연결시켜 붙여 준 후 각 상자의 길이를 자로 재어 본다. 2. 상자에 알맞은 크기로 영양소별 특징, 명칭, 음식 사진을 인쇄한 후 코팅해서 자른 다음 코팅한 뒷면에 까슬이(벨크로)를 붙여 준다.  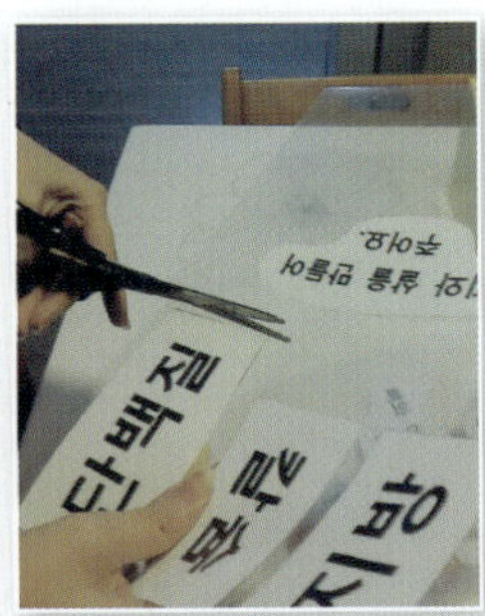 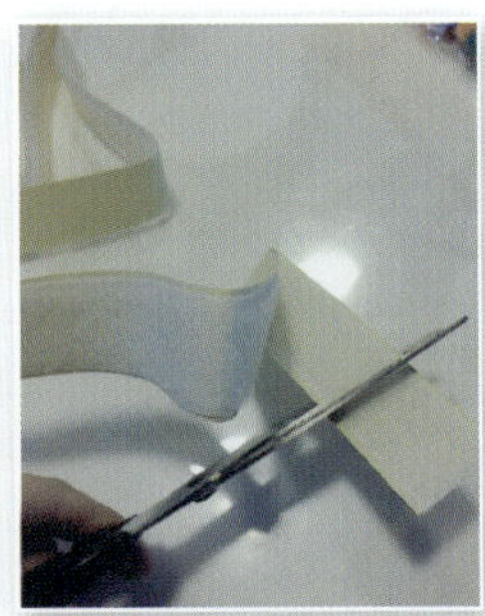 3. 각각의 명칭(탄수화물, 비타민과 무기질, 단백질, 칼슘, 지방) 윗부분에 폼폼이를 길게 한 줄로 붙여 준다. 4. 상자의 한 면(1~5층) 전체에 음식 사진을 붙이고, 음식 사진의 오른쪽 면에 명칭을 붙인 후 음식 사진의 반대쪽 면에는 각 영양소의 특징에 대한 설명을 붙여 준다.		

<table>
<tr><th>생활주제</th><th>건강과 안전</th></tr>
<tr><td>제작방법</td><td>

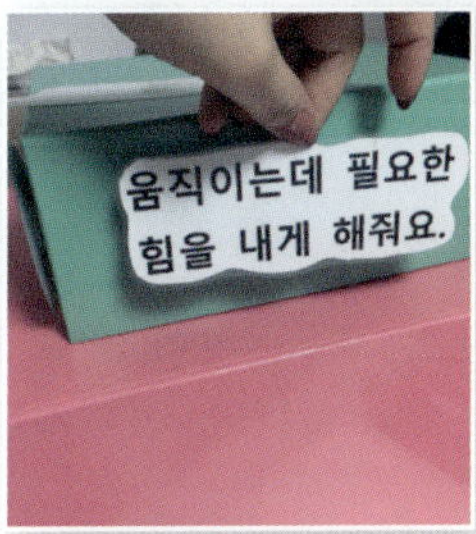

</td></tr>
<tr><td>제작 시
유의점</td><td>• 상자가 너무 가벼워 쓰러지지 않도록 만든다.
• 음식 사진을 붙였다 떼었다 할 수 있도록 벨크로의 크기를 조절한다.</td></tr>
<tr><td>활동방법</td><td>[도입]
1. 아침 식사에 대해 이야기 나눈다.
– 오늘 유치원에 오기 전에 아침 식사로 어떤 음식을 먹었니?
– 왜 사람들은 음식을 먹어야 할까?
– 음식을 먹지 않으면 어떻게 될까?

2. 건강하게 생활하려면 음식을 골고루 먹어야 함을 이야기한다.
– 우리가 건강하게 생활하려면 어떤 음식을 먹으면 좋을까?
– 음식을 골고루 먹어야 하는 이유는 무엇일까?
– 음식에는 어떤 영양소가 들어 있는지 알아보자.</td></tr>
</table>

<table>
<tr><th>생활주제</th><th>건강과 안전</th></tr>
<tr><td>활동방법</td><td>[전개]
3. 음식에 들어 있는 영양소를 알아보기 위해 '식품구성탑'을 소개한다.
– 음식에 들어 있는 영양소를 알아보기 위해 선생님이 식품구성탑을 준비했어.
– 식품구성탑은 어떤 모양이니?
– 왜 위로 갈수록 작아지는 것일까?
– 식품구성탑은 아래의 큰 층에서부터 작은 층으로 올라가면서 우리가 먹어야 하는 영양소의 종류와 음식들을 알려 주는 거야.

4. 식품구성탑에 있는 특징과 음식을 알려 준다.
– 1층(2층, 3층, 4층, 5층)에는 어떤 음식이 있니?
– 아래에서부터 탄수화물, 비타민과 무기질, 단백질, 칼슘, 지방이 많이 들어 있는 음식이 붙어 있어.
– 각 영양소가 우리에게 도움을 주는 내용을 함께 읽어 보자.

5. 식품구성탑에 있는 음식을 알아보는 활동을 한다.
– 상자에 음식 사진을 넣어 둘 테니 여기 있는 음식 사진을 잘 보고 기억했다가 알맞은 층에 붙여 보자.

[마무리]
6. 활동을 평가한다.
– 식품구성탑에는 어떤 영양소와 음식들이 있었니?
– 활동을 통해 새롭게 알게 된 것은 무엇이니?
– 어렵거나 힘들었던 점은 없었니?</td></tr>
<tr><td>연계 및 확장활동</td><td>• 영양소가 우리 몸에 어떤 영향을 미치는지 조사해 보고, 영양소 책을 만들어 본다.
• 단백질이 많이 들어 있는 달걀을 이용한 요리를 해 본다.</td></tr>
<tr><td>활동의 유의점</td><td>• 순서를 지키고 손들고 답을 말하게 한다.
• 문제를 내는 유아가 답이 무엇인지 모를 경우 살짝 힌트를 준다.</td></tr>
</table>

[활동 6] 치아에 좋은 음식과 나쁜 음식

생활주제	건강과 안전		
활동유형	이야기 나누기	대상 연령	만 3세
활동목표	• 치아에 좋은 음식과 나쁜 음식에 대해 이해한다. • 치아에 좋은 음식과 나쁜 음식을 구분해서 말해 본다. • 친구들과 함께 즐겁게 활동에 참여한다.		
누리과정 관련 요소	• 신체운동건강 〉 건강하게 생활하기 〉 몸에 좋은 음식에 관심을 가지고 바른 태도로 즐겁게 먹기 • 의사소통 〉 듣기와 말하기 〉 자신의 경험, 느낌, 생각 말하기		
활동자료	치아 그림판, 다양한 음식사진자료 및 그림자료		
준비물	하드보드지, 펠트지, 벨크로, 사진자료, 실과 바늘, 가위, 칼, 글루건, 찍찍이, 시트지 등		
제작방법	1. 하드보드지 위에 파란색과 빨간색 색지를 붙인다. 2. 색지를 붙인 하드보드지 위에 색지를 사용해 웃는 얼굴과 우는 얼굴을 만들어 붙인 후 투명 시트지로 감싼다. 3. 하얀색과 검은색 펠트지를 치아 모양으로 오려 입 부분에 붙인다. 4. 인쇄한 다양한 음식 사진 및 그림자료를 오려 코팅한 후 뒷면에 찍찍이를 붙인다.   		

생활주제	건강과 안전
제작 시 유의점	• 하얀 치아와 충치가 있는 치아가 잘 구분되도록 제작한다. • 치아에 붙일 수 있는 그림카드의 크기를 고려한다. • 보관을 위해 접이식으로 제작한다.
활동방법	[도입] 1. 음식에 대해 이야기 나눈다. – 좋아하는 음식은 무엇이니? – 싫어하는 음식은 무엇이니? – 치아가 좋아하는 음식에는 어떤 것들이 있을까? – 치아가 싫어하는 음식에는 어떤 것들이 있을까? – 왜 그렇게 생각하니? [전개] 2. 음식 사진과 그림자료를 제시하고 이야기 나눈다. – 이 중에서 좋아하는 음식은 무엇이니? – 먹어 본 음식은 무엇이니? 3. 치아가 좋아하는 음식과 싫어하는 음식을 구분해 본다. – 이 음식이 치아에 좋은지, 안 좋은지 구분해 보자. [마무리] 4. 활동을 회상하고 평가한다. – 활동을 하면서 가장 재미있었던 점은 무엇이었니? – 어려운 점이 있었니?
연계 및 확장활동	• 팀을 나누어 게임형식으로 진행할 수 있다. • 음식의 종류를 추가해서 제공해 줄 수 있다.
활동의 유의점	• 편식하지 않고 음식을 골고루 먹어야 함을 유아가 알 수 있도록 한다.

[활동 7] 교통기관 암호 풀기

<table>
<tr><th>생활주제</th><th colspan="3">교통기관</th></tr>
<tr><td>활동유형</td><td>이야기 나누기</td><td>대상 연령</td><td>만 4세</td></tr>
<tr><td>활동목표</td><td colspan="3">• 육상, 해상, 항공 교통기관에 대해 관심을 갖고 알아본다.
• 교통기관 그림카드와 알맞은 단어를 찾아 나열해 본다.
• 활동을 통해 교통기관과 단어에 대해 알아가는 즐거움을 느낀다.</td></tr>
<tr><td>누리과정
관련 요소</td><td colspan="3">• 의사소통 〉 듣기와 말하기 〉 상황에 적절한 단어를 사용하여 말하기
• 의사소통 〉 읽기와 쓰기에 관심 가지기 〉 주변의 상징, 글자 등의 읽기에 관심 가지기
• 자연탐구 〉 생활 속에서 탐구하기 〉 물체의 위치와 방향, 모양을 알고 구별하기</td></tr>
<tr><td>활동자료</td><td colspan="3">글자카드, 암호카드, 교통기관 그림카드, 활동판</td></tr>
<tr><td>준비물</td><td colspan="3">하드보드지 2장, 시트지(노란색), 펀치, 색 고리, 교통기관 그림, 다양한 모양카드, 교통기관 글자, 벨크로, 코팅지, 코팅기, 가위</td></tr>
<tr><td>제작방법</td><td colspan="3">〈글자, 암호, 교통기관 그림카드〉
1. 한글 파일로 도안을 작업한 후에 인쇄 후 코팅한다.
2. 글자가 적힌 단어카드에 까슬이와 보슬이(벨크로)를 붙이고, 그림카드는 펀치로 구멍을 뚫고 색 고리를 끼운다.

</td></tr>
</table>

생활주제	교통기관
제작방법	**〈활동판〉** 1. 하드보드지 2장에 노란색 시트지를 붙인다. 2. 겉면에 '교통기관 암호 풀어 보기'라는 제목을 인쇄하여 오린 후 코팅해서 붙인다. 3. 코팅된 활동판을 하드보드지 위에 붙여 주고, 책처럼 펼 수 있도록 완성한다. 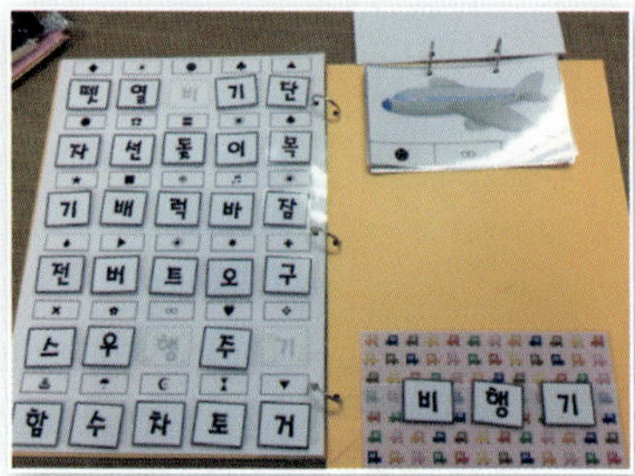
제작 시 유의점	• 활동판이 구부러지지 않도록 단단한 재질로 만든다. • 단어가 적힌 글자와 모양들이 떨어지지 않도록 잘 고정시킨다. • 교통기관의 글자 수와 암호의 수가 일치하도록 개수를 적절히 조절한다.
활동 방법	**[도입]** 1. 지난 시간에 배운 교통기관의 종류에 대해 회상해 본다. – 지난 시간에 배운 교통기관들 중 어떤 것이 기억나니? – 직접 타 본 교통기관이 있니? 2. 암호풀이판 겉표지를 보여 주며 흥미를 유발시킨다. – 선생님이 오늘 특별한 판을 하나를 가지고 왔는데 무엇을 하는 데 사용하는 것 같니? – 표지에 어떤 글자가 적혀 있는지 다 같이 읽어 볼까? – 교통기관 암호를 풀어 보는 활동을 해 볼 거야. **[전개]** 3. 암호와 힌트라는 단어에 대해 설명한다. – 친구들은 암호라는 단어를 들어 본 적 있니? – 암호는 다른 사람들이 알아볼 수 없도록 나만의 방법으로 만든 비밀 글자를 말해.

생활주제	교통기관
활동방법	4. 활동방법을 설명해 주며, 유아들과 상호작용을 통해 직접 암호를 풀어 볼 수 있게 한다. – 오른쪽 교통기관 그림 밑에 있는 작은 모양들은 문제를 풀기 위한 암호야. – 왼쪽에 있는 많은 암호 중에 오른쪽 그림 밑에 있는 것과 같은 모양을 찾아서 그 바로 아래 있는 글자를 뗀 후 오른쪽 아래에 하나씩 붙여 주면 교통기관의 이름이 완성돼. [마무리] 5. 활동을 한 후 느낀 점에 대해 이야기를 나누어 본다. – 교통기관 암호를 풀어 보는 활동을 해 보았는데 어땠니? – 어렵거나 힘든 점은 없었니? – 가장 기억에 남는 것은 무엇이니?
연계 및 확장활동	• 다양한 교통기관을 직접 볼 수 있도록 교통안전체험관으로 견학을 다녀온다. • 재활용품을 활용하여 나만의 교통기관을 만들어 본다.
활동의 유의점	• 유아들이 이해하기 쉽게 활동방법을 설명한다. • 유아들이 적극적으로 활동에 참여할 수 있도록 돕는다.

[활동 8] 찾아라! 아름다운 옛 고을

<table>
<tr><th>생활주제</th><th colspan="3">우리나라</th></tr>
<tr><td>활동유형</td><td>이야기 나누기</td><td>대상 연령</td><td>만 4세</td></tr>
<tr><td>활동목표</td><td colspan="3">• 옛날 물건과 오늘날 물건에 대해 알아본다.
• 옛날 물건과 오늘날 물건의 소중함을 알고 어떤 역할을 하는지 이야기해 본다.
• 우리나라 고유의 물건에 대해 관심을 갖는다.</td></tr>
<tr><td>누리과정 관련 요소</td><td colspan="3">• 의사소통 〉 듣기와 말하기 〉 바른 태도로 듣고 말하기
• 의사소통 〉 듣기와 말하기 〉 자신의 경험, 느낌, 생각 말하기
• 사회관계 〉 사회에 관심 가지기 〉 우리나라에 대해 자부심 가지기</td></tr>
<tr><td>활동자료</td><td colspan="3">한자로 쓰인 편지, 옛날 물건과 오늘날 물건의 사진자료, 단어카드, 융판</td></tr>
<tr><td>준비물</td><td colspan="3">하드보드지 2장, 펠트지(검은색, 흰색, 빨간색, 노란색, 파란색), 한지(갈색, 한문 프린팅), 연결고리 2개, 사진자료, 사인펜, 색연필, 문고리, 글루건, 가위, 칼, 풀</td></tr>
<tr><td>제작방법</td><td colspan="3">1. 하드보드지를 반으로 자른다. 색지를 이용해 하드보드지를 대문 모양으로 꾸미고, 연결고리를 붙여 문고리를 만든다.
2. 뒷면에는 한자가 쓰인 한지를 붙이고, 대문 모양의 앞면과 고리로 연결한다.
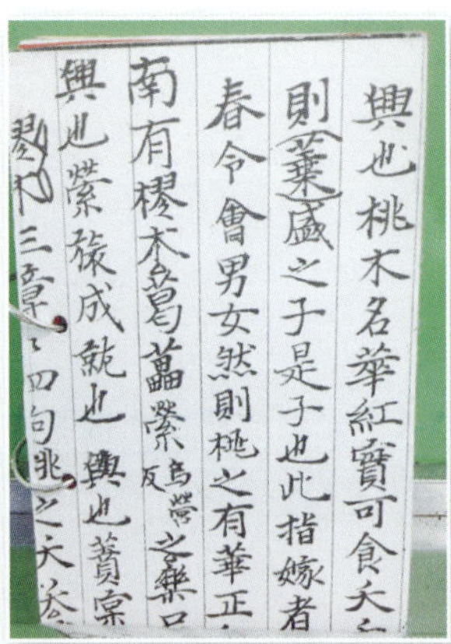 </td></tr>
</table>

생활주제	우리나라
제작방법	3. 안쪽 가운데는 색지를 이용해 옛날의 것과 오늘날의 물건과 물건 이름을 붙일 수 있는 공간을 만든다. 4. 옛날의 물건과 오늘날의 물건 그림을 오려서 코팅한 후 뒷면에 까슬이(벨크로)를 붙여서 안쪽 문에 부착한다(가마 = 자동차, 맷돌 = 믹서, 빨래판 = 세탁기, 부채 = 선풍기, 항아리 = 냉장고). 5. 옛날 물건과 오늘날 물건의 이름을 오려서 코팅한다. 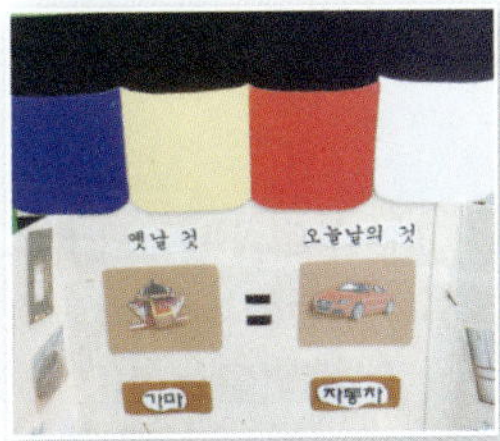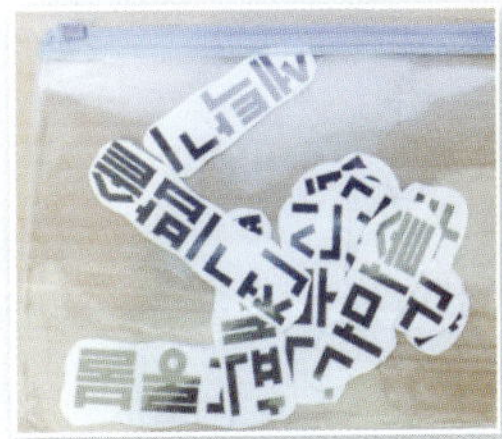
제작 시 유의점	• 문고리를 열고 닫을 때 부서지지 않도록 견고하게 만든다.
활동방법	[도입] 1. '과거에서 온 순심이의 편지'를 소개해 주며 주의를 집중시킨다. – 선생님이 아침에 편지를 한 통 받았어. – (편지 앞면을 보여 주며) 누구한테 온 편지일까? – 순심이가 누굴까? 왜 이 편지를 보냈을까? – 무슨 내용인지 잘 들어 보자. 2. 편지를 읽어 주면서 편지의 내용에 대해 이야기 나눈다. ○○반 선생님과 친구들에게 안녕하세요? ○○반 선생님과 친구 여러분. 저는 조선시대 어린이 순심이에요. 다름이 아니라 저희 집에서 어머니께서 쓰시던 맷돌이 없어져 버렸지 뭐에요? ○○반 선생님과 친구들이 함께 찾아주세요. 부탁할게요.

생활주제	우리나라
활동방법	**[전개]** 3. 옛날 물건과 오늘날 물건에 대해 각각 소개하며, 상호작용한다. – 왼쪽 문에는 옛날 물건들이 있어. 어떤 물건이 붙어 있는지 말해 볼까? – 오른쪽 문에는 오늘날 쉽게 볼 수 있는 물건들이 붙어 있어. 어떤 물건인지 말해 볼까? 4. 교구를 이용해서 옛날 물건을 오늘날의 물건으로 대체할 수 있는지 연결시켜 본다. – 믹서 대신에 순심이가 편지를 보낸 옛날에는 어떤 물건을 사용했을까? – 세탁기, 냉장고, 선풍기, 자동차는? **[마무리]** 5. 활동에 대한 생각 또는 느낌을 말하고 평가 및 마무리한다. – 옛날 물건과 오늘날 물건을 서로 비교해 보았는데 어땠니? – 오늘날 사용하는 물건들의 좋은 점은 무엇일까?
연계 및 확장활동	• 옛날 물건과 오늘 날 물건의 공통점과 차이점을 벤다이어그램으로 나타내 본다. • 박물관으로 견학을 가서 더 많은 종류의 옛날 물건을 관찰해 본다.
활동의 유의점	• 과거와 현재의 생활을 비교해 보며, 우리나라의 전통생활에 대해 관심을 갖도록 유도한다.

[활동 9] 세계 여러 나라의 탈

생활주제	세계 여러 나라		
활동유형	이야기 나누기	대상 연령	만 4세
활동목표	• 세계 여러 나라 탈의 종류와 특징에 대해 알 수 있다. • 세계 여러 나라 탈의 생김새에 대해 이야기할 수 있다. • 세계 여러 나라 탈에 대해 관심을 갖는다.		
누리과정 관련 요소	• 의사소통 〉 듣기와 말하기 〉 자신의 경험, 느낌, 생각 말하기 • 의사소통 〉 듣기와 말하기 〉 상황에 적절한 단어를 사용하여 말하기 • 사회관계 〉 사회에 관심 가지기 〉 다양한 문화에 관심 가지기		
활동자료	세계 여러 나라의 탈, 세계 여러 나라의 국기		
준비물	고무줄(밴드 약 21cm) 6개, 펠트지(검은색, 초록색, 노란색, 빨간색, 보라색, 갈색, 흰색), 하드보드지(흰색) 2장, 시트지, 순간접착제, 마스킹테이프, 폼폼이		
제작방법	**〈세계 여러 나라의 탈〉** 1. 펠트지를 지름 가로 18cm, 세로 22cm의 크기로 잘라 탈을 만든다. 2. 눈이 보이도록 탈의 특징에 맞게 구멍 2개를 오려 준다. 3. 펠트지를 겹치기 전에 앞장에 눈썹 · 코 · 입 · 치아 등 각 탈의 특징이 드러나도록 디자인해서 바느질한다. 4. 뒷면 양끝 20cm인 고무줄을 바느질해서 단다. 5. 탈의 앞면과 뒷면을 겹쳐 바느질하여 완성한다. **〈세계 여러 나라의 국기〉** 1. 펠트지를 가로 15cm, 세로 10cm로 자른 후 앞면에 한국, 중국, 일본, 이탈리아, 캐나다, 미국 등 다양한 나라의 국기를 꾸민다. 2. 뒷면에 까슬이(벨트로)를 붙인다.  		

생활주제	세계 여러 나라
제작 시 유의점	• 탈을 썼을 때 눈, 코, 입의 위치가 맞도록 조절해서 잘라 준다. • 각 나라의 특징이 잘 드러나는 탈을 선택해서 만든다.
활동방법	[도입] 1. 세계 여러 나라의 탈을 본 경험에 대해 이야기 나눈다. – 다른 나라에서 탈을 쓰고 놀이하는 것을 본 적 있니? – 어떤 생김새의 탈(가면)을 본 경험이 있니? [전개] 2. 우리나라 탈의 종류와 특징에 대해 이야기 나눈다. – 우리나라의 탈 중 기억에 남는 것은 무엇이니? – 다른 나라에도 탈이 있을까? 3. 다양한 나라의 탈 모양을 보며 세계 여러 나라 탈의 생김새에 대해 이야기 나눈다. – (준비된 탈을 보며) 다른 나라를 대표하는 탈의 이름은 무엇일까? – 다른 나라의 탈은 어떻게 생겼니? – 우리나라 탈과 같은 점(또는 다른 점)은 무엇이니? – 어떤 표정을 짓고 있니? [마무리] 4. 오늘의 활동을 평가한다. – 각 나라를 대표하는 탈을 살펴보니 어땠니? – 가장 기억에 남는 탈은 무엇이었니? – 왜 가장 기억에 남았니?
연계 및 확장활동	• 세계 여러 나라 탈을 쓰고, 전통음악에 맞춰 느낌을 춤으로 표현해 본다. • 자신의 감정을 표현 할 수 있는 나만의 탈(가면)을 만들어 본다. • 세계 여러 나라의 국기와 탈을 짝지어 볼 수 있다.
활동의 유의점	• 어느 나라의 탈인지를 기억하는 것보다 각 나라의 예술에 관심을 갖도록 유도한다. • 탈의 모양과 색 등에 관심을 갖고 각 나라의 탈을 비교하며 탐구하도록 한다.

[활동 10] 세계 여러 나라에 대해 알아보아요

생활주제	세계 여러 나라		
활동유형	이야기 나누기	대상 연령	만 4세
활동목표	• 세계 여러 나라의 국기와 전통의상에 관심을 갖는다. • 나라별 전통의상의 종류에 대해 말할 수 있다. • 다양한 나라의 문화에 관심을 갖고 탐구하는 태도를 갖는다.		
누리과정 관련 요소	• 의사소통 〉 듣기와 말하기 〉 상황에 적절한 단어를 사용하여 말하기 • 사회관계 〉 사회에 관심 가지기 〉 다양한 문화에 관심 가지기		
활동자료	지구본 배경판, 세계 여러 나라의 국기카드, 전통의상 그림카드		
준비물	우드락, 펠트지(흰색, 빨간색, 갈색, 상아색, 주황색, 회색), 벨크로, 코팅지, 돈 모양 도면, 하드보드지, 단추, 지끈, 바구니, 동물 머리띠, 색지		
제작방법	〈활동판〉 1. 파란색 펠트지를 지름 50cm 정도로 동그랗게 자르고, 그 위에 초록색과 흰색 펠트지를 이용하여 지구본 모양으로 꾸민다. 2. 펠트지로 '세계 여러 나라'라는 글자를 오려서 지구본 모양 위에 붙인다. 3. 반대쪽은 펠트지로 한국, 일본, 중국, 인도, 멕시코, 러시아 등의 국기를 꾸민다.   		

<table>
<tr><th>생활주제</th><th>세계 여러 나라</th></tr>
<tr><td>제작방법</td><td>〈그림자료, 카드〉
• 국기와 전통의상의 그림은 컬러로 인쇄하여 오린 후 코팅한다. 국가 이름과 전통의상의 이름도 인쇄하여 오린 후 코팅한다.
</td></tr>
<tr><td>제작 시 유의점</td><td>• 코팅한 모서리가 날카롭지 않도록 둥글게 오린다.</td></tr>
<tr><td>활동방법</td><td>[도입]
1. '앞으로'라는 노래를 동영상과 함께 들어 본다.
– 선생님이 준비해 온 노래를 동영상과 함께 들어 보자.

앞으로
작사: 윤석중
작곡: 이수인
앞으로, 앞으로, 앞으로, 앞으로
지구는 둥그니까 자꾸 걸어나가면
온 세상 어린이들 다 만나고 오겠네
온 세상 어린이가 하하하하 웃으면
그 소리 들리겠네 달나라까지
앞으로, 앞으로, 앞으로, 앞으로

2. 동영상에 등장하는 세계 여러 나라에 대해 이야기 나눈다.
– 이 노래에는 어느 나라의 친구들이 나오니?
– 친구들이 입고 있는 옷은 무엇일까?
– 세계 여러 나라를 대표하는 전통의상에 대해 알아보도록 하자.</td></tr>
</table>

생활주제	세계 여러 나라
활동방법	**[전개]** 3. 카드를 사용해 세계 여러 나라의 전통의상에 대해 알아본다. – (우리나라 국기를 보여 주며) 이것은 어느 나라의 국기인지 말해 볼 수 있겠니? – 우리나라를 대표하는 옷을 무엇이라고 하니? – 다른 나라에도 나라를 대표하는 옷이 있다는 것을 알고 있니?(나머지 카드들도 앞면의 국기와 나라의 이름을 소개하고, 뒷면의 의상과 의상의 이름을 알려 준다. 의상의 특징이 있다면 추가로 알려 준다.) – 이 옷을 왜 입게 되었는지 알고 있니? 4. 세계 여러 나라 전통의상에 대한 활동을 소개한다. – 지구본 모양의 판과 나라 이름이 적힌 카드, 전통의상 그림과 전통의상 이름을 준비해 왔어. – 지구본 모양의 판에는 국기가 그려져 있는데 그곳에 그 나라의 이름을 붙이고, 전통의상을 찾아서 붙인 후 아까 알아본 내용을 친구들에게 소개해 보도록 하자. **[마무리]** 5. 놀이활동을 회상하며, 활동을 평가해 본다. – 세계 여러 나라의 국기와 전통의상에 대해 알아보았는데 어땠니? – 즐거웠던 점은 무엇이니? 새롭게 알게 된 점은 무엇이니?
연계 및 확장활동	• 세계 여러 나라의 국기책을 만들어 본다. • 세계 여러 나라의 의상을 준비해 입고, 각 나라 사람들의 역할을 해 본다.
활동의 유의점	• 나라의 이름과 국기, 전통의상을 외우는 것보다 다양한 문화에 대한 관심을 갖는 것을 목적으로 한다. • 전통의상의 유래에 대해 미리 알아 둔다.

[활동 11] 동물 먹이를 주어요

<table>
<tr><th>생활주제</th><th colspan="3">생활도구</th></tr>
<tr><td>활동유형</td><td>이야기 나누기</td><td>대상 연령</td><td>만 3세</td></tr>
<tr><td>활동목표</td><td colspan="3">• 식사도구를 바르게 사용하는 방법을 알 수 있다.
• 소근육을 조절하여 젓가락질을 할 수 있다.
• 올바르게 식사도구를 사용하는 습관을 기를 수 있다.</td></tr>
<tr><td>누리과정 관련 요소</td><td colspan="3">• 신체운동건강 〉 신체활동 즐기기 〉 신체 움직임 조절하기
• 자연탐구 〉 생활 속에서 탐구하기 〉 물체를 세어 수량을 알아보기
• 자연탐구 〉 생활 속에서 탐구하기 〉 도구와 기계에 대해 관심 가지기</td></tr>
<tr><td>활동자료</td><td colspan="3">동물 먹이, 동물 먹이 통, 통 보관함, 젓가락</td></tr>
<tr><td>준비물</td><td colspan="3">펠트지, 가위, 실, 바늘, 솜, 플라스틱 바구니, 본드, 유아용 젓가락</td></tr>
<tr><td>제작방법</td><td colspan="3">**〈동물 먹이〉**
1. 펠트지를 먹이 모양(당근 · 바나나 · 생선)으로 오린다.
2. 안에 솜을 넣은 후 테두리를 바느질한다.

〈동물 먹이 통〉
1. 펠트지를 원숭이, 토끼, 고양이 모양으로 오리고, 투명 플라스틱 통에 붙인다.
2. 동물의 입 부분을 동그랗게 뚫어서 먹이를 넣을 수 있게 한다.</td></tr>
</table>

생활주제	생활도구
제작방법	〈통 보관함〉 1. 원숭이, 토끼, 고양이 통을 넣어 줄 바구니를 펠트지로 감싼다. 2. 펠트지로 '동물 먹이를 주어요'라고 글자를 오린 후 상자 앞에 붙인다. 3. 펠트지 안쪽이 뜨지 않도록 동물 통을 차례대로 붙여 준다. 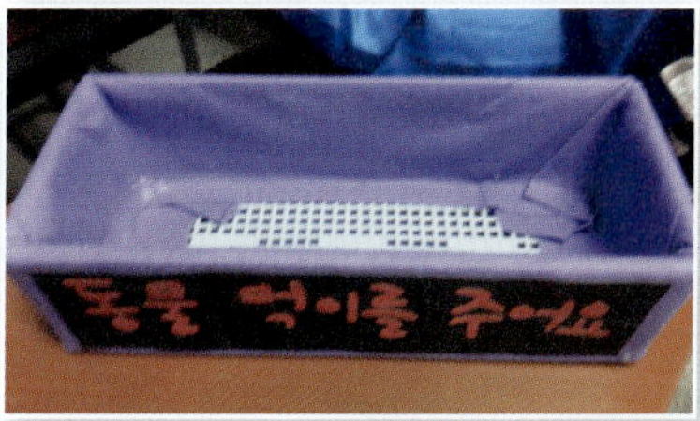 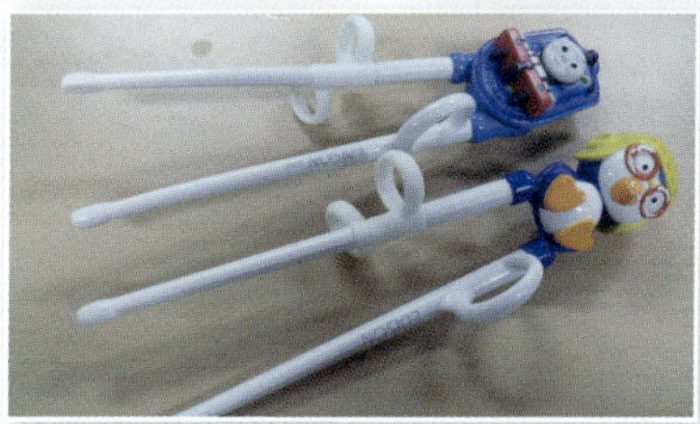
제작 시 유의점	• 바느질을 견고하게 해서 솜이 겉으로 보이지 않게 한다. • 동물 통이 빠지지 않도록 알맞은 크기의 바구니를 사용한다.
활동방법	[도입] 1. 동물원으로 견학 다녀온 경험에 대해 이야기 나눈다. – 어제 다녀온 동물원에서 본 동물들에 대해서 말해 줄 친구 있니? – 동물원 말고도 주변에서 볼 수 있는 동물들은 어떤 것들이 있을까? 2. 교구를 보여 주며, 동물과 동물의 먹이에 대해 이야기 나눈다. – 선생님이 토끼, 원숭이, 고양이를 데려왔어. 이 동물들은 어떤 먹이를 먹고 살까? – 동물들에게 알맞은 먹이를 주는 게임을 해 보자. [전개] 3. 올바른 젓가락 사용법에 대해 이야기 나눈다. – 젓가락을 사용해 본 적 있니? – 어떻게 사용하는 것인지 누가 나와서 보여 주겠니? – 젓가락을 올바르게 사용하는 방법에 대해 알려 줄게. 4. 젓가락을 활용하여 동물에게 먹이 주는 활동을 해 본다. – 올바른 방법으로 젓가락질을 해서 동물들 입에 먹이를 넣어 보자.

생활주제	생활도구
활동방법	[마무리] 5. 활동에 대해 평가해 본다. – 젓가락을 사용해서 동물들에게 먹이를 주었는데 어땠니? – 재미있었던 점은 무엇이니? 어렵거나 힘들었던 점은 무엇이니? – 집에 가서 엄마, 아빠께 젓가락을 이용해서 음식을 먹는 것을 보여 드리도록 하자.
연계 및 확장활동	• 좀 더 작은 크기의 물건을 이용해 젓가락으로 옮기는 활동을 해 본다. • 집에서 엄마, 아빠와 함께 연습했던 경험을 이야기 나눈다.
활동의 유의점	• 젓가락질을 잘하도록 너무 강요하지 않는다.

[활동 12] 재활용품을 분리수거해요

생활주제	환경과 생활		
활동유형	이야기 나누기	대상 연령	만 4세
활동목표	• 환경오염의 원인과 환경을 보호하는 방법에 대해 알아본다. • 유형별로 나누어 재활용품을 분리수거해 본다. • 분리수거 활동에 즐겁게 참여한다.		
누리과정 관련 요소	• 의사소통 〉 듣기와 말하기 〉 상황에 적절한 단어를 사용하여 말하기 • 사회관계 〉 더불어 생활하기 〉 약속과 규칙의 필요성을 알고 지키기 • 자연탐구 〉 탐구과정 즐기기 〉 궁금한 것을 탐구하는 과정에 즐겁게 참여하기		
활동자료	쓰레기통, 재활용 분리수거 통, 쓰레기 사진, 재활용 마크		
준비물	분리수거 마크 , 쓰레기장 사진 , 쓰레기 사진(분리수거 용도) 16개, 분리수거 통 4개 , 펠트지, 가위, 벨크로, 본드, 상자, 리본		
제작방법	1. 쓰레기 사진 16개를 코팅하고, 까슬이(벨크로)를 붙여 준다.   2. 크기가 같은 4개의 분리수거 통에 까슬이를 붙인 후 재활용 마크에 보슬이를 붙여서 분리수거 통에 붙인다.  		

생활주제	환경과 생활
제작방법	4. 박스에 펠트지를 붙이고, 리본으로 꾸민 뒤 보슬이를 붙인다. 5. 까슬이를 붙인 쓰레기 사진을 붙인다.  
제작 시 유의점	• 코팅한 사진 모서리의 뾰족한 부분을 둥글게 잘라 준다. • 쉽게 파손되지 않도록 견고하게 만든다.
활동방법	[도입] 1. 쓰레기가 마구 버려진 곳의 사진을 보여 주며, 환경오염의 원인에 대해 알아본다. – 이곳은 무엇을 하는 곳일까? – 왜 이렇게 되었을까? – 쓰레기를 아무렇게나 버려서 쌓이고 또 쌓이면 어떻게 될까? 2. 재활용품 분리수거에 대해 이야기 나눈다. – 재활용품 분리수거를 해 본 경험이 있니? – 어떻게 하는 것일까? [전개] 3. 재활용 마크에 대해 이야기 나눈다. – 재활용 마크를 본 적 있니? – 이 마크는 무엇을 나타내는 것일까? 4. 재활용 분리수거 활동에 대해 설명해 준다. – 여기에 준비된 것으로 어떤 활동을 할 수 있니? – 재활용품을 분리수거하는 활동을 해 보자.

생활주제	환경과 생활
활동방법	[마무리] 5. 활동에 대해 평가해 본다. – 분리수거 마크에 맞게 제대로 분리해서 담았는지 확인해 볼까? – 분리수거 활동을 해 보았는데 어땠니? – 재활용은 왜 필요할까? – 간식시간에 나온 요구르트병은 어디에 담으면 좋을까?
연계 및 확장활동	• 우리 반에서 나온 쓰레기를 직접 분리수거해 본다. • 재활용 박물관 다시 쓰는 세상 순환자원 홍보관(경기도 성남시 소재)에 견학을 다녀온다.
활동의 유의점	• 분리수거에 대한 개념만 전달하는 것이 아니라 유아들이 스스로 분리수거에 관심을 가질 수 있도록 돕는다. • 분리수거 마크를 잘 숙지할 수 있도록 도와준다.

[활동 13] 여름 과일의 안을 관찰해요

<table>
<tr><th>생활주제</th><th colspan="3">여름</th></tr>
<tr><td>활동유형</td><td>이야기 나누기</td><td>대상 연령</td><td>만 3세</td></tr>
<tr><td>활동목표</td><td colspan="3">• 여름 과일의 종류에 대해 알아본다.
• 여름 과일의 생김새를 관찰하고, 관찰한 느낌에 대해 적극적으로 말한다.
• 여름 과일의 특징에 대해 관심을 가진다.</td></tr>
<tr><td>누리과정 관련 요소</td><td colspan="3">• 자연탐구〉 탐구과정 즐기기 〉 궁금한 것을 탐구하는 과정에 즐겁게 참여하기
• 자연탐구〉 생활 속에서 탐구하기 〉 물체의 특성과 변화를 여러 가지 방법으로 탐색하기</td></tr>
<tr><td>활동자료</td><td colspan="3">여름 과일(수박, 참외, 복숭아, 토마토) 모형, A4용지, 색연필</td></tr>
<tr><td>준비물</td><td colspan="3">펠트지(하얀색, 노란색, 빨간색, 분홍색, 초록색, 검은색, 갈색), 실과 바늘, 글루건, 똑딱 단추, 가위, 솜</td></tr>
<tr><td>제작방법</td><td colspan="3">〈참외 모형〉
1. 노란색 펠트지를 타원형으로 4개를 잘라서 준비한다.
2. 자른 펠트지를 2개를 겹쳐 바느질을 하고 안에 솜을 채워 넣는다.
3. 하얀색 펠트지를 길고 얇게 6개 자르고, 전에 자른 노란색 펠트지 크기에 맞춰 동그랗게 자른다. 노란색 펠트지로 씨 모양으로 작게 자른다.
4. 솜을 채워 넣은 노란색 펠트지에 잘라둔 하얀 펠트지와 씨를 표현한 노란 펠트지를 글루건을 사용하여 붙인다.
5. 똑딱 단추 2세트를 바느질을 한다.
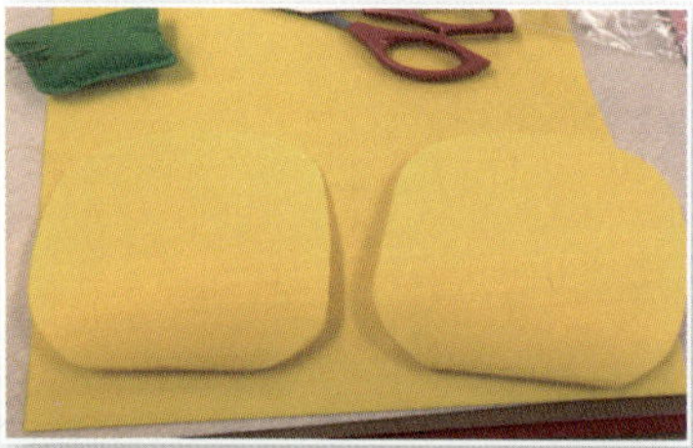 
 </td></tr>
</table>

<table>
<tr><th>생활주제</th><th>여름</th></tr>
<tr><td>제작방법</td><td>
〈수박 모형〉
1. 초록색 펠트지를 타원형으로 4개를 잘라서 준비한다.
2. 자른 펠트지를 2개를 겹쳐 바느질을 하고 안에 솜을 채워 넣는다.
3. 검은색 펠트지를 짧고 굵게 8개 자르고, 하얀색 펠트지를 타원형으로 자르고, 그 위에 빨간색 펠트지를 좀 더 작게 자르고, 검은색 펠트지로 씨 모양으로 작게 자른다.
4. 솜을 채워 넣은 초록색 펠트지에 잘라둔 검은색, 하얀색 펠트지, 빨간 색 펠트지, 씨를 표현한 검은 펠트지를 글루건을 사용하여 붙인다.
5. 똑딱 단추 2세트를 바느질을 한다.

〈토마토 모형〉
1. 빨간색 펠트지를 타원형으로 4개를 잘라서 준비한다.
2. 자른 펠트지를 2개를 겹쳐 바느질을 하고 안에 솜을 채워 넣는다.
3. 초록색 펠트지를 꼭지 모양으로 자르고, 노란색 펠트지로 씨 모양으로 작게 자른다.
4. 솜을 채워 넣은 빨간색 펠트지에 꼭지를 표현한 초록색 펠트지에 씨를 표현한 노란 펠트지를 글루건을 사용하여 붙인다.
5. 똑딱 단추 2세트를 바느질을 한다.
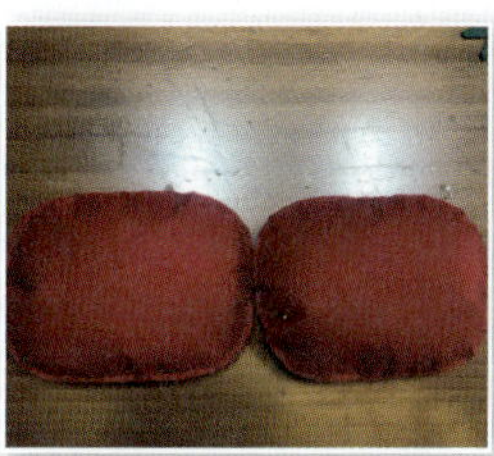  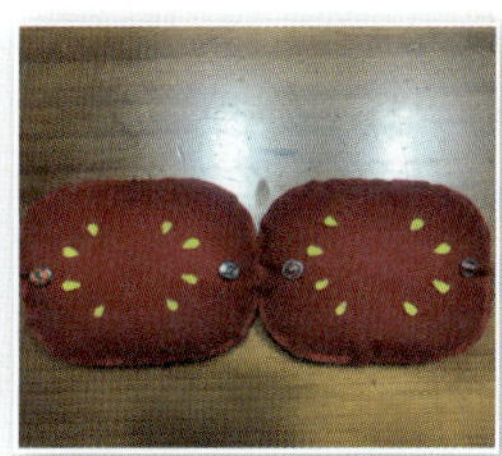
</td></tr>
</table>

<table>
<tr><th>생활주제</th><th>여름</th></tr>
<tr><td>제작방법</td><td>〈복숭아 모형〉
1. 분홍색 펠트지를 하트와 비슷한 모양으로 4개를 잘라서 준비한다.
2. 자른 펠트지를 2개를 겹쳐 바느질을 하고 안에 솜을 채워 넣는다.
3. 초록색 펠트지를 잎 모양으로 자르고, 갈색 펠트지를 씨 모양으로 작게 자른다.
4. 솜을 채워 넣은 분홍색 펠트지에 잎을 표현한 초록색 펠트지와 씨를 표현한 갈색 펠트지를 글루건을 사용하여 붙인다.
5. 똑딱 단추 2세트를 바느질을 한다.
 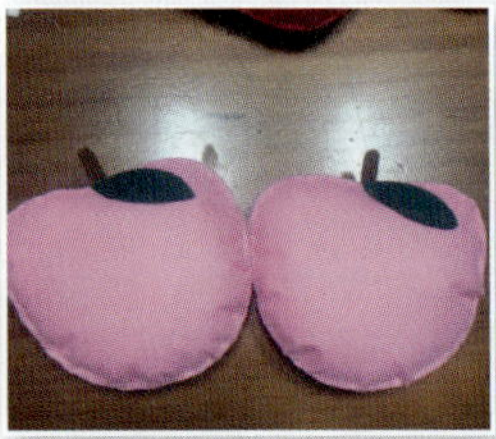 </td></tr>
<tr><td>제작 시 유의점</td><td>• 안에 넣은 솜이 밖으로 나오지 않도록 촘촘하게 바느질한다.</td></tr>
<tr><td>활동방법</td><td>[도입]
1. 여름철 과일에는 무엇이 있는지 알아본다.
– 더운 여름이 되면 우리가 자주 먹는 과일은 어떤 것이 있을까?
– 어떤 과일을 먹어 보았니?

2. 여름철 과일의 특징에 대해 이야기를 나눈다.
– 우리 참외와 수박에는 어떤 특징이 있을까?
– 그럼 토마토와 복숭아에는 어떤 특징이 있을까?

[전개]
3. 교구로 만든 과일을 소개한다.
– 과일 안이 어떻게 생겼니?
– 과일 안에 있는 씨들은 어떻게 생겼니?

4. 겉과 속의 차이에 대해 이야기를 나눈다.
– 수박(참외, 토마토, 복숭아)의 겉에는 어떤 무늬가 보이니?
– 과일들 속에는 어떤 색들이 있을까?
– 과일들 속에는 어떤 씨가 보이나요?

5. 과일의 겉과 속을 그림으로 표현해본다.
– 우리 알아본 과일의 겉과 속을 친구들이 직접 그려볼까?</td></tr>
</table>

생활주제	여름
활동방법	[마무리] 6. 활동을 회상하며 평가한다. – 여름 과일의 겉과 속을 알아보았는데 어땠니? – 가장 기억에 남는 것은 무엇일까?
연계 및 확장활동	• 실제 과일과 비교하며 과일의 겉과 속을 관찰해본다. • 과일을 탐색해 보고 다양한 색의 과일을 활용하여 과일꼬치를 만들어 본다.
활동의 유의점	• 과학영역에 다양한 과일들을 제공하여 모형과 실제 과일을 비교, 탐구해 볼 수 있도록 환경을 구성해준다.

(2) 언어(동화, 동시) / 과학 / 역할

[활동 1] 호랑이를 이긴 꾀쟁이 토끼

[활동 2] 복숭아의 여행

[활동 3] 붕어빵

[활동 4] 우리 몸속 탐험대

[활동 5] 여름 과일의 씨를 관찰해요

[활동 6] 가게놀이

[활동 7] 과일가게에 놀러 오세요

[활동 1] 호랑이를 이긴 꾀쟁이 토끼

생활주제	즐거운 유치원(어린이집)		
활동유형	동화	대상 연령	만 4세
활동목표	• 동화내용을 듣고 이해할 수 있다. • 동화내용을 친구들에게 설명할 수 있다. • 바른 태도로 동화를 들을 수 있다.		
누리과정 관련 요소	• 신체운동건강 〉 신체활동 즐기기 〉 신체 움직임 조절하기 • 의사소통 〉 듣기와 말하기 〉 바른 태도로 듣고 말하기 • 의사소통 〉 책과 이야기 즐기기 〉 동화, 동시에서 말의 재미를 느끼기		
활동자료	동화의 배경이 되는 앞치마, 등장인물		
준비물	펠트지, 부직포, 글루건, 가위, 찍찍이, 인쇄한 등장인물, 코팅 필름, 솜, 실, 바늘 등		
제작방법	**〈앞치마〉** 1. 초록색 부직포와 하얀색 부직포를 서로 겹치게 붙이고 앞치마 모양으로 잘라 배경을 만든다. 2. 펠트지를 끈 모양으로 길게 잘라 목과 허리 부분에 바느질하여 붙인다. 3. 부직포를 풀과 나무 등의 모양으로 오려 앞치마의 초록색 면을 꾸며 준다. 4. 부직포를 시냇물 모양으로 오려 앞치마의 하얀색 면을 꾸며 준다. **〈등장인물〉** 1. 등장인물을 그리거나 인쇄하여 코팅한다. 2. 코팅한 그림자료 뒷면에 찍찍이를 붙인다.  		
제작 시 유의점	• 그림자료가 잘 붙을 수 있는 재료를 사용해서 제작한다. • 등장인물 뒷면에 등장 순서를 나타내는 숫자를 기록한다.		

<table>
<tr><th>생활주제</th><th>즐거운 유치원(어린이집)</th></tr>
<tr><td>활동방법</td><td>[도입]
1. 동화를 읽어 주기 전 수수께끼를 통해 동기유발을 한다.
– 오늘 들려줄 동화에 나오는 동물이 누구인지 맞춰 볼까?

[전개]
2. 앞치마 동화를 들려준다.

3. 어떤 내용인지 이야기해 본다.
– 가장 재미있었던 장면은 어느 부분이었니?

4. 다시 한번 보여 준다.

5. 유아들이 직접 나와서 조작해 볼 수 있도록 한다.
– 호랑이를 직접 붙여 보고 싶은 사람 있니?

[마무리]
6. 활동을 평가하고 언어영역에서 유아들이 직접 내용을 구성해 볼 수 있도록 한다.
– 어떤 점이 가장 재미있었니?
– 새롭게 알게 된 점은 무엇이니?
– 직접 해 보니 어땠니?</td></tr>
<tr><td>연계 및 확장활동</td><td>• 기본 배경이 비슷한 다른 동화를 각색하고, 등장인물을 새로 제작해 동화를 들려줄 수 있다.</td></tr>
<tr><td>활동의 유의점</td><td>• 등장인물이 순서대로 등장할 수 있도록 내용을 숙지하고 충분히 연습한다.</td></tr>
</table>

[활동 2] 복숭아의 여행

생활주제	여름		
활동유형	동화	대상 연령	만 4세
활동목표	• 동화내용을 듣고 그 내용을 이해할 수 있다. • 여름 과일에 대한 자신의 경험을 이야기할 수 있다. • 이야기의 순서를 기억하여 말할 수 있다.		
누리과정 관련 요소	• 의사소통 〉 듣기와 말하기 〉 자신의 경험, 느낌, 생각 말하기 • 의사소통 〉 책과 이야기 즐기기 〉 동화, 동시에서 말의 재미를 느끼기		
활동자료	'복숭아의 여행'판 동화자료, 과일 사진(복숭아, 포도, 토마토 등)		
준비물	하드보드지, 색지, 시트지, 찍찍이, 코팅 필름, 과일 사진 등		
제작방법	〈동화판〉 1. 하드보드지에 색지를 붙이고 그 위를 동화 속 배경으로 꾸민 후 투명 시트지로 감싼다. 2. 동화내용을 각색하여 붙였다 떼었다 할 수 있도록 코팅하여 찍찍이로 붙인다.  〈개인 그림판〉 1. 하드보드지에 색지를 붙이고 시트지로 감싼다. 2. 동화에 나오는 등장인물을 인쇄하여 코팅한 후 그림판에 붙인다. 		

생활주제	여름
제작 시 유의점	• 보관하기 쉽게 반으로 접을 수 있도록 제작한다. • 과일의 특징이 잘 나타난 그림자료를 사용한다.
활동방법	[도입] 1. 동화에 나오는 과일과 관련된 수수께끼를 통해 흥미를 유발한다. – 케첩을 만들어 먹을 수 있는 과일은 무엇일까? – 좋아하는 과일은 무엇이니? [전개] 2. 교사가 들려주는 동화를 듣는다. 3. 동화를 듣고 난 후 등장인물이 나온 순서대로 개인 그림판에 그림카드를 붙인다. – 복숭아 다음에는 어떤 과일이 나왔을까? 4. 순서가 맞는지 동화책을 보고 확인한다. [마무리] 5. 활동을 평가하고 언어영역에 배치할 것을 안내해 준다. – 동화를 들어보니 어땠니? – 어떤 부분이 가장 재미있었니? – 어렵거나 이해하기 힘든 부분은 없었니?
연계 및 확장활동	• 과일의 종류를 다양하게 추가하여 제공할 수 있다. • 채소로 종류를 바꿀 수 있다.
활동의 유의점	• 순서를 맞춰야 함에 너무 부담을 느끼지 않도록 한다. • 과일의 다양한 특징에 대해 많은 이야기를 나눌 수 있도록 교사가 사전에 정보를 수집한다.

[활동 3] 붕어빵

생활주제	겨울		
활동유형	동시	대상 연령	만 4세
활동목표	• 동시를 듣고 내용을 이해할 수 있다. • 붕어빵을 먹어 본 경험을 이야기할 수 있다. • 동시판을 이용하여 동시를 읽어 볼 수 있다.		
누리과정 관련 요소	• 의사소통 〉 듣기와 말하기 〉 자신의 경험, 느낌, 생각 말하기 • 의사소통 〉 책과 이야기 즐기기 〉 동화, 동시에서 말의 재미를 느끼기		
활동자료	‘붕어빵’ 동시판, 유아와 붕어빵 자료, 궁금이 상자		
준비물	하드보드지, 색지, 투명 시트지, 펠트지, 벨크로, 바늘, 실, 가위, 글루건, 상자		
제작방법	〈동시판〉 1. 하드보드지에 색지를 붙이고 그 위를 동시 속 배경으로 꾸민 후 투명 시트지로 감싼다. 2. 동시내용을 워드로 작성하여 오려서 붙인다. 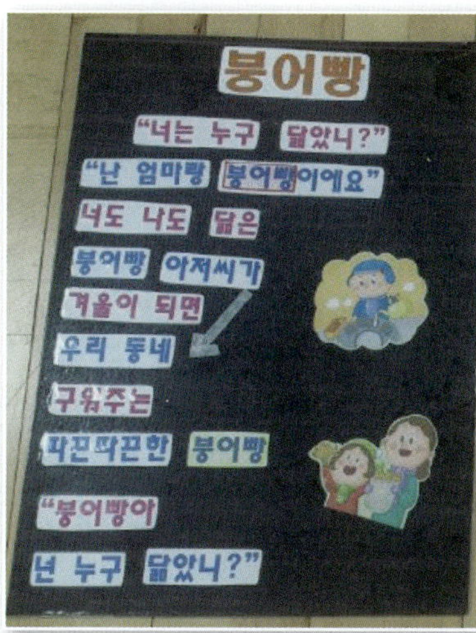		

<table>
<tr><th>생활주제</th><th>겨울</th></tr>
<tr><td>제작방법</td><td>〈동시자료와 궁금이 상자〉
1. 펠트지를 이용하여 동시의 주인공인 유아와 붕어빵을 오려서 붙이고 바느질한다.
2. 상자를 펠트지로 감싸고 '궁금이 상자'라는 글자를 오려서 붙인다.

</td></tr>
<tr><td>제작 시 유의점</td><td>• 보관하기 쉽게 반으로 접을 수 있도록 제작한다.
• 붕어빵의 특징이 잘 나타난 그림자료를 사용한다.</td></tr>
<tr><td>활동방법</td><td>[도입]
1. 궁금이 상자에 동시의 소재를 담아 직접 앞으로 나와서 만져 보고 친구들에게 수수께끼를 통해 맞혀 보도록 한다.
– 이 상자 안에는 무엇이 들어 있을까?
– 친구들이 문제를 맞힐 수 있도록 문제를 낼 친구 있니?
2. 붕어빵을 먹어 본 경험에 대해 이야기 나눈다.
– 붕어빵을 먹어 본 적 있니?
– 누구와 함께 먹어 봤니? 맛은 어땠니?
[전개]
3. 교사가 들려주는 동시를 듣는다.
4. 동시를 듣고 난 후 동시내용에 대해 이야기 나눈다.
– 동시에는 어떤 내용이 담겨 있었니?
5. 유아가 직접 자료를 조작하며 동시를 들려주도록 한다.
[마무리]
6. 활동을 평가한다.
– 동시를 들어 보니 어땠니?
– 어떤 부분이 가장 재미있었니?
– 어렵거나 이해하기 힘든 부분은 없었니?</td></tr>
<tr><td>연계 및 확장활동</td><td>• 역할영역에 붕어빵 가게놀이를 꾸며 본다.
• 직접 붕어빵 가게를 방문하여 붕어빵을 만드는 분과 이야기 나눈다.</td></tr>
<tr><td>활동의 유의점</td><td>• 동시를 암송하는 것보다는 즐겁게 내용을 이야기하는 부분에 초점을 둔다.</td></tr>
</table>

[활동 4] 우리는 몸속 탐험대

생활주제	소중한 가족		
활동유형	과학	대상 연령	만 5세
활동목표	• 우리 몸속의 소화기관에 관심을 갖고 특징에 대해 알아본다. • 소화가 진행되는 과정을 알 수 있다. • 건강한 식습관을 형성할 수 있다.		
누리과정 관련 요소	• 신체운동건강 〉 건강하게 생활하기 〉 몸에 좋은 음식에 관심을 가지고 바른 태도로 즐겁게 먹기 • 자연탐구 〉 자연과 더불어 살기 〉 생명과 자연환경을 소중히 여기기		
활동자료	소화기관 책, 소화기관 그림, 손전등 모형, 음식 사진, 기관 이름카드(식도, 위, 소장, 대장)		
준비물	펠트지(노란색, 검은색, 하늘색, 파란색, 진한 갈색), 글루건, 벨크로, 투명 필름지, 가위, 끈, 음식 그림, 소화기관 이름 글자, EVA, 테이프(노란색)		
제작방법	1. 하드보드지 2개를 이어서 책의 형태로 만들고 안에는 검은색 종이를, 밖에는 펠트지를 붙인다. 2. 투명 필름지 위에 소화기관을 그리고 색칠한다. 3. 음식 사진과 소화기관 이름을 코팅해서 오리고 뒷면에 EVA를 덧댄 후 벨크로를 부착한다. 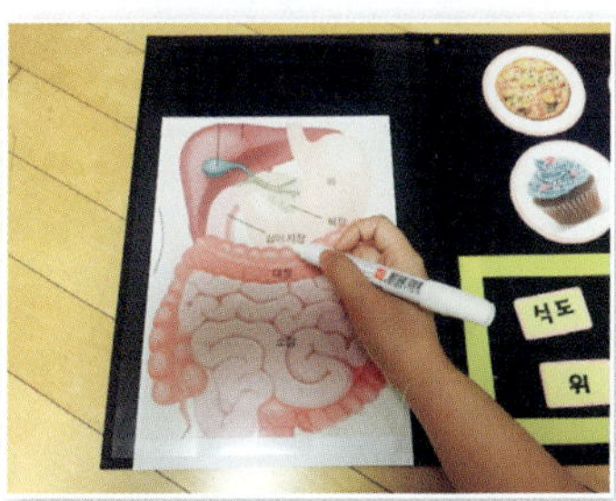 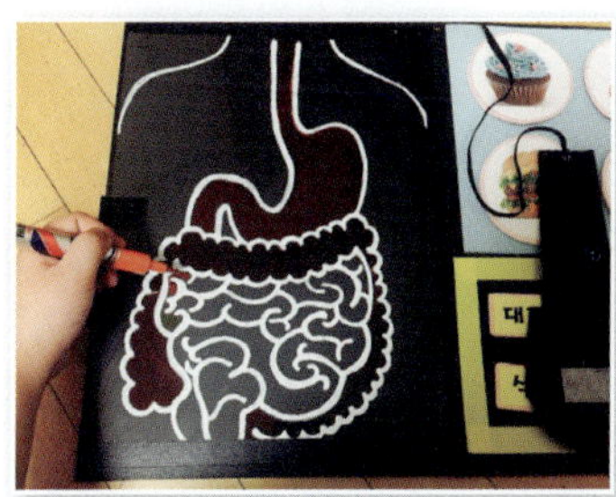 4. 하늘색 펠트지를 책에 붙이고, 그 위에 음식 사진을 놓는다. 5. 소화기관 이름을 순서대로 정렬하고, 그 주변의 경계선을 노란색 테이프로 둘러 꾸민다. 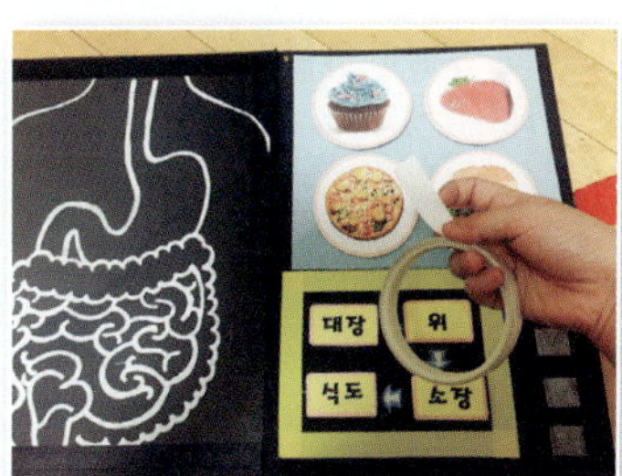		

<table>
<tr><th>생활주제</th><th>소중한 가족</th></tr>
<tr><td>제작방법</td><td>6. 도화지로 손전등 모형을 만들고, 그 위에 검은색 펠트지를 덧댄다.
7. 손전등 모형과 책에 각각 구멍을 뚫어 고무줄로 연결한다.
8. 책의 겉면은 노란색 펠트지로 붙이고, '우리 몸속 탐험대'라는 글자를 오려서 붙인다.
9. 하늘색 펠트지를 책에 붙이고, 그 위에 음식 사진을 놓는다.
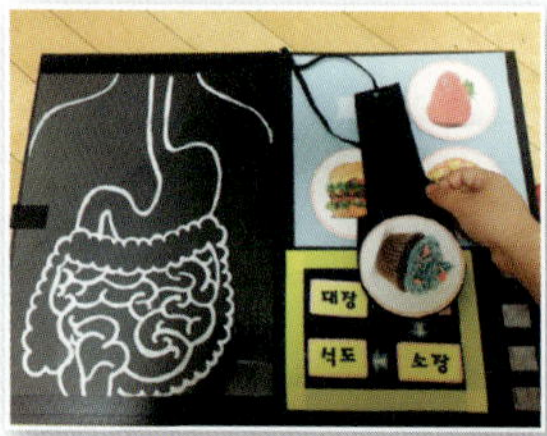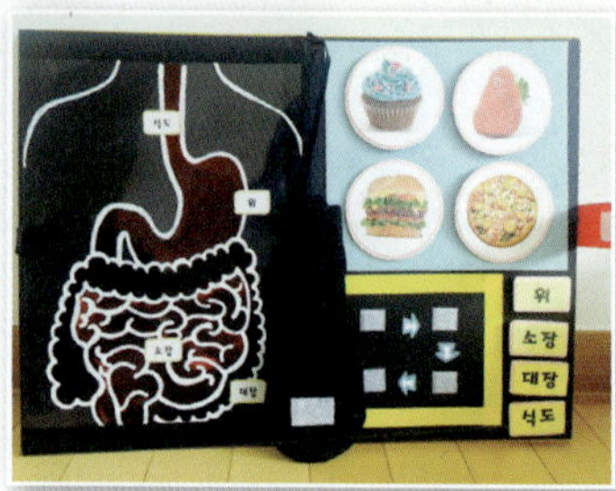</td></tr>
<tr><td>제작 시
유의점</td><td>• 손전등 모형을 이용하여 음식이 소화기관을 순서대로 통과하는 것을 유아들이 쉽게 이해하도록 돕는다.</td></tr>
<tr><td>활동방법</td><td>[도입]
1. 아침에 먹은 음식에 대해 이야기 나눈다.
- 오늘 아침에 어떤 음식을 먹었니?
- 아침에 먹은 음식은 지금 우리 몸속 어디쯤 있을까?
- 어떻게 되었을까?

[전개]
2. 소화기관에 대해 이야기 나눈다.
- 우리의 몸속에는 무엇이 있을까?
- (소화기관 그림자료를 보여 주며) 우리가 입으로 먹은 음식은 우리 몸속 어느 곳으로 이동할까?

3. 활동교구를 이용해 우리 몸의 소화과정에 대해 살펴본다.
- 우리 몸에서 음식이 소화되는 과정을 순서대로 붙여 볼 수 있니?
- 우리가 먹은 음식은 식도를 통과해 위를 지나 소장과 대장을 거쳐 이동한단다.
- 먹고 싶은 음식을 붙이고, 손전등 모형을 이용해서 몸속을 탐험해 볼까?</td></tr>
</table>

<table>
<tr><th>생활주제</th><th>소중한 가족</th></tr>
<tr><td>활동방법</td><td>4. 활동교구를 이용하여 우리 몸의 소화과정에 대해 살펴본다.
– 우리 몸에서 음식이 소화되는 과정을 순서대로 붙여 볼 수 있니?
– 우리가 먹은 음식은 식도를 통과해 위를 지나 소장과 대장을 거쳐 이동한단다.
– 먹고 싶은 음식을 붙이고, 손전등 모형을 이용해서 몸속을 탐험해 볼까?

〈활동방법〉
① 청진기, 체온계를 이용해 진찰한다.
② 가위와 밴드를 이용하여 상처를 치료한다.
③ 주사기를 사용하여 주사를 놓는다.
④ 약통, 약봉투로 약을 처방한다.
⑤ 다 쓴 도구들은 병원 가방 안의 그림에 맞게 정리한다.

[마무리]
5. 활동을 평가한다.
– 소화기관에 대해 알아보았는데 새롭게 알게 된 것은 무엇이니?
– 어떤 점이 재미있었니?
– 더 궁금한 점이 있다면 무엇이니?</td></tr>
<tr><td>연계 및 확장활동</td><td>• 동화 『똥은 참 대단해』를 읽어 본다.
• 인체 박물관을 견학하고 우리 몸에 대해 자세히 탐구해 본다.</td></tr>
<tr><td>활동의 유의점</td><td>• 유아가 인체에 관심을 갖도록 사전경험에 대한 이야기를 나누거나 관련 동화를 먼저 읽어 준다.</td></tr>
</table>

[활동 5] 여름 과일의 씨를 관찰해요

<table>
<tr><th>생활주제</th><th colspan="3">여름</th></tr>
<tr><td>활동유형</td><td>과학</td><td>대상 연령</td><td>만 4세</td></tr>
<tr><td>활동목표</td><td colspan="3">• 여름 과일 씨의 종류와 특징에 대해 알아본다.
• 여름 과일 씨의 생김새를 관찰하고, 관찰일지를 작성한다.
• 여름 과일 씨에 관심을 갖고 관찰활동에 적극적으로 참여한다.</td></tr>
<tr><td>누리과정 관련 요소</td><td colspan="3">• 자연탐구 〉 탐구과정 즐기기 〉 궁금한 것을 탐구하는 과정에 즐겁게 참여하기
• 자연탐구 〉 생활 속에서 탐구하기 〉 도구와 기계에 대해 관심 가지기
• 예술경험 〉 아름다움 찾아보기 〉 예술적 요소에 관심을 갖고 찾아보기</td></tr>
<tr><td>활동자료</td><td colspan="3">여름 과일 씨 관찰판, 돋보기, 관찰일지</td></tr>
<tr><td>준비물</td><td colspan="3">펠트지(하늘색, 초록색, 노란색, 분홍색, 보라색, 파란색), 하드보드지, 돋보기, 리본테이프, 코팅지, 색 고리, A4용지, 본드, 가위, 풀, 투명 플라스틱 용기</td></tr>
<tr><td>제작방법</td><td colspan="3">〈여름 과일 씨 관찰판〉
1. 하드보드지를 가로 20cm, 세로 25cm의 크기로 잘라서 준비한다.
2. 하드보드지에 펠트지를 붙이고, 테두리를 바느질한다.
3. 앞면에 '여름 과일 씨를 관찰해요'라는 글자를 오려서 코팅한 후 붙인다.
4. 펠트지로 과일(수박, 포도, 복숭아, 참외 등)의 겉모습과 속모습을 오려서 접었다 폈다 할 수 있도록 바느질하여 붙인다.
5. 안쪽에 실제 씨를 말려서 플라스틱 용기에 담아 붙인다.
6. 과일의 이름 글씨를 오려서 코팅하여 붙인다.
7. 관찰판에 구멍을 뚫어서 돋보기를 실로 연결한다.

〈관찰일지〉
1. 과일의 겉모습을 컬러로 인쇄하여 준비한다.
2. 인쇄한 그림 옆에 속모습을 관찰하여 그릴 수 있는 공간을 마련한다.
</td></tr>
</table>

<table>
<tr><th>생활주제</th><th>여름</th></tr>
<tr><td>제작 시 유의점</td><td>• 과일 씨를 직접 구해서 관찰판에 붙여 꾸민다. 실제로 과일 씨를 구하기 어려울 경우 사진이나 클레이 등을 이용하여 최대한 비슷하게 제작한다.</td></tr>
<tr><td>활동방법</td><td>[도입]
1. 여름 과일을 본 경험에 대해 이야기 나눈다.
– 여름에 많이 볼 수 있는 과일에는 어떤 것이 있니?
– 여름 과일을 먹어 본 경험이 있니?

2. 돋보기를 사용해 여름 과일의 겉모습을 관찰한다.
– 여름 과일들은 어떻게 생겼니?
– 눈으로 보는 것 말고 어떤 것을 활용하면 과일을 좀 더 자세히 볼 수 있을까?
– 돋보기를 사용해 겉모습을 자세히 관찰해 보자.

[전개]
3. 교구로 만든 과일을 소개하고, 과일 내부의 씨를 좀 더 자세히 관찰해 본다.
– 선생님이 다양한 과일 모양을 준비해 왔어.
– 과일을 열어서 안에 있는 씨를 관찰해 보도록 하자.
– 씨의 모양은 어떻게 생겼니?

4. 관찰한 내용을 관찰일지에 작성한다.
– 관찰한 과일의 모습을 관찰일지에 그려 보자.
– 과일의 특징을 설명하는 글도 써 보자.

5. 작성한 관찰일지를 친구들에게 소개한다.
– 자신이 그리고, 내용을 적은 관찰일지를 친구들에게 소개해 보자.

[마무리]
6. 활동을 평가한다.
– 과일의 겉모습과 속모습을 관찰해 보고, 직접 관찰일지도 써 봤는데 어땠니?
– 가장 기억에 남는 것은 무엇이니?
– 새롭게 알게 된 것을 무엇이니?</td></tr>
<tr><td>연계 및 확장활동</td><td>• 관찰한 과일을 이용해 만들 수 있는 요리를 알아보고 직접 만들어 본다.
• 돋보기 외에 관찰에 필요한 다양한 도구를 조사해 본다.</td></tr>
<tr><td>활동의 유의점</td><td>• 실제 과일을 제공하여 함께 비교해 본다.</td></tr>
</table>

[활동 6] 가게놀이

생활주제	동식물과 자연		
활동유형	역할	대상 연령	만 4세
활동목표	• 가게에서 볼 수 있는 물건과 돈에 관심을 가진다. • 가게놀이를 통해 물건을 사고파는 방법을 익힌다. • 주어진 역할에 충실하며 즐겁게 가게놀이 활동을 한다.		
누리과정 관련 요소	• 자연탐구 〉 자연과 더불어 살기 〉 생명과 자연환경을 소중히 여기기 • 자연탐구 〉 생활 속에서 탐구하기 〉 물체를 세어 수량을 알아보기 • 예술경험 〉 창의적으로 표현하기 〉 극놀이로 경험이나 이야기를 표현하기		
활동자료	배경, 가게 물건, 돈 모형, 목걸이 지갑		
준비물	우드락, 펠트지(흰색, 빨간색, 갈색, 상아색, 주황색, 회색), 벨크로, 코팅지, 돈 모양 도면, 하드보드지, 단추, 지끈, 바구니, 동물 머리띠, 색지		
제작방법	**〈가게판, 물건〉** 1. 우드락을 반으로 자른다. 2. 자른 우드락에 펠트지를 붙여 배경판(가게)을 만든다. 3. 색색의 펠트지로 각각 사과 · 복숭아 · 버섯 · 당근 · 생선 등의 도안을 오린다. 4. 오린 펠트지를 바느질해 솜을 채운다. 5. 완성된 가게 물건 모형에 벨크로를 붙인 후 배경판에 붙인다. 6. 물건 가격표를 코팅해 우드락에 붙여 배경판에 붙인다.   		

<table>
<tr><th>생활주제</th><th>동식물과 자연</th></tr>
<tr><td>제작방법</td><td>〈지갑〉
1. 펠트지를 지갑 모형으로 자른다.
2. 오린 펠트지를 바느질하고, 양쪽 끝에 끈을 단다.
3. 앞부분에 단추를 달아 완성한다.
  </td></tr>
<tr><td>제작 시 유의점</td><td>• 배경판에 잘 붙을 수 있도록 찍찍이의 크기를 조절한다.
• 솜이 밖으로 빠져나오지 않도록 촘촘하게 바느질한다.
• 유아들이 계산하기에 적합한 돈의 단위를 정한 후 제작한다.</td></tr>
<tr><td>활동방법</td><td>[도입]
1. ‘시장놀이’ 노래를 불러 주의를 집중시킨다.
– 동물나라에 살고 있는 사슴 친구가 우리 친구들에게 편지를 보냈어. 편지내용을 들어 볼까?

사슴의 편지

친구들에게
친구들아 안녕? 난 동물나라에 살고 있는 사슴이야.
나는 시장에서 물건을 팔고 있어.
근데 오늘 우리 엄마가 너무 편찮으셔서 시장에 못 나갈 것 같아.
우리 친구들이 나를 대신해서 물건을 팔아 줄 수 있니?
그리고 팔고 있는 물건들을 사 주는 친구들이 있었으면 좋겠어.
내 부탁을 들어주겠니?

– 사슴 친구를 위해서 대신 시장에 나가서 물건을 팔아 주고 물건을 사 줄 수 있을까?</td></tr>
</table>

생활주제	동식물과 자연
활동방법	**[전개]** 2. 돈에 대한 개념과 함께 가게에서 물건을 사 본 경험을 이야기한다. – 돈은 언제 사용하는 것인지 알고 있니? – 물건을 사 본 적 있니? 물건을 사러 가게에 갔을 때 어떤 것들을 보았니? 3. 시장놀이를 할 팀을 구성한 후 손님과 주인의 역할을 설명한다. – 사슴 친구를 도와주기 위해서 가게 주인이 될 친구와 손님이 될 친구들을 정해 볼 거야. (제비뽑기를 해서 6~7명씩 한 조를 이루어 총 3개 조로 나누고, 각 조에 1명은 가게 주인 역할을, 나머지는 손님 역할을 맡는다.) 4. 본격적으로 가게놀이를 시작한다. – 주인과 손님에게는 어떤 물건이 필요할까? – 주인이 된 친구들은 뭐라고 말하면 좋을까? 어떤 일을 해야 할까? – 손님이 된 친구들은 뭐라고 말하면 좋을까? 어떤 일을 해야 할까? – 역할을 나누어 가게놀이를 시작해 보자. **[마무리]** 5. 활동을 회상하고 평가하며 마무리한다. – 친구들이 직접 가게 주인과 손님이 되어 사슴의 가게에서 가게놀이를 해 보았는데 어땠니? – 어떤 점이 재미있었니? 아쉬운 점은 없었니? – 가게에서 어떤 물건들을 볼 수 있었니? – 물건을 살 때 사용한 것은 무엇이니?
연계 및 확장활동	• 어린이 교통 박물관에 가서 직접 교통기관을 운전해 보고, 길을 건너는 체험을 해 본다. • 다양한 교통표지판이 의미하는 내용에 대해 조사해 본다.
활동의 유의점	• 정해진 자리와 순서를 잘 지키도록 주의시킨다. • 순서를 기다리는 아이들이 지루해하지 않도록 중간중간 질문을 해 참여를 유도한다. • 주어진 역할에 불만을 갖지 않도록 미리 약속한다.

[활동 7] 과일가게에 놀러 오세요

생활주제	가을		
활동유형	역할	대상 연령	만 3세
활동목표	• 가을에 먹는 과일의 종류를 안다. • 과일에 맞는 글자를 찾을 수 있다. • 자유롭게 역할놀이를 할 수 있다.		
누리과정 관련 요소	• 사회관계 〉 더불어 생활하기 〉 친구와 서로 도우며 사이좋게 지내기 • 자연탐구 〉 자연과 더불어 살기 〉 주변의 동식물에 관심 가지기		
활동자료	과일 모형(사과 · 배 · 밤 · 감), 과일 이름 표지판, 장바구니, 작은 상자, 돈 모형		
준비물	펠트지(빨간색, 초록색, 노란색, 주황색, 갈색, 검은색, 황토색, 분홍색 등), 가위, 본드, 바늘, 실, 색지, 이쑤시개		
제작방법	1. 펠트지를 과일 모양으로 자르고 안에 솜을 넣어 바느질한다. 2. 펠트지를 이용해서 과일 이름을 오려서 준비하고, 색지를 사다리꼴 모양으로 잘라 코팅한 후 그 위에 글자를 붙인다. 3. 준비한 표지판을 이쑤시개를 활용하여 작은 상자에 붙여 세운다. 4. 펠트지를 이용하여 과일을 담을 장바구니를 만들고 색지로 꾸민다.    		
제작 시 유의점	• 코팅한 지폐 모서리를 날카롭지 않게 마감한다.		

생활주제	가을
활동방법	[도입] 1. 가을에 자주 먹는 과일에는 어떤 것들이 있는지 이야기 나눈다. – 가을에 자주 먹는 과일에는 어떤 것들이 있니? 2. 과일가게에 가 본 경험을 이야기 나눈다. – 과일가게에 가 본 적 있니? – 과일가게에는 어떤 과일이 있었니? – 과일가게에는 누가 있었니? [전개] 3. 과일가게에 갈 때 필요한 준비물에 대해 이야기 나눈다. – 과일가게에 가려면 무엇을 가지고 가야 할까? 4. 과일가게 놀이를 하기 위해 필요한 재료에 대해 알아본다. – 과일가게 놀이를 하려면 무엇을 준비하면 좋을까? 5. 이야기 나눈 것을 바탕으로 각자의 역할을 나누고 역할놀이를 시작한다. – 과일가게 놀이를 하려면 어떤 역할이 필요할까? [마무리] 6. 활동을 평가한다. – 과일가게 놀이를 해 보았는데 어땠니? – 재미있었던 점은? 힘들었던 점은 없었니? – 한 번 더 놀이를 한다면 해 보고 싶은 역할이 있니?
연계 및 확장활동	• 과일가게 놀이에 필요한 소품을 재활용품을 활용해 만들어 본다. • 과일농장을 직접 방문하여 전문가 인터뷰를 해 본다. • 과일 이외에 가을에 수확하는 다른 열매에 대해 조사해 본다.
활동의 유의점	• 유아들이 다양한 역할을 경험할 수 있는 기회를 제공한다. • 돈을 주고받을 때 어려움이 없도록 도움을 준다.

(3) 음악(새노래, 악기 연주, 신체표현) / 게임

[활동 1] 리듬악기 노래

[활동 2] 건너가는 길

[활동 3] 몸으로 말해요

[활동 4] 나는 무엇일까요?

[활동 5] 건강한 위, 건강하지 않은 위

[활동 6] 동물 과녁 맞혀요

[활동 7] 낚시놀이

[활동 8] 미니 농구

[활동 9] 명화 꼬리잡기

[활동 10] 나는 누구일까요?

[활동 1] 리듬악기 노래

생활주제	즐거운 유치원(어린이집)		
활동유형	음악(새노래, 악기 연주)	대상 연령	만 4세
활동목표	• 여러 가지 악기의 특성을 탐색해 본다. • 악기를 박자에 맞추어 연주해 볼 수 있다. • 악기를 올바르게 사용하는 태도를 기른다.		
누리과정 관련 요소	• 예술경험 〉 창의적으로 표현하기 〉 악기로 소리와 리듬 만들기 • 사회관계 〉 더불어 생활하기 〉 친구와 서로 도우며 사이좋게 지내기 • 자연탐구 〉 생활 속에서 탐구하기 〉 도구와 기계에 관심 가지기		
활동자료	가사판, 큰북, 작은북, 캐스터네츠, 탬버린, 트라이앵글		
준비물	하드보드지, 색지, 시트지, 악기 그림, 풀, 가위, 가사		
제작방법	1. 하드보드지에 색지를 붙인다. 2. 가사를 오려서 붙인다. 3. 그 위에 투명 시트지를 씌운다. 4. 악기 그림자료를 오려서 코팅한 후 뒷면에 찍찍이를 붙인다. 5. 가사 옆에 찍찍이를 붙여서 악기 그림자료를 붙였다 떼었다 할 수 있도록 한다.  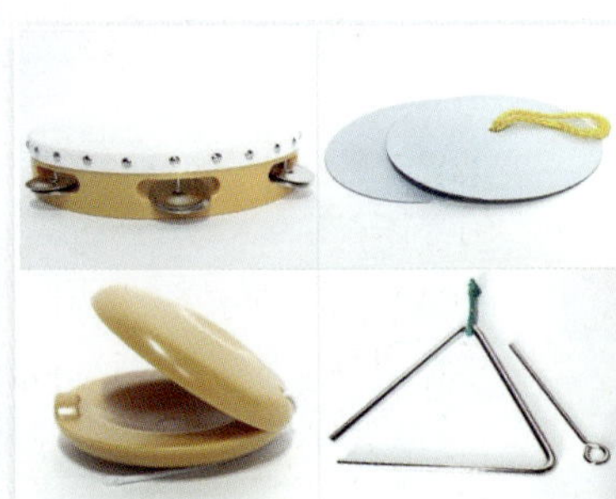		
제작 시 유의점	• 가사 옆에 악기 그림을 붙일 수 있도록 공간을 남겨 둔다. • 가사 옆에 악기 그림자료를 붙여 유아들이 어느 부분에서 어떤 악기를 연주해야 하는지 알 수 있도록 한다.		

생활주제	즐거운 유치원(어린이집)
활동방법	[도입] 1. 노래 가사에 나오는 악기를 소개한다. – 이 노래에 어떤 악기들이 나왔니? – 연주해 본 경험이 있니? 2. 악기를 탐색한다. – 이 악기는 어떤 소리가 날까? – 어떻게 연주해야 소리가 잘 날까? [전개] 3. 어떤 부분에서 어떤 악기를 어떻게 연주할 것인지 이야기한다. – 후렴 부분에서는 다 함께 연주해 볼까? 4. 가사판에 악기 그림자료를 붙여 준다. 5. 악기를 나누어 주고 가사판을 보며 다 함께 리듬악기 합주를 해 본다. [마무리] 6. 활동을 평가한다. – 어떤 부분에서 연주하는 것이 재미있었니? 어려웠니? – 함께 합주해 보니 어떤 기분이 들었니?
연계 및 확장활동	• 악기 연주가 익숙해지면 다른 악기를 추가할 수 있다. • 가사판 옆에 기호로 표시해 주어 역할을 나누거나 강약을 조절하여 합주해 볼 수 있다.
활동의 유의점	• 악기를 소중히 다룬다.

[활동 2] 건너가는 길

<table>
<tr><th>생활주제</th><th colspan="3">교통기관</th></tr>
<tr><td>활동유형</td><td>음악(새노래)</td><td>대상 연령</td><td>만 5세</td></tr>
<tr><td>활동목표</td><td colspan="3">• 노래 '건너가는 길'의 가사를 이해할 수 있다.
• 반복해서 멜로디를 익히고, 즐겁게 노래를 부를 수 있다.
• 교통규칙을 올바르게 지키는 습관을 기를 수 있다.</td></tr>
<tr><td>누리과정
관련 요소</td><td colspan="3">• 신체운동건강 〉 안전하게 생활하기 〉 교통안전 규칙 지키기
• 예술경험 〉 창의적으로 표현하기 〉 노래를 즐겨 부르기</td></tr>
<tr><td>활동자료</td><td colspan="3">가사판, 신호등</td></tr>
<tr><td>준비물</td><td colspan="3">융판, 색지, 가사 인쇄물, 그림자료(신호등, 뛰어가는 아이, 손을 드는 아이), 벨크로, 음원</td></tr>
<tr><td>제작방법</td><td colspan="3">1. 가사를 복사하여 일정하게 오린 후 색지에 붙여 코팅한다.
2. 그림자료를 오린 후 색지에 붙여 코팅한다.
3. 코팅한 자료 뒷면에 까슬이(벨크로)를 붙인다.
4. 검은색 색지를 이용하여 신호등판을 만든 후 빨간색, 노란색, 초록색 색지를 원 모양으로 잘라 코팅한다.
5. 하얀색 색지를 이용하여 사람 모형을 만들어 코팅한다.

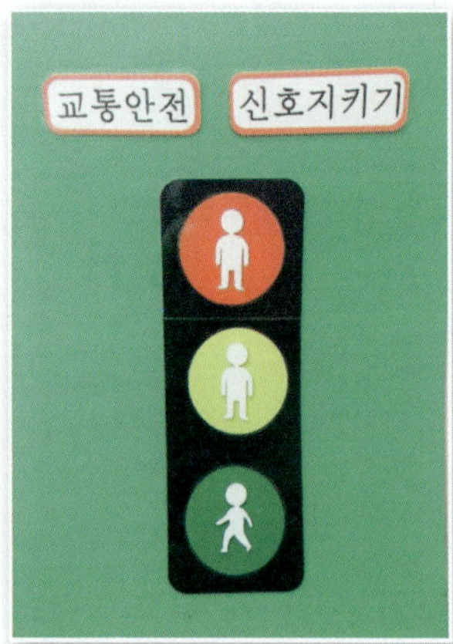
</td></tr>
<tr><td>제작 시
유의점</td><td colspan="3">• 유아들이 다치지 않도록 코팅한 자료의 끝처리를 깔끔하게 마무리한다.
• 울퉁불퉁하지 않고, 풀 자국이 보이지 않도록 깔끔하게 처리한다.</td></tr>
</table>

<table>
<tr><th>생활주제</th><th>교통기관</th></tr>
<tr><td>활동방법</td><td>[도입]
1. 길을 건너 본 경험에 대해 이야기 나눈다.
– 길을 건너 본 경험이 있니?
– 길을 건널 때 무엇을 주의하면 좋을까?

2. 신호등 자료를 통해 길을 건너는 방법에 대해 알아본다.
– 빨간 불은 무엇을 하라는 표시일까?
– 노란불은 무엇을 하라는 표시일까? 초록불은?
– 신호에 따라 건너지 않으면 어떤 일이 일어날까?

[전개]
3. 노래 ‘건너가는 길’ 가사의 내용을 알아본다.
– 가사를 함께 읽어 보자.
– 어떤 내용이니?

4. ‘건너가는 길’ 노래를 불러 본다.
– 먼저 피아노로 치는 멜로디를 듣고 따라해 보자.
– 선생님이 먼저 한 줄을 부르면, 너희들이 그 다음 줄을 따라 불러 보자.
– 빨강팀이 왼쪽 가사를 부르면, 파랑팀이 오른쪽 가사를 불러 보자.
– 음원을 통해 노래를 처음부터 끝까지 들어 보고, 다 같이 불러 보자.

[마무리]
6. 활동을 평가한다.
– 노래 ‘건너가는 길’을 불러 봤는데 어땠니?
– 재미있었던 점은 무엇이었니? 어렵거나 힘든 점은 무엇이었니?
– 길을 건널 때는 어떻게 하면 좋을까?</td></tr>
<tr><td>연계 및 확장활동</td><td>• 어린이 교통 박물관에 가서 직접 교통기관을 운전해 보고, 길을 건너는 체험을 해 본다.
• 다양한 교통표지판이 의미하는 내용에 대해 조사해 본다.</td></tr>
<tr><td>활동의 유의점</td><td>• 신호등 교구를 활용하여 노래에 대한 동기유발이 잘 이루어지도록 한다.
• 다양한 방법으로 노래를 불러 멜로디가 익숙해지도록 지도한다.</td></tr>
</table>

[활동 3] 몸으로 말해요

생활주제	여름		
활동유형	음악(신체표현)	대상 연령	만 5세
활동목표	• 여름과 관련된 여러 가지 단어를 안다. • 신체를 이용해 단어를 설명해 본다. • 친구들과 협동하여 즐겁게 활동에 참여해 본다.		
누리과정 관련 요소	• 신체운동건강 〉 신체활동 즐기기 〉 실내외 신체활동에 자발적으로 참여하기 • 의사소통 〉 듣기와 말하기 〉 상황에 적절한 단어를 사용하여 말하기 • 사회관계 〉 더불어 생활하기 〉 친구와 서로 도우며 사이좋게 지내기		
활동자료	낱말카드, 주제카드(음식, 놀이, 옷차림, 느낌, 생활도구, 동식물), 게시판, 카드상자		
준비물	하드보드지, 벨크로, 한지, 상자, 색종이, 우드락, 가위, 풀, 코팅기, 코팅지		
제작방법	**〈주제카드〉** 1. 생활주제(여름)를 브레인스토밍해서 나온 여러 가지 단어로 유목화한다. 2. 유목화한 주제를 각각 다른 색으로 인쇄한 후 코팅한다. 3. 단어 뒷면에 아이스크림 막대를 붙인다. **〈낱말카드〉** 1. 단어를 인쇄하고 오린다. 2. 오린 단어 뒤에 주제카드의 색과 같은 색상의 색종이를 붙인다. 3. 코팅 후 오린 뒤 보슬이(벨크로)를 붙인다. 		

<table>
<tr><th>생활주제</th><th>여름</th></tr>
<tr><td>제작방법</td><td>

〈게시판〉
1. 한지를 하드보드지 크기에 맞게 자른다.
2. 하드보드지의 하얀 면에 풀칠을 하고, 한지를 붙인 다음 시트지로 감싼다.
3. 낱말카드의 간격을 고려하여 8개의 까슬이(벨크로)를 붙인다.
4. 코팅한 색종이를 깃발 모양으로 만들고 각 판 뒤에 붙인다.

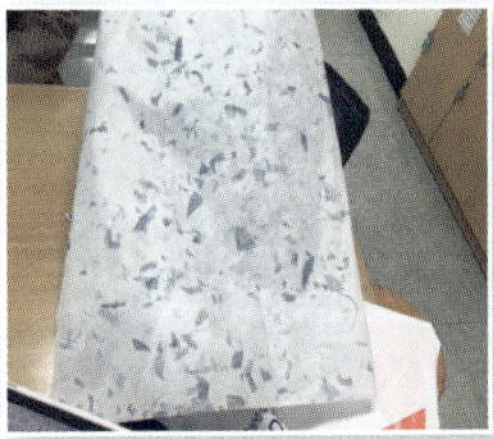

〈카드 상자〉
1. 카드의 가로, 세로 크기를 고려하여 우드락을 자른다.
(긴 면 3개, 정사각형 4개를 한 세트로 총 2세트를 만든다.)
2. 바깥쪽에 하늘색 한지를 붙인다.
3. 각 칸 앞쪽에 코팅한 주제카드를 붙인다.

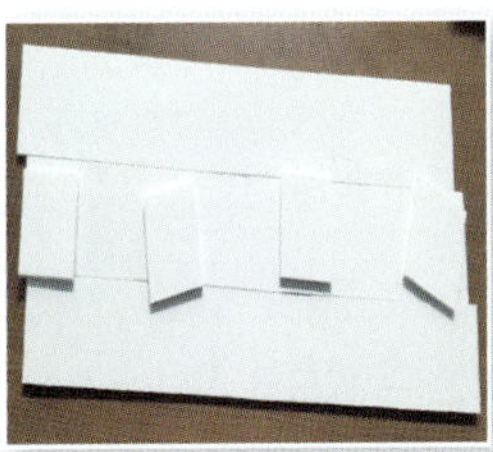

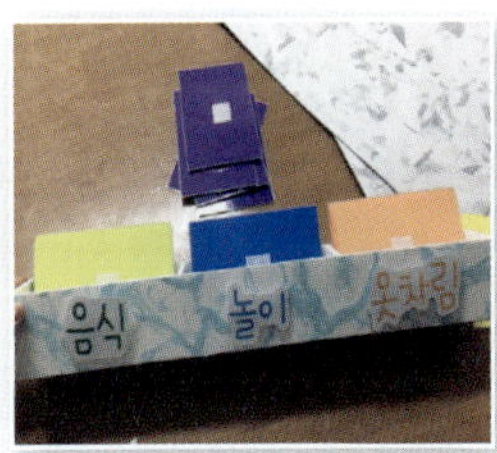

</td></tr>
<tr><td>제작 시 유의점</td><td>• 큰 주제카드와 각 낱말카드의 색지를 동일하게 한다.
• 게시판에 까슬이(벨크로)를 붙일 때 낱말카드가 겹치지 않도록 주의한다.</td></tr>
</table>

<table>
<tr><th>생활주제</th><th>여름</th></tr>
<tr><td>활동방법</td><td>

[도입]

1. 수박 파티 손유희로 주의집중을 한다.

2. 지난 시간에 이야기 나누었던 것을 회상한다.
   - 우리가 지난 시간에 여름하면 떠오르는 것들에 대해 이야기 나누었던 거 기억하니?
   - 이야기했던 단어 중에 비슷한 단어들을 음식, 놀이, 옷차림으로 묶어서 낱말카드로 준비해 왔어.
   - 여름과 관련된 낱말들을 각각의 통에 5개씩 넣어 두었어.

[전개]

3. 게임방법과 규칙에 대해 설명한다.
   - 여기 글자가 들어 있는 상자를 가져왔는데 이것으로 무엇을 할 것 같니?
   - 게임방법에 대해 알아보자.
   - 재미있는 게임을 하기 위해 어떤 규칙을 지켜야 할까?

〈게임방법〉

① 준비한 폼폼이를 뽑아서 빨간팀, 파란팀으로 나눈다.
② 한 팀에 1명씩 순서대로 앞에 나와서 카드 중 몸으로 표현하고 싶은 주제(음식, 놀이, 옷차림, 느낌, 생활도구, 동식물)를 선택한다.
③ 통에 있는 카드를 1장 꺼내서 선생님에게만 살짝 보여 주고, 친구들 앞에서 몸으로 카드의 내용을 설명한다.
④ 다른 친구들이 맞추지 못하면 낱말카드를 제자리에 넣어 두고 자리로 들어간다.
⑤ 몸으로 표현하는 단어를 많이 맞춘 팀이 승리한다.

[마무리]

4. 활동에 대해 평가해 본다.
   - '몸으로 말해요'라는 게임을 해 보았는데 어땠니?
   - 재미있었던 점은 무엇이었니? 가장 기억에 남는 점은 무엇이었니?
   - 어렵거나 힘들었던 점은 무엇이었니?

</td></tr>
<tr><td>연계 및
확장활동</td><td>• 여름과 관련된 단어로 그림을 그리고, 책으로 만들어 본다.
• 소품을 준비하여 과일가게 놀이를 해 본다.</td></tr>
<tr><td>활동의
유의점</td><td>• 활동 기회를 골고루 제공하여 많은 유아가 참여할 수 있도록 한다.
• 적극적으로 신체표현을 할 수 있도록 격려한다.</td></tr>
</table>

[활동 4] 나는 무엇일까요?

생활주제	생활도구		
활동유형	신체표현	대상 연령	만 4세
활동목표	• 화장실에서 사용하는 생활도구의 종류와 특징을 알아본다. • 생활도구 그림을 보고 활용방법을 신체로 표현해 본다. • 친구들과 상호작용하며 적극적으로 활동에 참여한다.		
누리과정 관련 요소	• 신체운동건강 〉 신체활동 즐기기 〉 신체를 인식하고 움직이기 • 의사소통 〉 듣기와 말하기 〉 자신의 경험, 느낌, 생각 말하기 • 사회관계 〉 더불어 생활하기 〉 친구와 서로 도우며 사이좋게 지내기		
활동자료	뽑기 상자, 뽑기 캡슐, 생활도구 그림		
준비물	하드보드지 3장, 휴지심, 글루건, 칼, 가위, 목공풀, 자, OHP 필름, 뽑기 캡슐, 페트병, 사과 통		
제작방법	**〈뽑기 상자〉** 1. 하드보드지 2장을 준비한 후 맨 밑부분(38cm)을 칼로 잘라 주고, 세로 부분(40cm)은 칼집을 내 준다. 2. 칼집을 낸 부분을 기준으로 왼쪽은 25cm, 오른쪽은 14cm로 맞춰 주고, 구부린다. 3. 메인 화면이 될 큰 네모는 가로 20cm, 세로 19.5cm의 크기로 자르고, 원은 휴지심을 대고 그려 준다. 캡슐이 나올 작은 네모는 가로 12cm, 세로 9cm로 잰 다음 칼로 자른다.  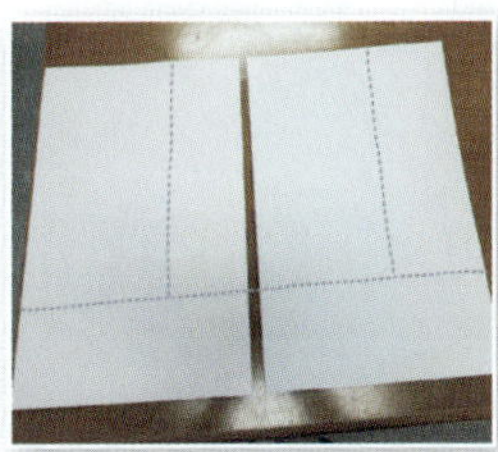 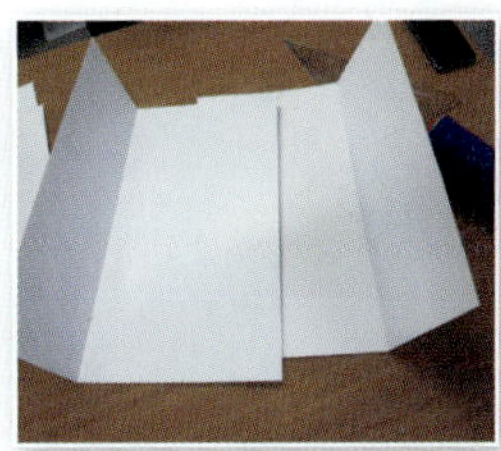 4. 글루건이나 목공풀을 이용해 연결하여 통을 만들고, 중간 벽이 고정되도록 글루건을 이용해서 붙인다.		

생활주제	생활도구
제작방법	5. 뚜껑은 가로(25.2cm), 세로(12.2cm)로 붙여 만들고 펠트지로 감싼다.   6. 뚜껑이 있는 페트병의 중간 부분을 캡슐이 들어갈 만한 크기로 잘라 구멍을 낸다. 이 페트병의 뚜껑이 상자 밖으로 나올 수 있도록 안쪽에서 끼워 넣는다. 페트병을 끼워 넣은 후 상자 밖으로 나온 뚜껑을 잡고 잘 돌아가는지 돌려 본다.    7. 메인 화면에 OHP 필름을 붙여 완성한다.   〈뽑기 캡슐〉 1. 종이에 생활도구 도안을 코팅한 카드를 캡슐 크기에 맞게 잘라 넣는다. 2. 캡슐에 카드를 넣고 사과 통에 넣는다.   

생활주제	생활도구
제작 시 유의점	• 코팅된 카드의 모서리가 날카롭지 않게 한다. • 돌리는 부분이 부드럽게 돌아가도록 한다. • 칼을 사용할 때 손을 다치지 않도록 조심한다.
활동방법	**[도입]** 1. 화장실 사진을 준비해 지난 수업시간을 회상한다. – 지난 시간에 무엇에 대해 알아봤지? – 지난 시간에 우리가 알아본 생활도구에 대해 알아보자. 2. 준비한 뽑기 통을 보여 주며, 사용방법을 알아본다. – (뽑기 통을 보여 주며) 어떻게 사용하는 걸까? – 1명씩 나와서 손잡이를 돌려 뽑기 통에서 캡슐을 뽑아 보자. – 말이 아닌 행동으로 사과 모양 캡슐 안에 들어 있는 카드에 그려진 것이 무엇인지 친구들에게 문제를 내어 보자. **[전개]** 3. 사과 모양 캡슐 안에 든 생활도구(샴푸, 비누, 칫솔, 수건, 샤워기, 수도꼭지, 컵, 변기 등) 그림을 뽑아서 신체표현을 통해 설명해서 친구들이 맞혀 보도록 한다. – ○○이(가) 나와서 사과를 뽑고, 친구들에게 보이지 않게 한 다음 몸으로 문제를 내 보자. 4. 캡슐에 들어 있었던 생활도구를 사용하는 장소에 대해 이야기 나눈다. – 어떤 생활용품이 나왔지? – 무엇을 할 때 쓰는 물건들일까? **[마무리]** 4. 활동을 평가한다. – 생활도구를 사용하는 모습을 몸으로 표현해 보니 어땠니? – 재미있었던 점은 무엇이니? 어렵거나 힘들었던 점은 무엇이니? – 옛날 사람들이 사용했던 생활도구에 대해서도 알아보면 어떨까?
연계 및 확장활동	• 유치원(어린이집)에 있는 생활도구를 조사해 본다. • 옛날과 오늘날의 생활도구를 비교해 본다.
활동의 유의점	• 손이 캡슐에 끼지 않도록 주의한다. • 순서를 지키고 손을 들고 답을 말하게 한다. • 문제를 내는 유아가 답이 무엇인지 모를 경우 살짝 힌트를 준다.

[활동 5] 건강한 위, 건강하지 않은 위

<table>
<tr><th>생활주제</th><th colspan="3">소중한 가족</th></tr>
<tr><td>활동유형</td><td>게임</td><td>대상 연령</td><td>만 4세</td></tr>
<tr><td>활동목표</td><td colspan="3">• 위의 기능과 구조에 대해 알 수 있다.
• 몸에 좋은 음식과 좋지 않은 음식을 분류할 수 있다.
• 편식하지 않고 골고루 먹는 식습관을 기를 수 있다.</td></tr>
<tr><td>누리과정 관련 요소</td><td colspan="3">• 자연탐구 〉 탐구과정 즐기기 〉 궁금한 것을 탐구하는 과정에 즐겁게 참여하기
• 신체운동건강 〉 건강하게 생활하기 〉 몸에 좋은 음식에 관심을 가지고 바른 태도로 즐겁게 먹기</td></tr>
<tr><td>활동자료</td><td colspan="3">앞치마 모양, 위 모형, 다양한 음식 모형(배추, 가지, 당근, 오이, 우유, 생선, 토마토, 바나나, 아이스크림, 사탕, 튀긴 감자, 치킨, 피자)</td></tr>
<tr><td>준비물</td><td colspan="3">벨크로, 펠트지(진한 갈색, 살구색, 빨간색, 노란색, 파란색, 초록색, 주황색, 흰색, 보라색), 실, 바늘, 글자, 코팅지</td></tr>
<tr><td>제작방법</td><td colspan="3">1. 펠트지를 앞치마 모양으로 자르고, 그 위에 위 모형을 붙인다. 이와 같은 것을 2개 만든다.
2. 위 모형 위에 보슬이(벨크로)를 붙인다.
3. 펠트지로 음식 모형을 자르고, 솜을 넣어 바느질한다.
4. ‘건강한 위’에 붙일 음식 모형 뒤에는 빨간색 표시를, ‘건강하지 않은 위’에 붙일 음식 모형 뒤에는 파란색 표시를 하여 구분한다.
5. 음식 모형 뒤에 까슬이(벨크로)를 붙인다.
</td></tr>
<tr><td>제작 시 유의점</td><td colspan="3">• 음식자료가 잘 붙을 수 있도록 제작한다.</td></tr>
</table>

<table>
<tr><th>생활주제</th><th>소중한 가족</th></tr>
<tr><td>활동방법</td><td>

[도입]
1. 그림을 보며 위의 기능과 특징에 대해 이야기 나눈다.
– (위 그림을 보여 주며) 이 그림이 무엇인지 알고 있니?
– 이것은 우리 몸에서 무슨 일을 할까?
– 빈 주머니 같이 생겼는데 우리가 먹은 음식을 잠시 저장하고 소화하는 역할을 해.
– 건강에 좋고 위가 좋아하는 음식과 건강에 좋지 않고 위가 싫어하는 음식에 대해 알아 보자.

[전개]
2. 활동방법과 규칙을 설명해 준다.
– 게임을 하기 전에 어떤 약속을 지키면 좋을까?

〈활동방법〉
① 가위바위보를 해서 두 팀으로 나눈다.
② 각 팀에서 1명씩 나와 ‘건강한 위’, ‘건강하지 않은 위’라는 앞치마를 착용한다.
③ 2명의 친구가 나와서 1명은 건강에 좋은 음식, 1명은 건강에 좋지 않은 음식을 고른다.
④ 고른 음식을 ‘건강한 위’, ‘건강하지 않은 위’라는 앞치마를 하고 있는 친구에게 가서 붙인다.
⑤ 다른 친구들이 맞게 붙였는지 확인해 주고, 잘못 붙였으면 다시 붙이도록 말해 준다.

3. 게임을 한다.

[마무리]
4. 정리 후 활동에 대해 평가한다.
– 친구들이 생각한대로 올바르게 붙였니?
– 기억에 남거나 재미있었던 점은 무엇이니?
– 건강한 몸을 유지하기 위해 어떤 음식을 먹어야 할까?

</td></tr>
<tr><td>연계 및
확장활동</td><td>• 몸에 좋은 음식을 직접 요리해서 친구들과 함께 나누어 먹는다.
• 우리 몸에 필요한 영양소에 대해 알아본다.</td></tr>
<tr><td>활동의
유의점</td><td>• 붙인 모형들이 제대로 붙여졌는지 확인하기 위해 음식 모형 뒷면의 색을 보고 스스로 수정할 수 있도록 한다.</td></tr>
</table>

[활동 6] 동물 과녁 맞혀요

<table>
<tr><th>생활주제</th><th colspan="3">동식물과 자연</th></tr>
<tr><td>활동유형</td><td>게임</td><td>대상 연령</td><td>만 3세</td></tr>
<tr><td>활동목표</td><td colspan="3">• 여러 가지 동물에 관심을 갖는다.
• 신체를 조절하여 공을 굴려 과녁에 붙일 수 있다.
• 친구들과 함께 즐겁게 활동에 참여한다.</td></tr>
<tr><td>누리과정 관련 요소</td><td colspan="3">• 신체운동건강 〉 신체활동 즐기기 〉 신체 움직임 조절하기
• 자연탐구 〉 탐구과정 즐기기 〉 주변 세계와 자연에 대해 지속적으로 호기심 가지기</td></tr>
<tr><td>활동자료</td><td colspan="3">동물 과녁판 2개, 공 2개</td></tr>
<tr><td>준비물</td><td colspan="3">하드보드지, 펠트지(초록색, 노란색, 주황색, 갈색, 검은색, 황토색, 분홍색, 하늘색 등), 가위, 본드, 바늘, 실, 공</td></tr>
<tr><td>제작방법</td><td colspan="3">〈과녁판〉
1. 하드보드지를 지름 50cm 크기의 원으로 자른다.
2. 악어, 기린, 곰, 호랑이, 토끼를 나타내기 위해 바깥쪽 원부터 5cm씩 작아지도록 펠트지를 원 모양으로 잘라서 순서대로 붙인다.
3. 동물의 특징을 나타내도록 무늬를 꾸민다.

〈공〉
• 공을 다양한 색의 펠트지로 감싸고 박음질한다.
</td></tr>
</table>

<table>
<tr><th>생활주제</th><th>동식물과 자연</th></tr>
<tr><td>제작 시
유의점</td><td>• 과녁판의 간격을 동일하게 만든다.
• 바느질을 꼼꼼하게 해서 솜이 밖으로 나오지 않도록 한다.</td></tr>
<tr><td>활동방법</td><td>[도입]
1. 노래 '작은 동물원'을 부른다.

2. 동물원에 다녀온 것을 회상해 본다.
– 어제 동물원에 갔었는데 가장 기억에 남는 동물은 무엇이니?

[전개]
3. '동물 과녁 맞히기' 게임방법에 대해 이야기 나눈다.
– 과녁판은 어떤 모양이니?
– 이 과녁판과 공으로 어떤 놀이를 할 수 있을까?
– 게임방법을 알아보자.

〈게임방법〉
① 과녁판을 교실 바닥에 배치한다.
② 정해 놓은 선 앞에 두 팀으로 나누어 차례로 서서 기다린다.
③ 순서가 되면 공을 과녁판을 향해 굴린다.
④ 공이 멈춘 지점을 보고 점수를 기록한다.
⑤ 토끼는 5점, 호랑이는 4점, 곰은 3점, 기린은 2점, 악어는 1점으로 계산한다.

4. 게임을 하기 전에 약속을 정한다.
– 게임을 하기 전에 지켜야 할 약속에는 무엇이 있을까?
– 던진 공이 과녁에 맞지 않고 다른 곳으로 가면 어떻게 해야 할까?

5. 게임 '동물 과녁 맞히기'를 한다.

[마무리]
6. 활동을 평가한다.
– 과녁 맞히는 활동을 해 보았는데 어땠니?
– 재미있었던 점은 무엇이니?
– 어렵거나 힘들었던 점은 무엇이니?
– 다른 방법으로 게임을 한다면 어떤 방법으로 해 보고 싶니?</td></tr>
<tr><td>연계 및
확장활동</td><td>• 실외 놀이터로 나가서 과녁에 공을 던져서 맞히는 놀이를 해 본다.
• 게임에 등장했던 동물이 나오는 동화를 조사해 본다.</td></tr>
<tr><td>활동의
유의점</td><td>• 실내 활동이므로 공을 던지지 말고 굴려서 활동에 참여하도록 약속을 정한다.
• 점수를 합산할 때 시각적으로 표현할 수 있는 점수판을 함께 이용해 도움을 주도록 한다.</td></tr>
</table>

[활동 7] 낚시놀이

생활주제	동식물과 자연		
활동유형	게임	대상 연령	만 3세
활동목표	• 여러 가지 바닷속 생물에 대해 관심을 갖는다. • 낚시놀이를 하며 소근육, 눈과 손의 협응력을 발달시킨다. • 생명체를 탐구하는 적극적인 태도를 갖는다.		
누리과정 관련 요소	• 자연탐구 〉 자연과 더불어 살기 〉 생명과 자연환경 소중히 여기기 • 신체운동건강 〉 신체활동 즐기기 〉 신체를 인식하고 움직이기 • 신체운동건강 〉 신체활동 즐기기 〉 신체움직임을 조절하기		
활동자료	낚시판, 여러 가지 물고기, 낚싯대		
준비물	펠트지, 솜, 실, 바늘, 글루건, 눈알 모형, 자석, 클립, 벨크로 등		
제작방법	〈물고기〉 1. 펠트지에 물고기 모양의 도안을 그린 후 오린다. 2. 물고기 모양대로 오린 것 2장을 겹쳐 바느질하고 그 안에 솜을 채워 넣는다. 3. 물고기 모양 위쪽에 글루건으로 클립을 붙이고 바느질로 마무리한다. 4. 물고기 얼굴 쪽에 눈알 모형을 붙인다. 〈낚싯대〉 1. 펠트지에 낚싯대 모양의 도안을 그린 후 오린다. 2. 낚싯대 모양 2장을 겹쳐 그 안에 솜을 넣고 바느질을 하다가 끝부분에 줄을 넣고 바느질을 마무리한다. 3. 줄 끝부분에는 자석을 넣은 펠트를 바느질로 이어 붙인다. 〈낚시판〉 1. 접어서 보관할 수 있도록 하드보드지를 반으로 칼집을 낸 후 그 위에 큰 펠트지를 덧댄다. 2. 바깥 부분은 벌어지지 않도록 벨크로를 붙여 준다.  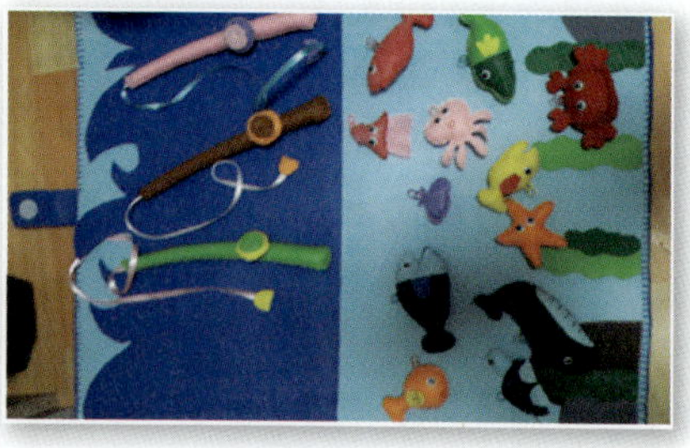		

생활주제	동식물과 자연
제작 시 유의점	• 잘 붙지 않을 수 있으므로 자석을 감쌀 때 너무 두꺼운 재료를 사용하지 않는다. • 낚싯줄이 떨어지지 않도록 낚싯대에 단단히 고정시킨다.
활동방법	[도입] 1. 바닷속 생물에 대해 이야기 나눈다. – 바닷속에는 무엇이 살고 있을까? – 바닷속 물고기들을 본 적 있니? [전개] 2. 낚싯대의 어느 부분을 이용해야 물고기가 붙는지 탐색해 본다. – 낚시를 해 본 적 있니? – 물고기가 이 낚싯대의 어느 부분을 물어야 잡힐까? 3. 낚싯대로 물고기를 잡는 게임을 진행한다. – 팀을 나누어 낚싯대로 물고기를 잡아 보자. [마무리] 4. 활동을 평가한다. – 가장 재미있었던 점은 무엇이니? – 더 필요한 건 무엇이니? – 어려운 점은 없었니?
연계 및 확장활동	• 수수께끼를 내서 해당되는 물고기를 잡는 게임을 할 수 있다. • 잡은 물고기 수를 세는 활동을 할 수 있다.
활동의 유의점	• 자석을 손으로 움직여 물고기를 잡지 않도록 한다.

[활동 8] 미니 농구

<table>
<tr><th>생활주제</th><th colspan="3">동식물과 자연</th></tr>
<tr><td>활동유형</td><td>게임</td><td>대상 연령</td><td>만 3세</td></tr>
<tr><td>활동목표</td><td colspan="3">• 농구 골대에 공을 넣어 보며 즐겁게 활동한다.
• 신체조절능력을 키운다.
• 동물에 관심을 갖고 먹이를 짝지을 수 있다.</td></tr>
<tr><td>누리과정
관련 요소</td><td colspan="3">• 신체운동건강 〉 신체활동 즐기기 〉 신체를 인식하고 움직이기
• 신체운동건강 〉 신체활동 즐기기 〉 실내외 신체활동에 자발적으로 참여하기
• 자연탐구 〉 자연과 더불어 살기 〉 생명과 자연환경을 소중히 여기기</td></tr>
<tr><td>활동자료</td><td colspan="3">동물 농구 골대, 공, 동물 먹이(물고기, 당근, 바나나, 뼈다귀)</td></tr>
<tr><td>준비물</td><td colspan="3">펠트지, 하드보드지, 글루건, 미니 농구 골대, 솜, 바늘, 실 등</td></tr>
<tr><td>제작방법</td><td colspan="3">1. 펠트지를 이용해 동물 얼굴(토끼 · 개 · 원숭이 · 고양이)을 만든다.
2. 하드보드지를 펠트지로 감싸고 그 위에 농구 골대 2개를 붙인 후 벽에 고정시킨다.
3. 각 골대 위에 동물 얼굴을 하나씩 붙인다.
</td></tr>
<tr><td>제작 시
유의점</td><td colspan="3">• 농구 골대를 튼튼하게 고정한다.</td></tr>
</table>

생활주제	동식물과 자연
활동방법	[도입] 1. 동물의 특성과 먹이에 대해 이야기 나눈다. - 이 동물은 무엇이니? - 이 동물이 좋아하는 먹이는 무엇일까? - 여기 있는 먹이와 동물을 짝지어 볼까? [전개] 2. 공과 미니 농구대를 탐색한다. - 농구 골대를 본 적 있니? 어디서 보았니? - 이 공으로 어떻게 놀이할 수 있을까? 3. 공을 미니 농구대에 넣어 본다. 4. 게임으로 진행할 경우, 공을 넣을 때마다 골대 위에 붙어 있는 동물의 먹이를 하나씩 가져온다. [마무리] 5. 활동을 평가한다. - 농구활동을 하면서 어려웠던 점은 무엇이니? - 새롭게 알게 된 것은 무엇이니?
연계 및 확장활동	• 공 던지기에 익숙해지면 농구대 높이를 조절해서 활동해 보고 팀을 나눠 게임활동으로 해 볼 수 있다.
활동의 유의점	• 유아의 손에 닿지 않는 높이에 설치한다. • 공의 무게와 크기를 고려한다.

[활동 9] 명화 꼬리잡기

<table>
<tr><th>생활주제</th><th colspan="3">세계 여러 나라</th></tr>
<tr><td>활동유형</td><td>게임</td><td>대상 연령</td><td>만 5세</td></tr>
<tr><td>활동목표</td><td colspan="3">• 명화의 작가와 작품명, 특징에 대해 알아본다.
• 기억력 게임을 통해 작품과 작가의 짝을 찾아본다.
• 친구와 협동하며 즐겁게 놀이하는 태도를 갖는다.</td></tr>
<tr><td>누리과정 관련 요소</td><td colspan="3">• 예술경험 〉 예술 감상하기 〉 다양한 예술을 감상하며 상상하기를 즐기기
• 사회관계 〉 사회에 관심 가지기 〉 다양한 문화에 관심 가지기
• 사회관계 〉 더불어 생활하기 〉 친구와 도우며 사이좋게 지내기
• 자연탐구 〉 생활 속에서 탐구하기 〉 주변에서 반복되는 규칙 찾기</td></tr>
<tr><td>활동자료</td><td colspan="3">명화카드(고흐의 별이 빛나는 밤, 해바라기, 반 고흐의 방, 피카소의 꿈, 자화상, 인형을 든 마야, 김홍도의 씨름, 서당, 활쏘기), 게임판, 게임용 말, 보관함</td></tr>
<tr><td>준비물</td><td colspan="3">명화카드, 코팅지, 마스킹테이프, 우드락, 펠트지, 두꺼운 도화지, 끈, 나무 틀, 아이클레이</td></tr>
<tr><td>제작방법</td><td colspan="3">〈명화카드〉
1. 명화카드 9장(가로 6cm, 세로 6cm)과 사진자료(게임판과 뒤집기 카드에 사용)를 출력하여 각각 코팅한다.
2. 코팅한 명화카드의 뒷면에 두꺼운 종이를 붙이고, 마스킹테이프로 마무리한다.

〈게임판〉
1. A3 사이즈 우드락에 회색 코튼 펠트지를 붙이고, 뒷면에 두꺼운 도화지를 붙인 후 삼각기둥 형태의 나무(가로 32cm, 세로 44.5cm)를 각각 갈색 코튼 펠트지에 붙인다(가로 34cm, 세로 9.3cm/가로 4.5cm, 세로 9.3cm).
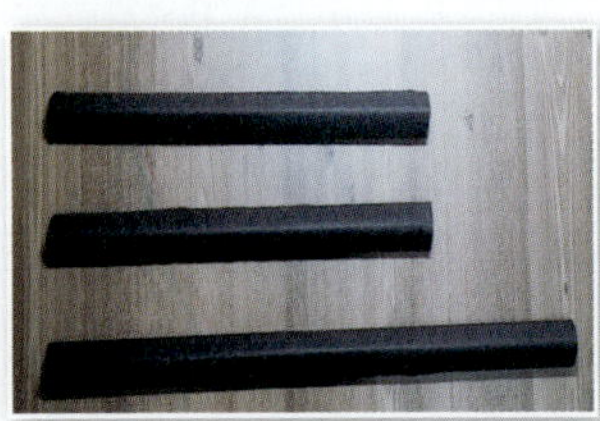 </td></tr>
</table>

<table>
<tr><th>생활주제</th><th>세계 여러 나라</th></tr>
<tr><td>제작방법</td><td>

〈게임용 말〉

• 클레이를 이용해 곰 모양의 게임말 4개와 노란색 코인 모양 동그라미 8개를 만든다.

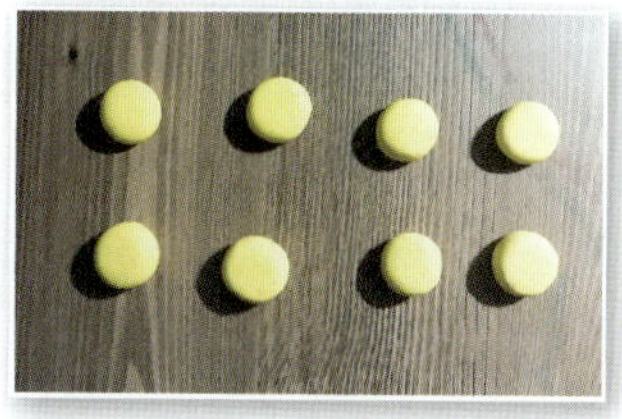

〈보관함〉

1. 부직포를 주머니 모양으로 4개를 자른 후 바느질한다.
2. 게임판 뒷면에 부착한다.

</td></tr>
<tr><td>제작 시
유의점</td><td>

• 코팅한 자료의 모서리가 날카롭지 않도록 둥글게 자른다.
• 부착한 작품들이 떨어지지 않도록 견고하게 붙인다.
• 대상 연령에 적합한 예술작품을 선정한다.

</td></tr>
<tr><td>활동방법</td><td>

[도입]

1. 명화를 본 경험에 대해 이야기 나눈다.
   - 유명한 작가가 그린 그림을 본 적 있니?
   - 어떤 그림이었니?

2. 다양한 명화와 작가에 대해 소개한다.
   - 이 그림은 무엇을 그린 것 같니?
   - 이 그림을 그린 작가는 고흐(김홍도, 피카소)야. 별이 빛나는 밤이라는 그림을 그린 사람이란다.

</td></tr>
</table>

<table>
<tr><th>생활주제</th><th>세계 여러 나라</th></tr>
<tr><td>활동방법</td><td>[전개]
3. 명화를 활용한 게임방법과 순서를 알아본다.
– 명화를 활용한 게임을 준비해 왔는데, 이 자료로 어떤 게임을 할 수 있을까?
– 게임방법과 순서를 알아보자.

〈게임방법〉
① 자신이 사용할 게임말을 정하고, 노란색 동그라미를 2개씩 받는다.
② 게임은 왼쪽 방향으로만 진행한다.
③ 게임판에서 자신 앞에 있는 그림이 무엇인지 보고, 뒤집혀 있는 카드 중에 선택하여 맞추고 전진한다.
④ 친구와 번갈아가며 카드를 뒤집는다.
⑤ 친구의 게임말 바로 뒤까지 왔을 때는 친구 말 앞에 있는 그림카드를 고른다. 친구 앞에 있는 그림카드를 맞추면 친구의 말을 뛰어 넘으면서 동그라미 하나를 받는다.
⑥ 노란색 동그라미 4개를 먼저 모으는 사람이 승리한다.

4. 게임하기 전에 지켜야 할 약속에 대해 이야기 나눈다.
– 게임하기 전에 지켜야 할 약속에는 무엇이 있을까?

5. 게임을 한다.

[마무리]
6. 활동을 평가한다.
– 명화를 이용한 게임을 해 보았는데 어땠니?
– 재미있었던 점은 무엇이니?
– 새롭게 알게 된 점은 무엇이니?</td></tr>
<tr><td>연계 및 확장활동</td><td>• 나만의 명화를 그려 본다.
• 명화에 이어지는 후속 이야기를 꾸미고, 이어서 그려 본다.</td></tr>
<tr><td>활동의 유의점</td><td>• 아이들이 게임형태를 쉽게 이해할 수 있도록 한다.
• 이야기 나누기를 통해 작가나 작품에 대해 사전지식을 습득하고 이해한다.</td></tr>
</table>

[활동 10] 나는 누구일까요?

<table>
<tr><td>생활주제</td><td colspan="3">환경과 생활</td></tr>
<tr><td>활동유형</td><td>게임</td><td>대상 연령</td><td>만 3세</td></tr>
<tr><td>활동목표</td><td colspan="3">• 우리 주변 생활도구의 이름과 쓰임새를 알 수 있다.
• 사물의 이름을 말하고, 장소에 따라 분류할 수 있다.
• 규칙을 지키며 게임을 즐길 수 있다.</td></tr>
<tr><td>누리과정 관련 요소</td><td colspan="3">• 자연탐구 〉 탐구과정 즐기기 〉 주변 세계와 자연에 대해 지속적으로 호기심 가지기
• 의사소통 〉 듣기와 말하기 〉 상황에 적절한 단어를 사용하여 말하기</td></tr>
<tr><td>활동자료</td><td colspan="3">집 모형, 생활도구 모형(샴푸, 냉장고, 선풍기, 다리미, 칫솔, 세탁기, 침대, 밥솥, 청소기, 시계, 텔레비전, 믹서), PPT 자료</td></tr>
<tr><td>준비물</td><td colspan="3">펠트지(검은색, 흰색, 빨간색, 노란색, 파란색, 황토색, 하늘색, 회색, 분홍색), 글루건, 벨크로, 가위, 칼, 풀</td></tr>
<tr><td>제작방법</td><td colspan="3">1. 펠트지를 사용하여 생활도구 모형을 만든다.
2. 하드보드지와 펠트지를 사용하여 집 모형 틀을 만든다.

3. 글루건을 사용해 생활도구 모형 뒷면에 벨크로를 부착한다.
4. PPT를 이용해 사물의 이미지와 배경음악을 첨부한다.
5. 펠트지로 침실, 화장실, 부엌, 거실의 이름을 표시하고, 지붕을 꾸며 마무리한다.

</td></tr>
</table>

<table>
<tr><th>생활주제</th><th>환경과 생활</th></tr>
<tr><td>제작 시 유의점</td><td>• 글루건을 꼼꼼히 붙여서 펠트지가 들뜨지 않도록 유의한다.</td></tr>
<tr><td>활동방법</td><td>[도입]
1. 우리 주변의 사물에 대해 이야기 나눈다.
– 집에서는 주로 어떤 생활도구를 사용하니?
– 일상생활에서 사용되는 생활도구에 대해 알아보자.

[전개]
2. 활동방법과 게임규칙에 대해 알아본다.
– 이 활동을 위해 어떤 약속을 지켜야 할까?

〈활동방법〉
① 화면에 그림자가 나오면 그 그림자가 어떤 물건인지 맞혀 본다.
② 해당하는 물건을 집 모양판의 알맞은 장소에 붙인다.

3. PPT 자료를 이용해서 사물의 이름과 용도를 맞힌다.
– (PPT 화면을 보여 주며) 이 물건의 이름은 무엇일까?
– 혹시 이 물건이 어디에 쓰이는지 알고 있니?

4. 맞춘 생활도구 모형을 집 모양 게임판에 알맞게 붙인다.

[마무리]
5. 활동에 대해 평가한다.
– 집에서 사용하는 다양한 생활도구에 대해 알아보았는데 어땠니?
– 생활도구를 사용하면 좋은 점은 무엇일까?</td></tr>
<tr><td>연계 및 확장활동</td><td>• 클레이를 사용해 다양한 생활도구를 만들어 본다.
• 전기를 사용하는 도구와 사용하지 않는 도구를 분류해 본다.</td></tr>
<tr><td>활동의 유의점</td><td>• 어려워하는 유아를 위해 사물을 올바른 장소에 붙일 수 있도록 힌트를 제공한다.</td></tr>
</table>

2) 자유놀이

(1) 수 · 조작영역

[활동 1] 농부의 꿈

[활동 2] 나는 누구일까요?

[활동 3] 추운 나라 친구들

[활동 4] 우리 동네에는 무엇이 있을까?

[활동 5] 건강한 밥상을 차려요

[활동 6] 혼자 할 수 있어요

[활동 7] 냠냠 맛있는 당구게임을 해요

[활동 8] 건강한 나의 몸

[활동 9] 도시락을 만들어요

[활동 10] 동물의 이를 닦아 주세요

[활동 11] 주차장 놀이

[활동 12] 교통기관 보드게임

[활동 13] 주사위 퍼즐

[활동 14] 몇 번째일까요?

[활동 15] 음식 빙고게임

[활동 16] 세계 여행

[활동 17] 가을 열매가 열렸어요

[활동 18] 맷돌 로또

[활동 19] 재미있는 빨래놀이

[활동 20] 그림자 퍼즐

[활동 21] 분리수거 빙고

[활동 22] 한복 바느질

[활동 1] 농부의 꿈

<table>
<tr><th>생활주제</th><th colspan="3">동식물과 자연</th></tr>
<tr><td>활동영역</td><td>수 · 조작영역</td><td>대상 연령</td><td>만 5세</td></tr>
<tr><td>활동목표</td><td colspan="3">• 1~25의 숫자를 이해하여 숫자의 크고 작음을 구분해 본다.
• 주사위를 굴리면서 소근육을 조절해 본다.
• 친구와 규칙을 지키며 적극적으로 활동에 참여한다.</td></tr>
<tr><td>누리과정 관련 요소</td><td colspan="3">• 신체운동건강 〉 신체활동 즐기기 〉 신체 움직임 조절하기
• 자연탐구 〉 생활 속에서 탐구하기 〉 물체를 세어 수량을 알아보기
• 사회관계 〉 더불어 생활하기 〉 약속과 규칙의 필요성을 알고 지키기</td></tr>
<tr><td>활동자료</td><td colspan="3">사과판, 보드판, 말</td></tr>
<tr><td>준비물</td><td colspan="3">보드롱, 우드락 커터기, 상자, 테이프, 도안(사과판, 사과 열매, 사과나무, 보드판)</td></tr>
<tr><td>제작방법</td><td colspan="3">〈제작도면〉
1. 교구의 디자인을 생각해 보고, 미리 그림으로 그려 본다.
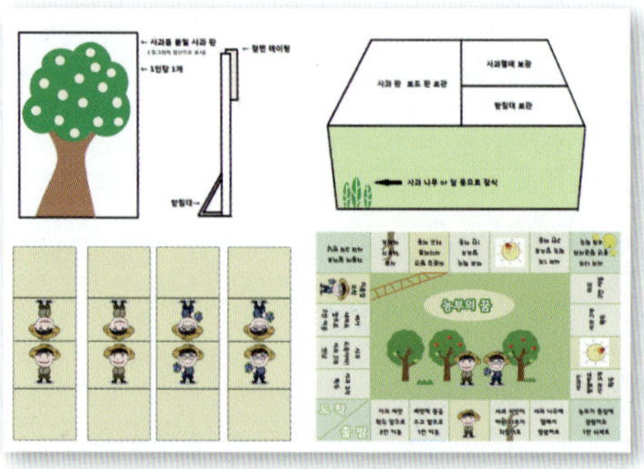
〈사과판〉
1. 사과판 도안을 인쇄한 후 코팅한다.
2. 받침대를 만들어 준 뒤 고정한다.
3. 동그라미 점선 부분에 벨크로(까슬이)를 붙인다.
</td></tr>
</table>

생활주제	동식물과 자연
제작방법	〈보드판과 말〉 1. 도안을 인쇄한 후 코팅한다. 2. 보드판 뒤에 시안보드를 붙인다. 3. 사과 열매 뒤에 벨크로(까슬이)를 붙인다.   
활동방법	1. 상자를 열고 게임설명서를 읽는다. 2. 사과판을 1개씩 자신의 앞에 둔다. 3. 시작점에 자신의 말을 올려 둔다. 4. 주사위를 굴려 보드판에 있는 지시에 알맞게 말을 움직인다. 5. 보드판의 지시에 알맞게 사과판에 사과를 붙인다. 6. 25개의 사과 열매 칸을 채우면 게임의 승패 결정과 함께 게임이 끝난다.

[활동 2] 나는 누구일까요?

<table>
<tr><th>생활주제</th><th colspan="3">동식물과 자연</th></tr>
<tr><td>활동영역</td><td>수 · 조작영역</td><td>대상 연령</td><td>만 4세</td></tr>
<tr><td>활동목표</td><td colspan="3">• 다양한 동물의 종류와 특징을 알 수 있다.
• 동물의 특징을 나타내는 단어를 읽고, 무슨 동물인지 알 수 있다.
• 동물의 특징을 적극적으로 탐구하는 태도를 갖는다.</td></tr>
<tr><td>누리과정 관련 요소</td><td colspan="3">• 의사소통 〉 읽기와 쓰기에 관심 가지기 〉 주변의 상징, 글자 등의 읽기에 관심 가지기
• 자연탐구 〉 자연과 더불어 살기 〉 주변의 동식물에 관심 가지기</td></tr>
<tr><td>활동자료</td><td colspan="3">동물 책 『나는 누구』, 동물카드, 동물 글자</td></tr>
<tr><td>준비물</td><td colspan="3">펠트지(노란색, 빨간색, 파란색, 분홍색, 흰색), 도화지(흰색), 동물과 특징에 관련된 다양한 사진과 글자, 똑딱이, 가위, 풀, 코팅기, 코팅지, 바늘, 실</td></tr>
<tr><td>제작방법</td><td colspan="3">〈동물 책〉
1. 펠트지(노란색, 빨간색, 파란색, 분홍색)를 가로 20cm, 세로 13cm의 책 크기로 5장 정도 자른 후 테두리와 가운데를 박음질한다.
2. 펠트지(흰색)로 '난 누구?'라는 글자를 잘라서 책의 겉면에 붙인다.
3. 똑딱이를 이용해 책을 열었다 닫았다 할 수 있도록 만든다.
4. 안쪽에 그림과 글자를 붙일 수 있도록 보슬이(벨트로)를 붙인다.

〈동물카드〉
1. 동물의 이름, 특징과 관련된 그림과 글씨를 인쇄해서 오린다.
2. 도화지(흰색)를 가로 4cm, 세로 5cm의 네모 모양으로 책의 한 페이지에 2개씩 들어가도록 자르고, 글자와 그림을 붙여 코팅한 후 오린다.
3. 뒷면에 까슬이(벨크로)를 붙인다.

</td></tr>
<tr><td>활동방법</td><td colspan="3">1. '나는 누구' 제목을 읽는다.
2. 책을 열어 사진과 글자를 보고, 어떤 동물인지 예상해 본다.
3. 힌트를 다 보고, 자신이 생각한 동물 사진과 이름 글자를 붙인다.
4. 유아가 붙인 정답이 맞는지 확인해 본다.</td></tr>
</table>

[활동 3] 추운 나라 친구들

생활주제	동식물과 자연		
활동영역	수 · 조작영역	대상 연령	만 3세
활동목표	• 동물의 종류와 특징에 대해 알아본다. • 동물의 위치를 기억하여 같은 그림을 찾아본다. • 친구들과 함께 즐겁게 활동에 참여한다.		
누리과정 관련 요소	• 신체운동건강 〉 신체활동 즐기기 〉 신체를 인식하고 움직이기 • 의사소통 〉 듣기와 말하기 〉 상황에 적절한 단어를 사용하여 말하기 • 자연탐구 〉 탐구과정 즐기기 〉 궁금한 것을 탐구하는 과정에 즐겁게 참여하기		
활동자료	활동판, 동물 사진		
준비물	우드락 2장, 동그란 동물 사진 8장, 풀, 가위, 수수깡, 본드, 코팅지		
제작방법	1. 동물 사진을 동그란 모양으로 뽑는다. 2. 우드락을 반으로 잘라 한쪽 면은 동물 사진의 크기에 맞게 구멍을 낸다. 3. 동그란 우드락에 코팅한 동물 사진을 붙인다. 4. 구멍이 있는 우드락과 없는 우드락 2개를 본드로 붙인다. 5. 구멍이 뚫린 우드락에 그림을 그려서 꾸민다. 6. 동물 그림 뒤쪽도 그림을 그려서 꾸미고, 수수깡으로 손잡이를 만든다. 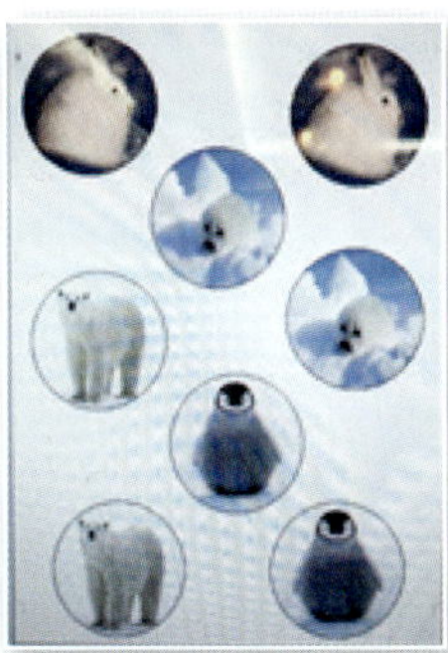 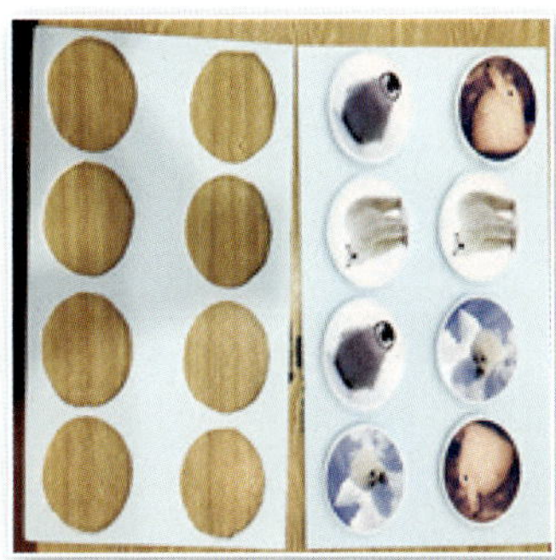 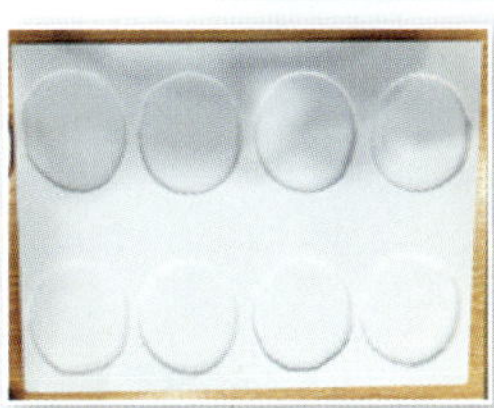  		

생활주제	동식물과 자연
활동방법	1. 2명 이상의 유아가 게임에 참여한다. 2. 동물 사진들을 알맞게 배치한 후 위치를 기억할 수 있도록 시간을 준다. 3. 사진을 본 유아가 뒤돌아 있을 때 나머지 한 유아가 그림을 뒤집는다. 4. 동물의 위치를 기억하여 같은 그림의 짝을 찾아본다.

[활동 4] 우리 동네에는 무엇이 있을까?

생활주제	우리 동네		
활동영역	수 · 조작영역	대상 연령	만 3세
활동목표	• 우리 동네의 다양한 가게의 종류에 대해 알아본다. • 돌림판을 돌려 나온 가게에서 파는 물건을 분류해 본다. • 다양한 가게의 특징을 적극적으로 탐색하는 태도를 갖는다.		
누리과정 관련 요소	• 사회관계 〉 사회에 관심 가지기 〉 내가 살고 있는 곳에 대해 궁금한 것 알아보기 • 자연탐구 〉 생활 속에서 탐구하기 〉 일상에서 모든 자료를 기준에 따라 분류하기		
활동자료	가게활동판(빵, 옷, 과일, 신발), 가게에서 파는 물건 그림, 돌림판		
준비물	하드보드지, 여러 가지 색의 펠트지(노란색, 회색, 분홍색, 노란색, 갈색, 빨간색, 초록색), 글루건, 우드락, 할핀, 물건 사진, 벨크로, 가위, 코팅지		
제작방법	1. 하드보드지에 하얀색 펠트지를 하드보드지 크기에 맞게 글루건으로 붙인다. 2. 펠트지로 옷가게, 신발가게, 채소가게, 아이스크림 가게, 나무, 도로 등을 만들어 하드보드지에 붙인다. 3. 각 가게마다 5개의 벨크로(보슬이)를 가게 안쪽에 붙인다. 4. 옷가게, 신발가게 등 가게의 물건 사진을 크기에 맞게 잘라 우드락에 붙이고 우드락 뒤편에 벨크로(까슬이)를 붙인다. 5. 하드보드지를 1/4 크기로 자른다. 		

<table>
<tr><th>생활주제</th><th>우리 동네</th></tr>
<tr><td>제작방법</td><td>
6. 1/4 크기로 자른 하드보드지를 동그라미 모양으로 하나 자른다.
7. 남은 하드보드지 1/3을 잘라 동그랗게 자른 하드보드지 위에 붙인다.
8. 동그라미를 4등분하여 각각 다른 4가지 색으로 잘라 붙인다.
9. 하드보드지로 화살표 모양으로 그려서 자른다.
10. 할핀으로 동그라미 가운데를 화살표가 돌아갈 수 있을 정도로 고정시킨다.

</td></tr>
<tr><td>활동방법</td><td>
1. 가위바위보를 해서 먼저 할 사람을 정한다.
2. 먼저 돌림판에 있는 화살표를 돌린다.
3. 화살표가 가리킨 방향의 가게의 물건을 찾는다.
4. 물건을 찾았으면 판에 그 물건에 해당되는 가게를 찾아 붙인다.
5. 물건이 다 없어질 때까지 반복해서 활동한다.
</td></tr>
</table>

[활동 5] 건강한 밥상을 차려요

생활주제	소중한 가족		
활동영역	수 · 조작영역	대상 연령	만 3세
활동목표	• 우리 몸에 좋은 음식에 대해 안다. • 건강에 좋은 밥상을 차려 본다. • 친구들과 어울려 즐겁게 게임에 참여한다.		
누리과정 관련 요소	• 신체운동건강 〉 건강하게 생활하기 〉 몸에 좋은 음식에 관심 가지기 • 사회관계 〉 더불어 생활하기 〉 친구와 서로 도우며 사이좋게 지내기 • 사회관계 〉 나를 알고 존중하기 〉 나를 알고 소중히 여기기		
활동자료	게임판, 음식 주사위, 음식 모형		
준비물	하드보드지(분홍색, 하늘색), 접착 펠트지(연갈색, 검은색, 빨간색, 살구색, 흰색, 분홍색, 회색, 갈색, 노란색), 펠트지(보라색, 빨간색, 연갈색, 갈색, 초록색, 흰색, 하늘색), 코팅자료(건강한 밥상 제목, 그릇, 숟가락, 포트), 방울 솜, 벨크로		
제작방법	**〈음식 주사위〉** 1. 펠트지를 가로 10cm, 세로 10cm의 크기로 잘라 6장을 준비한다. 안에 솜을 넣고 주사위 모양의 정육면체로 바느질한다. 2. 펠트지를 건강한 밥상에 적합한 음식(과일, 채소, 생선, 고기 등) 모양으로 자르고, 바느질한다. **〈게임판〉** 1. 하드보드지를 가로 25cm, 세로 40cm의 크기 정도로 2장씩 자르고, 각각 다른 색 펠트지를 붙인 후 테두리를 바느질한다. 2. 건강한 밥상이라는 글자를 코팅하여 앞면의 윗부분에 붙이고, 유아 얼굴과 숟가락, 포크 모양의 코팅자료도 함께 붙인다. 3. 음식을 붙이기 위해 펠트지를 접시 모양으로 잘라 앞면에 붙이고, 보슬이(벨크로)를 붙인다.		

생활주제	소중한 가족
제작방법	**〈음식 모형〉** 1. 펠트지를 음식 모양으로 자르고, 안에 솜을 약간 넣고 바느질한다. 2. 뒷면에 까슬이(벨트로)를 붙인다. 
활동방법	1. 2명의 유아가 가위바위보로 순서를 정한다. 2. 가위바위보에서 이긴 유아가 먼저 주사위를 굴린다. 3. 주사위에서 나온 음식을 보고, 밥상을 차린다. 4. 똑같은 음식이 나올 경우, 다음 친구에게 기회가 넘어간다. 5. 밥상을 먼저 차린 유아가 승리한다.

[활동 6] 혼자 할 수 있어요

<table>
<tr><th>생활주제</th><th colspan="3">소중한 가족</th></tr>
<tr><td>활동영역</td><td>수 · 조작영역</td><td>대상 연령</td><td>만 3세</td></tr>
<tr><td>활동목표</td><td colspan="3">• 스스로 할 수 있는 일에 대해 알아본다.
• 내가 할 수 있는 일에 대한 그림을 보고, 퍼즐을 맞출 수 있다.
• 스스로 할 수 있는 일을 실천하는 태도를 갖는다.</td></tr>
<tr><td>누리과정 관련 요소</td><td colspan="3">• 사회관계 〉 나를 알고 존중하기 〉 내가 할 수 있는 것을 스스로 하기
• 자연탐구 〉 생활 속에서 탐구하기 〉 물체의 위치와 방향, 모양을 알고 구별한다.</td></tr>
<tr><td>활동자료</td><td colspan="3">활동판, 스스로 할 수 있는 일 퍼즐, 상자</td></tr>
<tr><td>준비물</td><td colspan="3">하드보드지(노란색, 연두색), 펠트지(노란색, 보라색, 빨간색, 연갈색, 갈색, 초록색, 흰색, 하늘색), 글자자료, 실, 바늘, 인형 눈, 색지(빨간색, 검은색), 마스킹테이프</td></tr>
<tr><td>제작방법</td><td colspan="3">〈활동판〉
1. 하드보드지를 가로 30cm, 세로 40cm의 크기로 2장씩 준비하여 바깥쪽에는 색지로 ‘혼자 할 수 있어요’ 글자를 오려 붙인다.
2. 안의 왼쪽에는 스스로 할 수 있는 일(부모님 심부름하기 등)에 대한 글자와 그림을 붙이고, 오른쪽은 9등분하여 퍼즐을 놓을 공간을 만든다.
3. 2장의 하드보드지는 색 고리를 이용해서 연결한다.

〈스스로 할 수 있는 일 퍼즐〉
1. 활동판 크기와 같은 흰색 펠트를 준비한다.
2. 펠트지로 스스로 할 수 있는 일과 관련된 그림을 오려서 흰색 펠트 위에 바느질하여 붙이고, 이를 9등분하거나 세모 모양 등 여러 조각으로 나누어 퍼즐을 만든다.

</td></tr>
<tr><td>활동방법</td><td colspan="3">1. 2명의 유아가 가위바위보로 순서를 정한다.
2. 가위바위보에서 이긴 유아가 먼저 주사위를 굴린다.
3. 주사위에서 나온 음식을 보고, 밥상을 차린다.
4. 똑같은 음식이 나올 경우 다음 친구에게 기회가 넘어간다.
5. 밥상을 먼저 차린 유아가 승리한다.</td></tr>
</table>

[활동 7] 냠냠 맛있는 당구게임을 해요

생활주제	건강과 안전		
활동영역	수 · 조작영역	대상 연령	만 5세
활동목표	• 몸에 좋은 음식과 나쁜 음식에 대해 알아본다. • 당구게임을 통해 눈과 손을 협응하여 소근육을 조절해 본다. • 친구들과 함께하는 신체활동에 참여하여 협동심과 배려하는 태도를 가진다.		
누리과정 관련 요소	• 신체운동건강 〉 신체활동 즐기기 〉 신체 움직임 조절하기 • 신체운동건강 〉 건강하게 생활하기 〉 몸에 좋은 음식에 관심을 가지고 바른 태도로 즐겁게 먹기 • 사회관계 〉 더불어 생활하기 〉 친구와 서로 도우며 사이좋게 지내기 • 사회관계 〉 더불어 생활하기 〉 약속과 규칙의 필요성을 알고 지키기		
활동자료	당구대, 당구공, 돌림판, 큐		
준비물	상자, 펠트지, 우드락, 칼, 가위, 자, 나무공 11개, 유성매직, 공 주머니, 폼보드, 하드보드지, 색종이, 할핀, 시트지, 코팅된 음식 사진, 풀, 벨크로, 나무 막대 2개, 아크릴물감		
제작방법	**〈당구대〉** 1. 당구대로 사용할 상자 안쪽에 펠트지를 부착하고 우드락을 붙인다. 2. 상자의 각 모서리에 당구공 크기보다 약간 큰 구멍을 뚫는다. 		

생활주제	건강과 안전
제작방법	**〈당구공〉** 1. 나무공과 큐에 유성매직과 아크릴물감을 활용하여 색을 칠한다. 2. 폼보드, 펠트지, 유성매직으로 삼각형 틀을 만든다.  **〈돌림판〉** 1. 원형으로 자른 하드보드지에 당구공과 같은 색의 색종이를 부착하고, 시트지를 붙인다. 2. 각 부분에 코팅된 음식 사진을 벨크로(까슬이와 보슬이)로 붙인다. 3. 가운데 부분을 할핀으로 고정한 후 폼보드를 부착한다.  
활동방법	1. 두 팀으로 나누어 앉는다. 2. 각 팀에서 1명씩 나와서 게임을 시작한다. 3. 돌림판을 돌려서 나온 음식의 배경판과 같은 색의 공을 큐로 맞추어 구멍에 넣는다. 4. 게임이 끝난 유아는 자리로 돌아가서 앉고, 다음 순서의 유아가 게임을 시작한다. 5. 팀의 모든 유아가 게임을 먼저 완료하면 그 팀이 이긴다.

[활동 8] 건강한 나의 몸

생활주제	건강과 안전		
활동유형	수 · 조작영역	대상 연령	만 4세
활동목표	• 약의 종류에 대해 관심을 갖는다. • 약을 바르게 먹는 방법에 대해 알 수 있다. • 부분을 보며 전체를 알아가는 퍼즐활동을 즐겁게 한다.		
누리과정 관련 요소	• 신체운동건강 〉 건강하게 생활하기 〉 질병을 예방하는 방법을 알고 실천하기 • 의사소통 〉 듣기와 말하기 〉 자신의 경험, 느낌, 생각 말하기 • 자연탐구 〉 생활 속에서 탐구하기 〉 물체의 위치와 방향, 모양을 알고 구별하기		
활동자료	약의 올바른 사용법과 남용의 내용이 있는 원판, 퍼즐조각		
준비물	약물 사용방법 그림자료, 웃는 여자아이 그림, 찡그린 여자아이 그림, 하드보드지, 투명 시트지, 칼, 할핀, 색지 등		
제작방법	**〈돌림판〉** 1. 하드보드지를 정사각형으로 자른 뒤 그 위에 약물 사용방법에 대한 내용의 그림자료를 원 모양으로 붙인다. 2. 원 모양을 투명 시트지로 감싼다. 3. 가운데에 구멍을 내고 할핀을 이용해 코팅된 화살표를 꽂는다. 		

생활주제	건강과 안전
제작방법	〈퍼즐〉 1. 하드보드지 위에 여자아이 그림자료를 붙이고 16조각으로 자른다. 2. 각 조각을 시트지로 감싼다.  
활동방법	1. 약을 먹어 본 경험에 대해 이야기한다. 2. 여러 가지 약의 종류에 대해 알아본다. 3. 약을 바르게 먹는 방법과 지켜야 할 약속에 대해 이야기한다. 4. 퍼즐판을 하나씩 나누어 갖는다. 5. 원판의 화살표를 번갈아 한 번씩 돌린다. 6. 화살표가 가리키는 그림을 보고 그림내용에 해당하는 퍼즐조각을 하나씩 맞춘다.

[활동 9] 도시락을 만들어요

<table>
<tr><th>생활주제</th><th colspan="3">건강과 안전</th></tr>
<tr><td>활동영역</td><td>수 · 조작영역</td><td>대상 연령</td><td>만 3세</td></tr>
<tr><td>활동목표</td><td colspan="3">• 몸에 좋은 음식의 종류와 특징에 대해 알아본다.
• 음식 그림과 같은 모양의 짝을 찾아 도시락을 만들어 본다.
• 음식에 대한 자신의 기호를 말로 표현해 본다.
• 친구와 함께 즐겁게 놀이에 참여한다.</td></tr>
<tr><td>누리과정 관련 요소</td><td colspan="3">• 신체운동건강 〉 건강하게 생활하기 〉 몸에 좋은 음식에 관심을 가지고 바른 태도로 즐겁게 먹기
• 의사소통 〉 듣기와 말하기 〉 자신의 경험, 느낌, 생각 말하기
• 사회관계 〉 더불어 생활하기 〉 친구와 서로 도우며 사이좋게 지내기
• 자연탐구 〉 생활 속에서 탐구하기 〉 일상에서 모은 자료를 기준에 따라 분류하기</td></tr>
<tr><td>활동자료</td><td colspan="3">음식자료, 도시락 통, 보관함</td></tr>
<tr><td>준비물</td><td colspan="3">우드락 A4 크기 6개(총 3 세트), 사진자료 A4 크기 4개, 한지(노란색), 부직포(노란색), 우드락(양면, 검은색), 박스, 칼, 가위, 글루건, 마스킹테이프, 벨크로, 펀칭</td></tr>
<tr><td>제작방법</td><td colspan="3">〈음식자료〉
1. 밥 ○모양(8x8cm) / 반찬 △모양 2개(8x8cm 정삼각형) / 과일과 채소 ◇모양(8x12cm 마름모) / 음료 ㅁ 모양(7x7cm 정사각형) / 간식 ☆모양(9x9cm) 사진자료 각 섹션당 7개씩 인쇄한 후 각각 코팅한다.
2. 사진자료 뒷면에 2x2cm 정사각형 모양의 우드락을 양면테이프로 붙인다.
3. 우드락에 까슬이(벨크로)를 붙이고, 6개 섹션당 7개씩 42개를 제작한다.

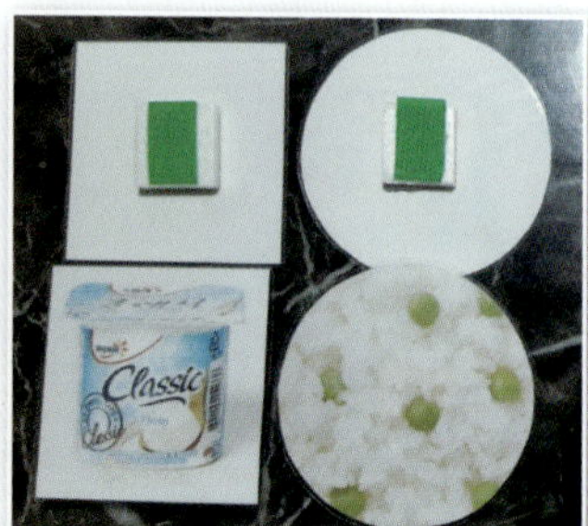
</td></tr>
</table>

생활주제	건강과 안전
제작방법	〈도시락 통과 뚜껑〉 1. A4 크기 우드락 ○모양(8x8cm) / △모양 2개(88x8cm 정삼각형) / ◇모양 (8x12cm) / □ 모양 (7x7cm 정사각형) / ☆모양 (9x9cm) 구멍을 뚫는다. 2. 각 모양에 손가락을 넣을 수 있을 정도의 홈을 뚫는다. 3. 밑면에 다시 우드락을 대고, 글루건으로 2장의 우드락을 붙인다. 4. 도시락 통의 뚫린 홈 위에 보슬이(벨크로)를 각각 붙인다. 5. 테두리를 마스킹테이프로 마감하여 총 3세트를 제작한다. 6. 캐릭터, 리본 등 다양한 종류의 도시락 뚜껑 사진을 A4 크기로 출력하여 코팅한다. 7. 옆면에 벨크로를 붙여서 서로 붙일 수 있게 한다. 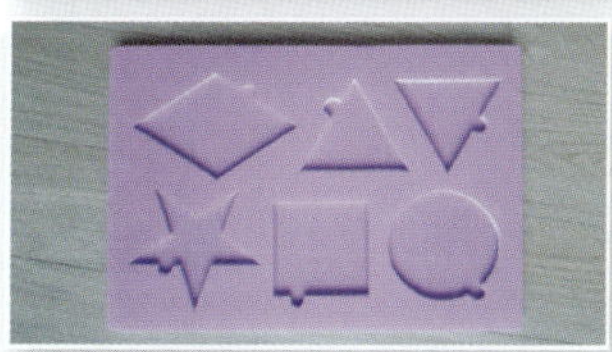 〈교구 보관함〉 1. 8절 크기의 박스에 6개의 칸막이를 만든다. 2. 각 칸막이 바닥에 섹션에 해당하는 도형 모양을 붙인다. 3. 보관함의 뚜껑을 한지로 싸고, 뚜껑 안쪽에 사용설명서를 붙인다. 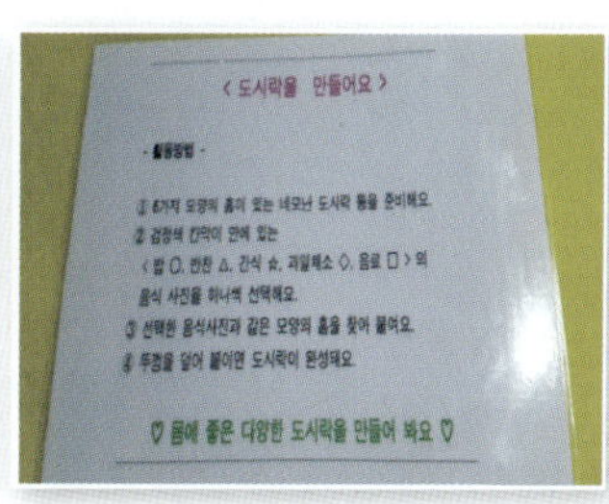

생활주제	건강과 안전
활동방법	1. 교구 통에 담긴 다양한 음식사진자료를 자유롭게 선택하여 같은 모양의 도시락 통 홈을 찾아 붙여 넣는다. 2. 음식을 고르는 과정에서 '좋아하는 음식과 싫어하는 음식, 먹어 본 음식과 먹어 보지 않은 음식, 먹어 보고 싶은 음식, 각각의 음식에 대한 경험' 등 자신의 생각과 느낌을 이야기하면서 활동한다. 3. 친구와 함께 놀이할 때는 서로에게 주고 싶은 도시락을 만들어서 선택한 음식에 대해 소개하면서 주고받는다. 4. 자신이 만든 도시락을 친구에게 줄 때는 도시락 뚜껑을 덮어서 전해 주어 친구가 직접 도시락을 열어 볼 수 있게 한다.

[활동 10] 동물의 이를 닦아 주세요

생활주제	건강과 안전		
활동영역	수 · 조작영역	대상 연령	만 3세
활동목표	• 치아건강의 중요성을 안다. • 이를 깨끗이 닦는 방법을 알고 직접 닦아 본다. • 규칙적으로 이 닦는 습관을 갖는다.		
누리과정 관련 요소	• 의사소통 〉 듣기와 말하기 〉 상황에 적절한 단어를 사용하여 말하기 • 신체운동건강 〉 건강하게 생활하기 〉 자신의 몸과 주변을 깨끗이 하기 • 신체운동건강 〉 건강하게 생활하기 〉 질병을 예방하는 방법을 알고 실천하기		
활동자료	악어와 곰 이 닦기 모형, 칫솔		
준비물	펠트지(연두색, 분홍색, 빨간색, 흰색, 진한 갈색, 갈색), 눈알 모형, 솜, 실, 바늘, 글루건, 칫솔, 칫솔질 방법 종이(코팅)		
제작방법	1. 잇몸이 되는 분홍색 펠트지를 적당한 크기로 잘라 그 위에 바탕색이 되는 펠트지(연두색, 진한갈색)을 2장 자른다.  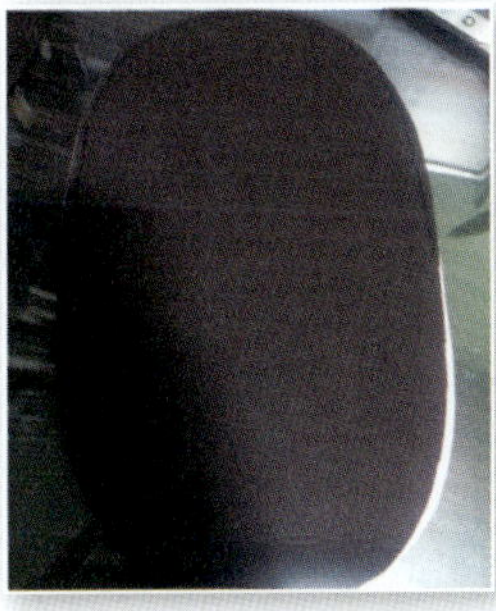 2. 잇몸이 되는 펠트지와 바탕이 되는 펠트지(연두색, 진한 갈색)를 같이 바느질한다.  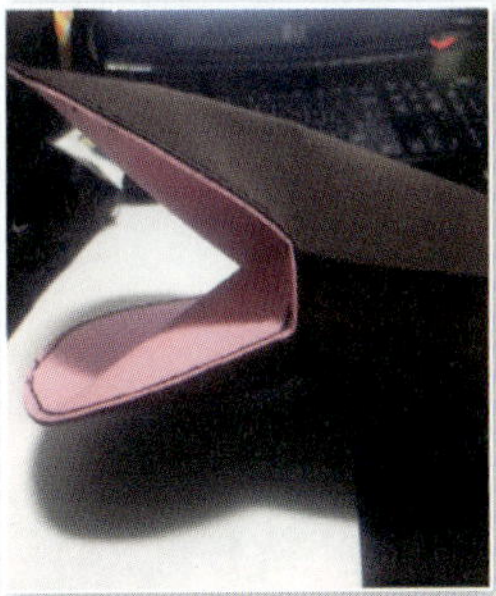		

생활주제	건강과 안전
	3. 흰색 펠트지를 잇몸 둘레에 맞게 4면으로 자르고, 치아 모양으로 다듬는다. 4. 2면씩 바느질하고, 솜을 넣는다. 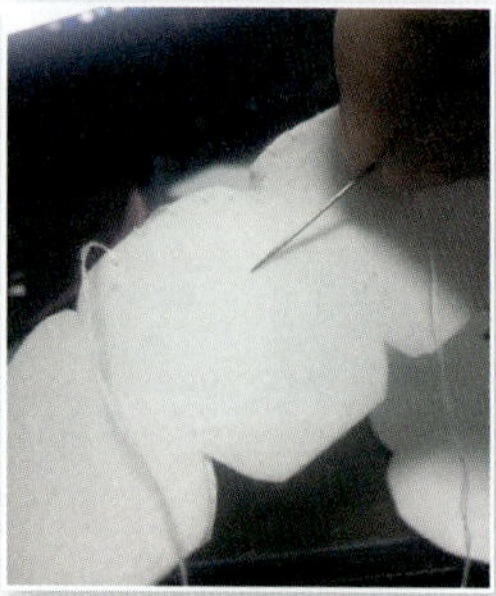 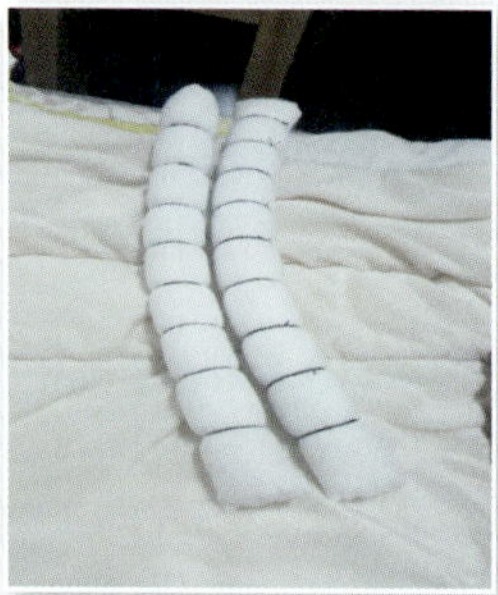 5. 글루건을 사용해 잇몸 부분에 붙인다. 6. 눈 · 코 · 입 등 악어와 곰의 얼굴을 꾸민다.  
활동방법	1. 이 닦는 방법에 대한 설명서를 본다. 2. 유아가 인형을 손에 끼우고, 설명서 순서대로 인형 이빨에 칫솔질한다. 3. 유아 2명씩 짝을 지어 1명은 손에 끼우고, 다른 1명은 칫솔을 들어 친구 손에 끼운 인형 이빨에 칫솔질한다. 4. 유아들이 직접 경험해 볼 수 있도록 활동시간을 충분히 준다.

[활동 11] 주차장 놀이

생활주제	교통기관		
활동영역	수 · 조작영역	대상 연령	만 5세
활동목표	• 올바른 교통표지판의 의미와 교통안전규칙을 안다. • 생활 속에서 사용되는 수와 여러 가지 의미를 안다. • 게임을 통해 교통규칙을 알고 지킬 수 있도록 한다. • 친구들과 함께 활동을 하며 교통규칙을 지키는 태도를 갖는다.		
누리과정 관련 요소	• 신체운동건강 〉 안전하게 생활하기 〉 교통안전 규칙 지키기 • 의사소통 〉 듣기와 말하기 〉 자신의 경험, 느낌, 생각 말하기 • 사회관계 〉 더불어 생활하기 〉 친구와 서로 도우며 사이좋게 지내기 • 자연탐구 〉 생활 속에서 탐구하기 〉 물체를 세어 수량을 알아보기		
활동자료	주차장 보드판, 주사위, 말		
준비물	박스, 아이클레이, 나무젓가락, 가위, 풀, 본드, 펠트지, 하드보드지, 인쇄해서 코팅해 놓은 교통표지판, 매직, 자		
	〈보드판〉 1. 검은색 하드보드지의 주차장과 보드판에 칸마다 절연테이프를 붙인 후 각 칸마다 회색 도화지를 붙인다. 2. 중간중간에 하드보드지로 만든 집을 본드로 붙여 꾸민다. 3. 옆면은 안에 있는 입체도형들이 망가지지 않도록 박스처럼 하드보드지를 세워 붙인다.  〈주사위〉 1. 우유갑에 주사위 도면을 잘라서 그 도면에 펠트지를 붙인다. 2. 도면을 주사위 모양으로 맞춰 본드로 붙인다. 3. 주사위에 매직으로 '앞으로 한 칸 ~ 세 칸, 뒤로 한 칸 ~ 세 칸까지'라고 쓴다.		

<table>
<tr><th>생활주제</th><th>교통기관</th></tr>
<tr><td>제작방법</td><td>

〈자동차 말〉
1. 아이클레이를 이용해 색깔별로 자동차 모양을 만든다. 자동차의 몸체를 세울 수 있을 정도로 튼튼하게 뭉쳐서 만든다.
2. 아이클레이를 바퀴 모양으로 만들어 몸체에 붙인다.

〈교통표지판〉
1. 게임에 이용할 여러 종류의 교통표지판을 인쇄하여 코팅한 후 모양에 따라 깔끔하게 자른다.
2. 높이를 잘 맞춘 후 자른 다음 매직으로 나무젓가락을 칠한다.
3. 본드를 이용해서 나무젓가락에 코팅된 교통표지판을 붙인다.

</td></tr>
<tr><td>활동방법</td><td>
1. 유아 앞에 교구를 놓고, 자신이 하고 싶은 말(자동차)을 정한다.
2. 출발 칸에 자동차 말을 놓고, 주사위 던질 순서를 가위바위보를 통해 정한다.
3. 주사위를 던져서 나온 지시만큼 말을 이동한다.
4. 교통표지판이 있는 칸 위에 말이 도착하면 그 표지판의 지시대로 게임을 진행한다.
5. 규칙을 지키며 주차장까지 먼저 도착한 유아가 이긴다.
</td></tr>
</table>

[활동 12] 교통기관 보드게임

생활주제	교통기관		
활동영역	수 · 조작영역	대상 연령	만 4세
활동목표	• 일상생활에서 볼 수 있는 교통기관의 종류를 알아본다. • 돌림판을 돌린 나온 숫자만큼 게임말을 옮겨 본다. • 게임을 통해 수 연산활동에 즐겁게 참여하는 태도를 갖는다.		
누리과정 관련 요소	• 신체운동건강 〉 안전하게 생활하기 〉 교통안전 규칙 지키기 • 자연탐구 〉 생활 속에서 탐구하기 〉 물체를 세어 수량을 알아보기		
활동자료	게임판, 돌림판, 게임말		
준비물	펠트지(빨간색, 주황색, 노란색, 초록색, 파란색, 갈색, 진분홍색, 흰색, 검은색 등), 빨대, 본드, 바늘, 실, 벨크로, 지퍼, 하드보드지 8절 2장, 천, 가위, 색상지, 할핀, 시크지		
제작방법	〈게임판〉 1. 8절 크기 하드보드지 2장을 천의 크기에 맞게 잘라 본드를 이용해서 뒷면에 붙인다. 2. 8절 크기로 자른 다른 천에 펠트지로 만든 게임 칸과 게임말을 붙여 줄 보슬이(벨크로)를 박음질한다. 3. 1과 2의 테두리를 박음질한다. 4. 3에 손잡이를 만들어 박음질하고, 앞면에 펠트지로 제목을 오려 본드로 붙인다. 5. 지퍼를 8절 크기로 자른 후 박음질한다. 〈게임말〉 1. 펠트지를 교통기관(경찰차, 소방차, 구급차, 기차, 택시, 버스) 모양으로 오린다. 2. 뒷면에 까슬이(벨크로)를 붙인다.   		
활동방법	1. 가위바위보를 해서 이긴 유아가 먼저 돌림판을 돌린다. 2. 돌림판에 나온 숫자만큼 게임말을 옮겨서 붙여 준다. 3. 게임판 도착지점에 먼저 도착하는 유아가 승리한다.		

[활동 13] 주사위 퍼즐

<table>
<tr><th>생활주제</th><th colspan="3">교통기관</th></tr>
<tr><td>활동영역</td><td>수 · 조작영역</td><td>대상 연령</td><td>만 3세</td></tr>
<tr><td>활동목표</td><td colspan="3">• 여러 가지 교통기관에 대해 알아본다.
• 교통기관 퍼즐을 맞추며 소근육을 발달시킨다.
• 다양한 교통기관을 탐구하는 태도를 갖는다.</td></tr>
<tr><td>누리과정 관련 요소</td><td colspan="3">• 신체운동건강 〉 안전하게 생활하기 〉 교통안전 규칙 지키기
• 자연탐구 〉 탐구과정 즐기기 〉 주변 세계와 자연에 대해 지속적으로 호기심 가지기</td></tr>
<tr><td>활동자료</td><td colspan="3">교통기관 퍼즐(비행기, 우주선, 기차, 자전거, 자동차, 배)</td></tr>
<tr><td>준비물</td><td colspan="3">펠트지(파란색, 회색, 노란색, 빨간색, 하늘색, 검은색, 흰색), 글루건, 스펀지, 바늘, 실, 방울</td></tr>
<tr><td>제작방법</td><td colspan="3">1. 간단하게 도안을 그린다.
2. 가로 8cm, 세로 8cm 크기의 정사각형으로 펠트지를 자른 후 스케치를 보며 펠트지로 이미지를 자른다.
3. 정사각형의 펠트지에 그림을 맞춰 놓은 펠트지를 글루건으로 살짝 붙인 후 바느질로 테두리를 꿰맨다.

4. 스펀지를 가로 8cm, 세로 8cm 크기의 정육면체로 만든다.
5. 스펀지 중앙에 방울이 들어갈 만한 공간을 만들어 방울을 넣는다.</td></tr>
</table>

생활주제	교통기관
제작방법	6. 24개의 펠트지 조각들을 모양이 같은 방향끼리 꿰맨다.        
활동방법	1. 교통기관의 종류에 대해 알아본다. 2. 완성된 퍼즐의 모양을 살펴본다. 3. 퍼즐을 맞추며 교통기관의 생김새를 탐색해 본다.

[활동 14] 몇 번째일까요?

생활주제	우리나라		
활동영역	수 · 조작영역	대상 연령	만 4세
활동목표	• 한복을 입는 순서를 알아본다. • 주사위를 던져 나온 옷을 자신의 게임판에 입는 순서대로 붙여 본다. • 우리나라 전통의상의 아름다움에 관심을 갖는다.		
누리과정 관련 요소	• 사회관계 〉 사회에 관심 가지기 〉 우리나라에 대해 자부심 갖기 • 자연탐구 〉 생활 속에서 탐구하기 〉 물체를 세어 수량을 알아보기		
활동자료	남자와 여자 한복 그림판, 주사위		
준비물	하드보드지(빨간색, 노란색), 펠트지, 시트지, 한복 그림자료, 마스킹테이프, 벨크로, 바늘, 실, 쪽가위, 순간접착제, 고리		
제작방법	〈주사위〉 1. 하드보드지를 가로, 세로 5cm의 크기로 12장 자른다. 2. 가로, 세로 5cm 크기의 빨간색 펠트지 12장과 주황색 펠트지 12장을 자른다. 3. 2에서 자른 펠트지에 남자 한복 입는 순서 3개, 여자 한복 입는 순서 3개를 섞어 바느질한다. 4. 3에서 완성된 펠트지를 잘라 놓은 하드보드지에 감싸서 바느질한다. 5. 4에서 완성된 정사각형들을 정육면체 모양으로 바느질한다.		

생활주제	우리나라
제작방법	〈한복 그림판〉 1. 하드보드지를 가로 40cm, 세로 10cm의 크기로 8장 자른다. 2. 남자 한복 입는 순서와 여자 한복 입는 순서의 옷 그림자를 순서대로 붙인다. 3. 2까지 완성된 판을 시트지로 감싼 후 테두리에 마스킹테이프를 붙인다. 4. 옷 그림자에 보슬이(벨트로)를 붙인다. 5. 남자 순서와 여자 순서를 한 쌍씩 고리를 이용해서 묶는다.  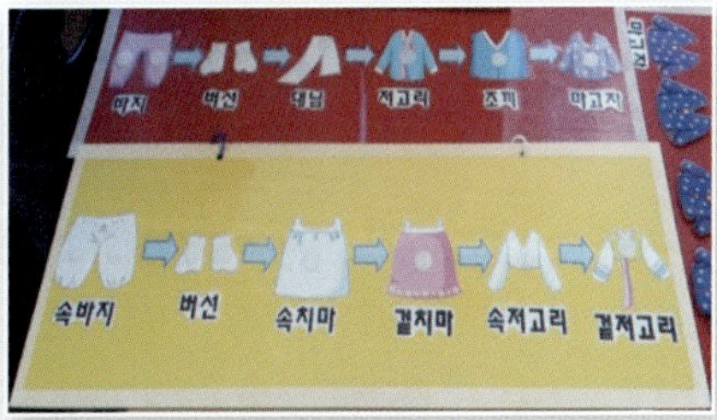 
활동방법	1. 남자 한복과 여자 한복을 입는 순서가 섞여 있는 주사위 2개를 던진다. 2. 주사위를 던져서 나온 옷을 한복 그림판에서 가져와 자신의 게임판에 붙인다. 3. 돌아가면서 던지고, 두 주사위에 같은 그림이 나오면 다음 사람에게 넘겨 준다. 4. 자신의 게임판에 한복 입는 순서를 알맞게 붙인 유아가 이긴다.

[활동 15] 음식 빙고게임

생활주제	우리나라		
활동영역	수 · 조작영역	대상 연령	만 3세
활동목표	• 우리나라의 음식에 대해서 알 수 있다. • 돌림판을 돌려서 나온 그림을 붙여 빙고를 완성할 수 있다. • 게임규칙을 이해하고, 즐겁게 참여할 수 있다.		
누리과정 관련 요소	• 사회관계 〉 사회에 관심 가지기 〉 우리나라에 대해 자부심 갖기 • 자연탐구 〉 생활 속에서 탐구하기 〉 물체를 세어 수량을 알아보기		
활동자료	활동판, 음식사진카드, 글자카드, 빙고판		
준비물	하드보드지, 펠트지(빨간색, 주황색, 노란색, 초록색, 하늘색, 파란색, 분홍색), 투명 시트지, 가위, 본드, 할핀, 투명테이프, 벨크로		
제작방법	1. 우리나라 음식 사진을 복사한 후 코팅을 하고 예쁘게 자른다.   2. 돌림판으로 사용할 하드보드지를 동그랗게 자른 후 펠트지로 감싼다. 3. 코팅한 음식 사진 뒤에 까슬이를 붙이고, 돌림판을 9등분하여 보슬이를 붙인다. 4. 돌림판 뒤에 판을 하나 더 덧붙여서 돌림판일 돌아갈 수 있도록 고정핀으로 가운데를 고정시킨다. 5. 돌림판으로 사용할 하드보드지를 동그라미 모양으로 자른다.		

생활주제	우리나라
제작방법	6. '돌림판'이라는 글씨를 써서 코팅한 후 붙인다.  7. 빙고판으로 사용할 하드보드지의 모서리를 둥글게 자른다. 8. 빙고판을 9등분한 후 벨크로를 붙인다. 
활동방법	1. 우리나라 음식에 대해 알아본다. 2. 2명의 유아가 빙고판을 하나씩 나누어 갖는다. 3. 돌림판을 돌려서 나온 음식의 그림을 빙고판에 붙인다. 4. 먼저 빙고를 3번 외치는 유아가 이긴다.

[활동 16] 세계 여행

<table>
<tr><th>생활주제</th><th colspan="3">세계 여러 나라</th></tr>
<tr><td>활동영역</td><td>수 · 조작영역</td><td>대상 연령</td><td>만 4세</td></tr>
<tr><td>활동목표</td><td colspan="3">• 세계 여러 나라에 대해 관심을 갖고 알아본다.
• 주사위에 나온 숫자만큼 규칙에 따라 말을 이동할 수 있다.
• 게임의 규칙을 지키는 태도를 갖는다.</td></tr>
<tr><td>누리과정 관련 요소</td><td colspan="3">• 사회관계 〉 더불어 생활하기 〉 친구와 서로 도우며 사이좋게 지내기
• 사회관계 〉 사회에 관심 가지기 〉 다양한 문화에 관심 가지기
• 자연탐구 〉 생활 속에서 탐구하기 〉 주변에서 반복되는 규칙 찾기</td></tr>
<tr><td>활동자료</td><td colspan="3">보드판, 비행기 말 3개, 주사위</td></tr>
<tr><td>준비물</td><td colspan="3">하드보드지 2장, 색지(하늘색, 검은색), 머메이드지(베이지색, 갈색, 초록색, 파랑색), 색 고리 4개, 마스킹테이프, 벨크로, 접착펠트지(빨간색, 분홍색, 노란색, 연두색, 파란색 등), 투명 시트지, 펠트지(검은색, 흰색, 파란색, 분홍색, 초록색), 입지 않는 옷, 바지 주머니, 바지 고무줄, 바늘, 실, 스펀지, 솜, 가위, 풀, 양면테이프</td></tr>
<tr><td>제작방법</td><td colspan="3">〈보드판〉
1. 하드보드지를 가로 30cm, 세로 40cm의 크기로 1장 자른다.
2. 하드보드지를 가로 15cm, 세로 40cm의 크기로 2장 자른다.
3. 하드보드지의 안쪽 면에 베이지색 머메이드지를 양면테이프로 붙인다.
4. 하드보드지의 바깥쪽 면에 하늘색 색지를 붙인다.
5. 안쪽을 3등분하여 마스킹테이프를 붙여 구분한다.
6. 바깥쪽에는 색지로 '세계 여행' 글자를 오려 붙이고, 바지 주머니를 달아 그 안에 말을 넣을 수 있도록 준비한다.
7. 하드보드지를 색 고리로 연결하여 문을 열고 닫을 수 있도록 가운데에 벨크로를 붙인다.
8. 안쪽의 왼쪽 규칙판에는 국기(한국, 미국, 프랑스, 중국, 이탈리아, 호주)와 건축물의 사진을 오려서 코팅하여 벨크로를 붙인다.
9. 가운데 판에는 길을 만들어 코팅한 국기 사진에 벨크로를 붙인다.
10. 안쪽의 오른쪽 규칙판에 게임규칙을 붙인다.

〈비행기 말〉
• 펠트지를 비행기 모양으로 오려서 속에 솜을 넣고 바느질한다.</td></tr>
</table>

생활주제	세계 여러 나라
제작방법	〈주사위〉 1. 하드보드지로 가로 7cm, 세로 7cm 크기의 정육면체 모양의 상자를 만든다. 2. 6면에 1~6까지의 숫자를 오려서 붙이고 투명 시트지로 감싼다.  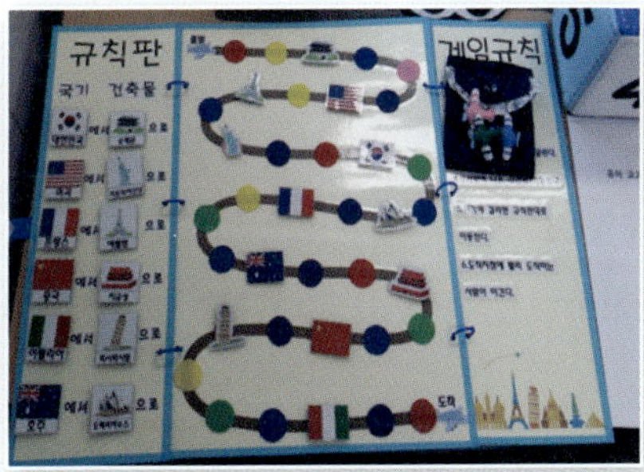
활동방법	1. 준비된 말 중 원하는 말을 고른다. 2. 가위바위보를 해서 이긴 사람이 먼저 주사위를 굴린다. 3. 주사위에 나온 수만큼 이동한다. 4. 국기에 걸리면 규칙판대로 이동한다. 5. 도착지점에 먼저 도착한 유아가 이긴다.

[활동 17] 가을 열매가 열렸어요

생활주제	가을		
활동영역	수 · 조작영역	대상 연령	만 3세
활동목표	• 가을에 볼 수 있는 여러 종류의 열매에 대해 알아본다. • 숫자를 보고 알맞은 열매의 수를 붙일 수 있다. • 가을 열매에 관심을 갖고, 탐구하는 태도를 갖는다.		
누리과정 관련 요소	• 자연탐구 〉 생활 속에서 탐구하기 〉 물체를 세어 수량을 알아보기 • 자연탐구 〉 자연과 더불어 살기 〉 생명과 자연환경을 소중히 여기기 • 자연탐구 〉 자연과 더불어 살기 〉 주변의 동식물에 관심 가지기		
활동자료	활동판, 가을 열매 모형(사과 · 귤 · 배 · 감 · 밤), 주사위		
준비물	펠트지(빨간색, 노란색, 주황색, 초록색, 연두색, 갈색, 황토색, 진분홍색, 보라색, 흰색), 보드롱 본드, 바늘, 실, 벨크로, 솜, 하드보드지		
제작방법	**〈활동판〉** 1. 8절 하드보드지 2장과 작게 자른 하드보드지(가로 30cm, 세로 20cm)에 갈색 펠트지를 바느질하여 앞뒤로 붙인다. 2. 하드보드지에 '가을 열매 나무'라는 글자를 펠트지로 잘라 바느질해서 붙인다. 3. 빨간색, 노란색 펠트지로 은행잎과 단풍잎 모양으로 오리고, 보드롱 본드를 사용해서 붙여 꾸민다. 4. 8절 하드보드지, 작게 자른 하드보드지를 순서대로 나란히 놓고, 안쪽은 가을 나무로 꾸민다. 5. 나무 곳곳에 30개의 보슬이(벨크로)를 붙인다. 6. 3개의 하드보드지를 바느질로 연결한다. **〈가을 열매 모형〉** 1. 펠트지를 이용해 가을 열매(사과 · 배 · 감 · 귤 · 밤) 모양으로 오려서 솜을 넣고 바느질한다. 2. 까슬이(벨크로)를 뒷면에 붙인다. 3. 칸칸이 나눠진 상자에 넣어 보관한다.		

<table>
<tr><th>생활주제</th><th>가을</th></tr>
<tr><td>제작방법</td><td>〈주사위〉
1. 펠트지를 가로, 세로 5cm 크기의 네모 모양 6장 자른다.
2. 숫자와 연산기호를 오려서 보드롱 본드로 붙이고, 바느질한다.
3. 바느질하여 주사위의 6면을 연결하여 입체적인 모양으로 완성한다.

</td></tr>
<tr><td>활동방법</td><td>1. 가위바위보로 순서를 정하고 숫자와 연산기호가 있는 주사위를 던진다.
2. 주사위에 나온 숫자만큼 상자에서 가을 열매를 꺼낸다.
3. 활동판에 원하는 가을 열매를 원하는 위치에 붙인다.
4. 열매를 많이 모은 유아가 이긴다.</td></tr>
</table>

[활동 18] 맷돌 로또

생활주제	생활도구		
활동영역	수 · 조작영역	대상 연령	만 4세
활동목표	• 맷돌을 돌려 보면서 맷돌의 원리를 이해할 수 있다. • 맷돌을 돌리는 활동을 통해 수의 개념을 익힐 수 있다. • 친구들과 함께 활동에 즐겁게 참여할 수 있다.		
누리과정 관련 요소	• 자연탐구 〉 탐구과정 즐기기 〉 궁금한 것을 탐구하는 과정에 즐겁게 참여하기 • 자연탐구 〉 생활 속에서 탐구하기 〉 물체를 세어 수량을 알아보기 • 자연탐구 〉 생활 속에서 탐구하기 〉 도구와 기계에 대해 관심 가지기		
활동자료	맷돌, 숫자 공, 말, 활동판		
준비물	원통 상자, 한지, 펠트지(갈색, 회색), 색지(연두색, 빨간색), 스티로폼 공, 클레이, 본드, 가위, 풀, 나무		
제작방법	1. 상자의 뚜껑에 연두색 색지를 붙이고, 회색 펠트지로 말이 지나가는 길을 꾸민다. 2. 스티로폼과 갈색 펠트지를 이용해 나무 모양의 징검다리를 만들어 붙인다.   3. 동그란 상자 2개를 한지로 싸고, 위아래에 구멍을 뚫어 숫자공이 지나가는 길을 만든다. 4. 나무를 이용해 손잡이를 만들어 붙인다.  		

생활주제	생활도구
제작방법	5. 상자에 맷돌을 넣고, 스티로폼 공에 숫자를 적어서 통에 넣는다. 6. 화살표로 출발 위치를 표시하고, 클레이를 이용해 토끼와 다람쥐 모양의 말을 만든다. 
활동방법	1. 다양한 맷돌 사진을 보며 맷돌의 원리에 대해 이야기 나눈다. 2. 두 팀으로 나누어 가위바위보로 순서를 정하고, 이긴 팀이 먼저 맷돌 위에 공을 넣고 손잡이를 돌린다. 3. 손잡이를 돌릴 때 나온 2개의 숫자를 더한다. 정답을 맞히면 앞으로 2칸, 틀리면 앞으로 1칸 갈 수 있다. 4. 중간 통나무 다리에 걸리면 뒤로 1칸 간다. 5. 먼저 도착한 팀이 이긴다.

[활동 19] 재미있는 빨래놀이

<table>
<tr><th>생활주제</th><th colspan="3">생활도구</th></tr>
<tr><td>활동영역</td><td>수 · 조작영역</td><td>대상 연령</td><td>만 3세</td></tr>
<tr><td>활동목표</td><td colspan="3">• 빨래하는 방법과 빨래집게 사용법에 대해 알아본다.
• 돌림판의 수를 세어 보며 수세기를 할 수 있다.
• 생활도구에 관심을 갖고 탐구하는 태도를 갖는다.</td></tr>
<tr><td>누리과정 관련 요소</td><td colspan="3">• 신체운동건강 〉 신체활동 즐기기 〉 신체 움직임 조절하기
• 자연탐구 〉 생활 속에서 탐구하기 〉 물체를 세어 수량을 알아보기</td></tr>
<tr><td>활동자료</td><td colspan="3">돌림판, 빨래줄, 빨래집게, 옷</td></tr>
<tr><td>준비물</td><td colspan="3">펠트지(빨간색, 파란색, 보라색, 노란색, 검은색, 회색, 주황색, 하늘색, 갈색, 분홍색, 흰색), 하드보드지, 끈, 할핀, 마스킹테이프, 시트지, 글루건</td></tr>
<tr><td>제작방법</td><td colspan="3">〈상자〉
1. 하드보드지를 가로 28cm, 세로 30cm, 높이 15cm의 크기로 상자 전개도를 그린 후 자른다.
2. 전개도 앞뒤로 시트지를 붙인다.
3. 전개도를 접어 글루건으로 고정시킨 후 마스킹테이프로 마무리한다.(뚜껑은 가로와 세로를 각각 0.7cm 더 크게 하고, 높이는 5cm로 한다.)

〈돌림판〉
1. 하드보드지를 이용해 가로, 세로 20cm 크기의 정사각형 모양으로 자른다.
2. 양면을 시트지로 싸고, 앞판에 원을 그린 후 4등분하여 0, 1, 2, 3개의 점을 표시한다.
3. 화살표 모양을 만들어 원의 가운데 할핀으로 고정하여 돌아가도록 만든다.

〈옷〉
1. 색지를 이용해 원피스와 상의, 하의, 속옷 등을 디자인한 후 오려 만든다.
2. 준비된 옷들을 코팅하여 가위로 오린다.</td></tr>
</table>

생활주제	생활도구
제작방법	〈빨랫줄〉 1. 하드보드지를 가로 20cm, 세로 12cm의 크기로 자른 것을 2장 준비해 시트지로 싸고, 마스킹테이프로 테두리를 감싼다. 2. 가운데 홈을 자르고 끼워서 십자가 모양으로 만든다. 3. 끈을 이용하여 사방으로 둘러 빨랫줄을 완성한다.   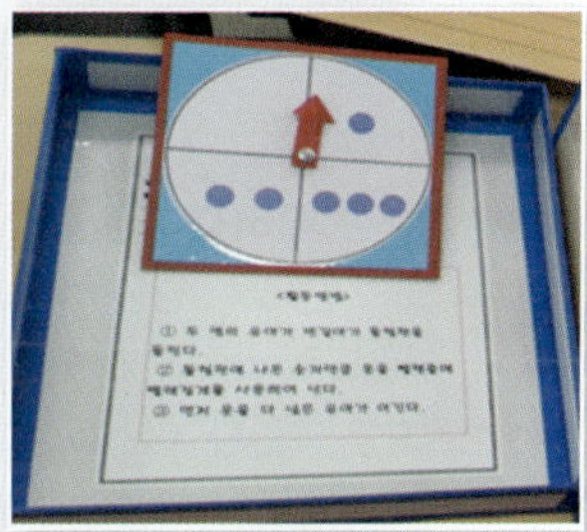 
활동방법	1. 2명의 유아가 번갈아 가며 돌림판을 돌린다. 2. 돌림판에 나온 숫자만큼 빨래집게를 사용해서 옷을 빨랫줄에 널어 본다. 3. 주어진 옷을 먼저 다 널은 유아가 이긴다.

[활동 20] 그림자 퍼즐

생활주제	생활도구		
활동영역	수 · 조작영역	대상 연령	만 3세
활동목표	• 생활도구의 용도와 쓰임에 대해 알아본다. • 생활도구 퍼즐을 맞춰 보는 활동을 통해 공간과 도형을 인식한다. • 우리 주변의 다양한 생활도구에 관심을 갖는다.		
누리과정 관련 요소	• 신체운동건강 〉 신체활동 즐기기 〉 신체 움직임 조절하기 • 자연탐구 〉 생활 속에서 탐구하기 〉 물체의 위치와 방향, 모양을 알고 구별하기		
활동자료	부엌과 화장실 자석 퍼즐판, 생활도구 퍼즐		
준비물	인쇄물(부엌: 프라이팬, 냄비, 믹서, 전기밥솥, 냉장고 / 화장실: 욕조, 거울, 휴지, 변기, 생활도구 이름표), 하드보드지, 시트지, 접착 자석		
제작방법	〈자석 퍼즐판〉 1. 부엌(화장실) 배경 그림을 컬러로 인쇄한다. 2. A4 크기 인쇄물 2장을 바르게 맞춰 자른 후 풀로 붙인다. 3. 각 생활도구 퍼즐에 맞게 검은색 색지를 잘라 각 생활도구 자리에 붙인다. 4. 생활도구 그림자 부분에 생활도구 이름표를 붙인다. 5. 완성된 퍼즐판을 자석판에 붙인다.		

<table>
<tr><th>생활주제</th><th>생활도구</th></tr>
<tr><td>제작방법</td><td>

〈생활도구 퍼즐〉

1. 생활도구 그림을 컬러로 인쇄한다.
2. 인쇄한 그림을 오려서 코팅한 후 뒷면에 자석을 붙인다.

</td></tr>
<tr><td>활동방법</td><td>

1. 퍼즐을 보며 생활도구에 대해 이야기 나눈다.
2. 그림자에 알맞은 생활도구 그림을 골라 퍼즐을 맞춘다.
3. 생활도구의 이름을 읽고 무엇에 쓰는 물건인지 설명해 본다.
4. 생활도구 퍼즐 맞추기 활동을 한 느낌을 이야기하며 마무리한다.

</td></tr>
</table>

[활동 21] 분리수거 빙고

<table>
<tr><th>생활주제</th><th colspan="3">지구와 환경</th></tr>
<tr><td>활동영역</td><td>수 · 조작영역</td><td>대상 연령</td><td>만 5세</td></tr>
<tr><td>활동목표</td><td colspan="3">• 게임을 통해 지구를 깨끗하게 지키는 방법을 안다.
• 규칙을 지키며 게임에 참여한다.
• 지구를 사랑하는 방법을 적극적으로 실천하는 태도를 갖는다.</td></tr>
<tr><td>누리과정 관련 요소</td><td colspan="3">• 사회관계 〉 더불어 생활하기 〉 약속과 규칙의 필요성을 알고 지키기
• 자연탐구 〉 생활 속에서 탐구하기 〉 물체의 특성과 변화를 여러 가지 방법으로 탐색하기
• 자연탐구 〉 자연과 더불어 살기 〉 생명과 자연환경을 소중히 여기기</td></tr>
<tr><td>활동자료</td><td colspan="3">게임판, 분리수거 카드</td></tr>
<tr><td>준비물</td><td colspan="3">하드보드지, 색지(노란색, 파란색, 살구색), 코팅자료('빙고를 해요' 글자, 분리수거 카드), 마스킹테이프, 투명 시트지, 상자</td></tr>
<tr><td>제작방법</td><td colspan="3">〈게임판〉
1. 하드보드지를 가로 15cm, 세로 20cm의 크기로 잘라서 4장 준비한다.
2. 파란색 색지를 하드보드지에 붙이고, '빙고를 해요'와 '분리수거를 해요' 글자를 인쇄하여 오려 붙인다.
3. 가로, 세로 5cm의 크기로 오린 색지를 9장씩 하드보드지에 붙이고, 투명 시트지로 싼 후 마스킹테이프로 마무리한다.</td></tr>
</table>

생활주제	지구와 환경
제작방법	〈분리수거 카드〉 1. 캔, 플라스틱, 유리, 종이 등의 재활용품 사진을 컬러로 인쇄한다. 2. 다양한 재활용품 사진과 글자를 가로, 세로 5cm 크기의 색지에 붙이고, 코팅한 후 오려서 준비한다. 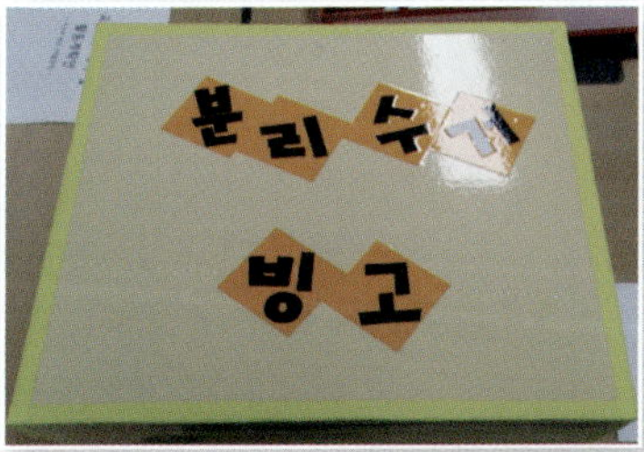
활동방법	1. 빙고판에 쓰레기(분리수거) 사진을 붙인다. 2. 가위바위보로 순서를 정한다. 3. 이긴 친구가 먼저 분리수거할 물건을 말한 뒤 분리수거 통에 재료별로 나누어 담는다. 4. 가로, 세로, 대각선으로 빙고를 먼저 3번 외치는 유아가 이긴다.

[활동 22] 한복 바느질

생활주제	우리나라		
활동영역	수 · 조작영역	대상 연령	만 3세
활동목표	• 우리나라 사람들은 바느질로 옷을 꿰맸음을 안다. • 끈을 위, 아래로 교차하며 바느질 할 수 있다. • 옷을 바느질 하는 것에 관심을 가진다.		
누리과정 관련 요소	• 신체운동 · 건강 〉 신체활동 즐기기 〉 신체 움직임을 조절하기 • 사회관계 〉 사회에 관심 가지기 〉 내가 살고 있는 곳에 대해 궁금한 것 알아보기 • 자연탐구 〉 생활 속에서 탐구하기 〉 도구와 기계에 관심 가지기		
활동자료	여아 한복 바느질 교구, 남아 한복 바느질 교구, 족두리 바느질 교구, 복건 바느질 교구, 여아 신발 바느질 교구, 남아 신발 바느질 교구, 사용방법 설명서		
준비물	도안, 족두리 도안, 신발 도안, 아일렛, 아일렛 펀치, 펠트지 (빨간색, 노란색, 하얀색, 분홍색, 연두색, 검정색, 파란색, 하늘색, 남색, 보라색), 바늘, 실, 두꺼운 끈, 마분지 400g, 양면테이프, 설명서 출력물		
제작방법	**〈바느질 놀잇감〉** 1. 도안 제작을 위한 디자인 자료를 찾는다. 2. 도안을 그리고, 펠트지를 도안에 맞게 자른다. 3. 옷의 겉 부분이 바깥으로 나오게 배치하여 바느질을 한다. 4. 아일렛 펀치로 아일렛을 박아 바느질 교구를 완성한다. 		

생활주제	우리나라
제작방법	〈설명서〉 1. 사용 방법을 설명하는 그림을 그린다. 2. 마분지 400g을 세로 16cm, 가로 11cm로 7개를 오리고 사용방법 출력물을 부착한다. 3. 앞이 떨어지지 않도록 시트지로 마무리하고 고리를 연결한다. 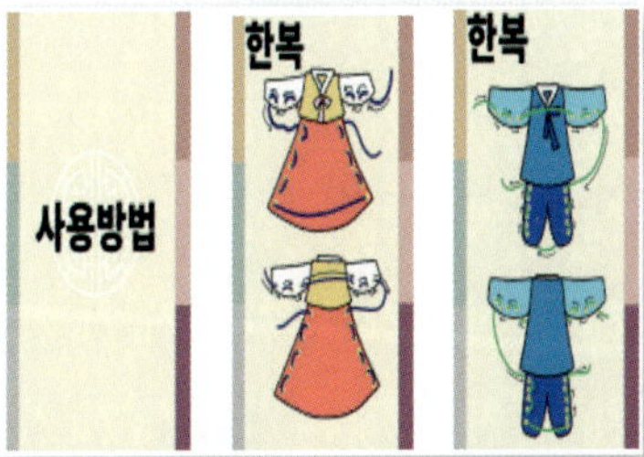 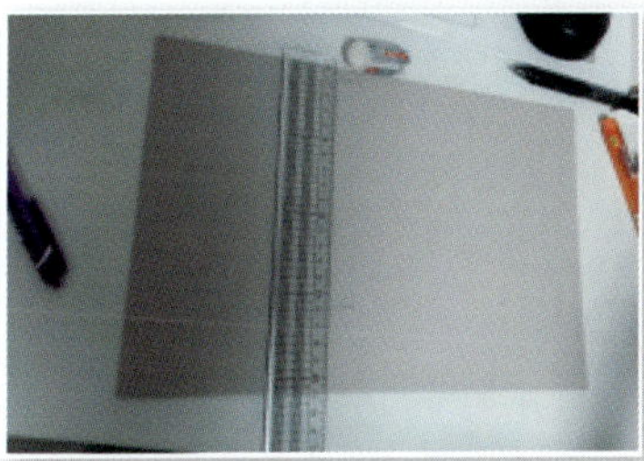 
제작 시 유의점	• 펀치로 구멍을 뚫을 때 여러 번 놀이해도 망가지지 않도록 견고하게 제작한다.
활동방법	1. 수 · 조작 영역에서 바느질에 대해 이야기 나눈다. 2. 바느질 교구를 탐색한다. 3. 설명서를 보며 바느질하는 방법에 대해 알아본다. 4. 직접 설명서대로 바느질을 한다. 5. 바느질해본 경험에 대해 이야기 나눈다.

(2) 언어 / 역할 / 과학

[활동 1] 가로세로 낱말 맞추기

[활동 2] 다양한 교통기관을 알아봐요

[활동 3] 날아라~ 주사위

[활동 4] 초식동물아! 육식동물아!

[활동 5] 우리 가족은?

[활동 6] 세계 여러 나라 낱말 주머니

[활동 7] 생활도구 글자 맞추기

[활동 8] 맛있는 샌드위치

[활동 9] 병원놀이

[활동 10] 조심조심 건너요

[활동 11] 나는야, 떡장수

[활동 12] 카메라

[활동 13] 베이커리

[활동 14] 추수를 해봐요

[활동 15] 다림질을 해요

[활동 16] 거울로 만드는 가을

[활동 17] 마법의 손전등

[활동 1] 가로세로 낱말 맞추기

생활주제	여름		
활동영역	언어영역	대상 연령	만 5세
활동목표	• 여름과 관련된 다양한 낱말을 알아본다. • 힌트를 듣고 이해하여 가로세로 낱말을 맞춰 본다. • 다양한 글자에 관심을 갖는다.		
누리과정 관련 요소	• 의사소통 〉 듣기와 말하기 〉 상황에 적절한 단어를 사용하여 말하기 • 의사소통 〉 읽기와 쓰기에 관심 가지기 〉 주변의 상징, 글자 등의 읽기에 관심 가지기		
활동자료	가로세로 낱말판, 여름과 관련된 글자카드		
준비물	펠트지(파란색, 하늘색, 분홍색), 본드, 라인테이프, 가위, 풀, 글자, 코팅지, 벨크로		
제작방법	1. 펠트지를 사용하여 여름과 관련된 낱말을 붙일 큰 물고기와 작은 물고기를 오린다.   2. 낱말 맞추기 배경인 고래를 만들어 붙인다. 3. 글자를 오려서 코팅한 후 뒤에 까슬이(벨크로)를 붙인다.  		

생활주제	여름
제작방법	4. 하드보드지에 하늘색 시트지를 붙이고, 고래와 물고기를 붙인 후 라인테이프로 글자를 붙일 가로세로 칸을 만든다. 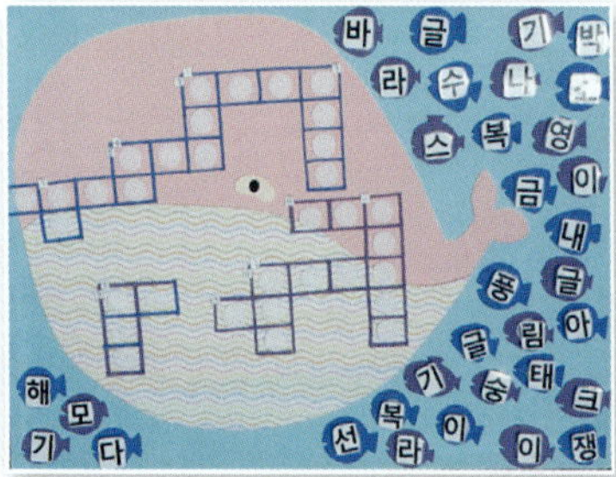 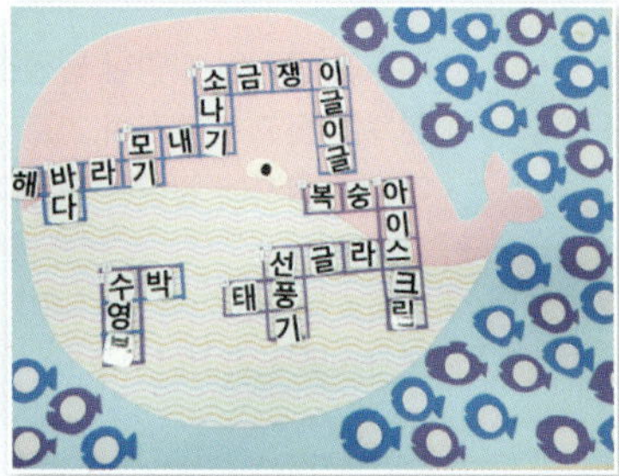
활동방법	1. '여름'하면 떠오르는 단어에 대해 생각해 본다. 2. 활동판을 보여 주며 가로세로 낱말 맞추기 활동을 진행한다. ① 1번 번호에 해당하는 낱말에 대한 설명을 읽어 준다. ② 해당하는 단어를 찾아 붙여 준다. ③ 1번 단어에 이어지는 다음 단어에 대한 설명을 읽어 준다. ④ 같은 방식으로 활동을 진행한다. 3. 낱말을 많이 맞춘 유아가 승리한다.

[활동 2] 다양한 교통기관을 알아봐요

생활주제	교통기관		
활동영역	언어영역	대상 연령	만 4세
활동목표	• 일상생활에서 볼 수 있는 교통기관의 종류를 알아본다. • 교통기관을 운행하는 장소에 따라 분류하여 붙여 본다. • 친구들과 함께 즐겁게 활동에 참여한다.		
누리과정 관련 요소	• 신체운동건강 〉 안전하게 생활하기 〉 교통안전 규칙 지키기 • 의사소통 〉 읽기와 쓰기에 관심 가지기 〉 주변의 상징, 글자 등의 읽기에 관심 가지기 • 자연탐구 〉 생활 속에서 탐구하기 〉 일상에서 모은 자료를 기준에 따라 분류하기		
활동자료	삼각뿔 틀, 교통기관 카드		
준비물	하드보드지, 투명 시트지, 교통기관 사진, 색 한지(파란색), 벨크로(검은색, 흰색), 칼, 가위, 풀, 작은 박스		
제작방법	**〈삼각뿔 틀〉** 1. 작은 상자를 오려서 삼각뿔 모양의 틀을 만든다. 2. 색 한지(파란색)를 이용하여 겉면을 싸고, 투명 시트지를 붙인다. 3. 바다 · 하늘 · 땅을 표시하고, 보슬이(벨크로)를 카드 개수만큼 붙인다.		

생활주제	교통기관
제작방법	**〈교통기관 카드〉** 1. 교통기관 그림과 글씨를 프린트해서 오린다. 2. 하드보드지로 가로 8cm, 세로 6cm 크기의 네모 모양 18장을 자른다. 3. 작게 자른 하드보드지 위에 교통기관 그림과 글자를 붙인 후 투명 시크지로 감싼다. 4. 뒷면에 까슬이(벨크로)를 붙인다.   
활동방법	1. 교통기관의 종류에 대해 알아본다. 2. 교통기관 카드를 바닥에 하나씩 나열한다. 3. 삼각뿔 각 면에 바다 · 하늘 · 땅을 표시하고, 카드를 분류하여 붙인다. 4. 제대로 분류했는지 확인해 본다.

[활동 3] 날아라~ 주사위

생활주제	동식물과 자연		
활동영역	언어영역	대상 연령	만 4세
활동목표	• 동물 사진을 보고 단어를 찾아보며 동물의 이름을 안다. • 동물을 보고 몸짓과 음성으로 표현해 본다. • 다양한 동물의 특징에 관심을 갖는다.		
누리과정 관련 요소	• 의사소통 〉 듣기와 말하기 〉 상황에 적절한 단어를 사용하여 말하기 • 의사소통 〉 읽기와 쓰기에 관심 가지기 〉 주변의 상징, 글자 등의 읽기에 관심 가지기 • 예술경험 〉 창의적으로 표현하기 〉 신체나 도구를 활용하여 움직임과 춤으로 자유롭게 표현하기 • 자연탐구 〉 탐구과정 즐기기 〉 주변 세계와 자연에 대해 지속적으로 호기심 가지기		
활동자료	게임판, 주사위, 말, 낱말카드		
준비물	공예용품, 색지, 커터 칼, 찍찍이, 펠트지, 금 · 은방울, 종이수국, 미니 컬러 사각 칠판(말), 백색 포맥스, 스티로폼, 부직포, 모서리 감싸개, 글루건, 가위		
제작방법	〈게임판〉 1. 백색 포맥스를 이용해서 판을 만든다. 2. 판 위에 낱말카드와 동물 그림을 붙인다. 3. 모서리 감싸개로 판의 모서리를 두른다. 〈주사위〉 1. 스티로폼을 이용하여 정육면체를 만든다. 2. 그 위에 부직포를 감싸고 숫자를 표시한다. 〈말판〉 1. 하드보드지 위에 부직포를 감싼다. 2. 낱말카드가 붙도록 찍찍이를 붙인다. 		

생활주제	동식물과 자연
활동방법	1. 게임판에 나오는 동물에 대해 이야기 나눈다. 2. 동물의 특성에 대해 이야기 나눈다. 3. 게임방법을 설명해 준다. ① 가위바위보를 해서 먼저 시작할 사람을 정한다. ② 주사위를 던져 나온 숫자만큼 움직인다. ③ 해당되는 동물 그림의 이름을 말하고 소리와 몸짓으로 흉내 낸다. ④ 흉내 낸 동물의 이름이 적힌 낱말카드를 찾는다. ⑤ 찾은 낱말카드를 자신의 판에 붙인다. ⑥ 판을 다 채우면 게임이 끝난다. 4. 활동에 대해 평가한다.

[활동 4] 초식동물아! 육식동물아!

생활주제	동식물과 자연		
활동영역	언어영역	대상 연령	만 4세
활동목표	• 초식동물과 육식동물의 차이점을 이해한다. • 동물의 특징에 기초하여 분류할 수 있다. • 동물의 특징에 대해 탐구하는 태도를 갖는다.		
누리과정 관련 요소	• 의사소통 〉 듣기와 말하기 〉 자신의 경험, 느낌, 생각 말하기 • 자연탐구 〉 생활 속에서 탐구하기 〉 일상에서 모은 자료를 기준에 따라 분류하기		
활동자료	배경판, 동물인형(사자, 원숭이, 말, 코끼리, 기린, 악어), 분류 트럭		
준비물	펠트지(갈색, 연두색, 초록색, 황토색, 살구색, 금색, 주황색, 검은색, 흰색, 하늘색, 빨간색, 노란색, 분홍색), 접착 펠트지(연두색, 빨간색), 실, 바늘, 자, EVA, 양면테이프, 글루건, 플라스틱 바퀴, 방울, 솜, 펜, 벨크로, 찍찍이		
제작방법	**〈동물인형〉** 1. 사자, 원숭이, 말, 코끼리, 기린, 악어 그림을 그린다. 2. 그린 그림을 모양에 맞게 자른다. 3. 앞면을 동물 모양으로 꾸미고, 같은 실의 색으로 테두리를 바느질한다. **〈분류 트럭〉** 1. 트럭 모양에 맞게 펠트에 그림을 그린 후 자르고, 안에 솜을 넣어 입체적으로 바느질한다. 2. 트럭 아랫부분에 플라스틱 바퀴를 달아 준다.		

생활주제	동식물과 자연
제작방법	〈배경판〉 1. 가로 120cm, 세로 40cm 크기의 펠트(초록색)로 배경판을 자른다. 2. 동물들이 사는 집과 버섯 집, 길 등을 펠트를 활용하여 꾸미고 본드로 붙인다. 
활동방법	1. 배경판에 있는 먹이와 관련된 동물을 옆에 붙인다. 2. 초식동물이라고 생각되는 동물은 연두색 상자에, 육식동물이라고 생각되는 동물을 빨간색 상자에 하나씩 넣는다. 3. 트럭을 밀어 버섯집 앞에 와서 버섯집에 동물들을 놓는다. 4. 친구들과 번갈아가면서 개념을 익히고 활동을 해 본다.

[활동 5] 우리 가족은?

생활주제	우리나라		
활동영역	언어영역	대상 연령	만 5세
활동목표	• 가족구성원의 명칭을 안다. • 가족구성원의 명칭을 찾아 붙일 수 있다. • 활동을 통해 가족의 소중함을 느끼고 고마운 마음을 갖는다.		
누리과정 관련 요소	• 의사소통 〉 읽기와 쓰기에 관심 가지기 〉 주변의 상징, 글자 등의 읽기에 관심 가지기 • 사회관계 〉 더불어 생활하기 〉 가족의 의미를 알고 화목하게 지내기		
활동자료	정답판, 퀴즈판, 낱말카드		
준비물	펠트지(파란색, 하늘색, 주황색, 검은색), 접착 펠트지(검은색), 벨크로, EVA, 컬러 폼보드(하늘색, 주황색), 마스킹테이프		
제작방법	**〈정답판 표지〉** 1. 파란색 펠트지를 가로, 세로 35cm의 크기로 2장 자른다. 2. EVA를 가로 27cm, 세로 32cm의 크기로 2장 자른다. 3. 펠트지 위에 EVA를 테두리 1cm 남기고 글루건으로 붙인다. 4. 그 위에 또 다른 펠트지를 글루건으로 붙인다. 5. 펠트지 2장의 가장자리를 같이 바느질한다. 6. '우리 가족은?' 글자를 인쇄한 후 붙인다. **〈정답판 안쪽〉** 1. 왼편은 가로, 세로 5칸씩, 총 25칸의 표를 마스킹테이프를 이용해서 만들고, 위에 '누구일까요?'라는 글자를 붙인다. 2. 오른편은 보슬이(벨크로)를 4줄로 잘라 붙이고, 위에 '낱말을 정리해요'라는 글자를 붙인다. **〈퀴즈판〉** 1. 우리 가족을 설명하는 퀴즈판을 인쇄하여 코팅한다. 2. 가족의 명칭 글자 수 만큼 여백을 뚫어서 오린 후 여백에 해당하는 글자를 붙일 수 있도록 준비한다.		

생활주제	우리나라
제작방법	〈글자카드〉 1. 가족의 명칭을 각 글자별로 펠트지로 오려 둔다. 2. 정사각형 모양으로 오린 펠트지 2장을 붙여서 가운데에 솜을 넣고, 바느질한다. 3. 펠트지로 만든 글자 뒤에 까슬이(벨크로)를 붙인다. 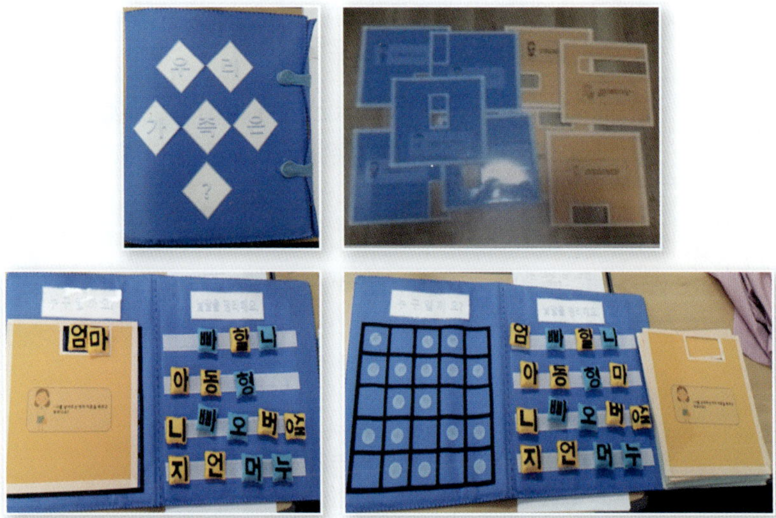
활동방법	1. 퀴즈판을 정답판에 가져다 댄다. 2. 퀴즈판에 있는 문제를 푼다. 3. 알맞은 정답을 찾아 정답판에 붙인다. 4. 모든 퀴즈를 풀 때까지 1~3번을 반복한다.

[활동 6] 세계 여러 나라 낱말 주머니

생활주제	세계 여러 나라		
활동영역	언어영역	대상 연령	만 3세
활동목표	• 나라 이름의 자음을 알 수 있다. • 자음을 보고 알맞은 단어를 연결할 수 있다. • 글자에 대한 흥미를 가질 수 있다.		
누리과정 관련 요소	• 신체운동건강 〉 신체활동 즐기기 〉 신체를 인식하고 움직이기 • 의사소통 〉 듣기와 말하기 〉 상황에 적절한 단어를 사용하여 말하기 • 의사소통 〉 읽기와 쓰기에 관심 가지기 〉 주변의 상징, 글자 등의 읽기에 관심 가지기		
활동자료	낱말 주머니판, 나라 이름 단어카드		
준비물	가위, 글루건, 펠트지, 낱말카드(코팅), 벨크로		
제작방법	1. 여러 가지 색의 펠트지를 준비한다. 2. 활동에 필요한 나라 국기들을 찾아 알맞은 크기에 맞춰 제작하고, 컬러로 인쇄한다.   3. 국기들을 인쇄해 알맞게 자른 후 코팅하여 자른다. 4. 펠트지를 자르고 붙여 주머니를 만든 후 코팅한 나라 국기들을 넣어 보고 마무리한다.  		

생활주제	세계 여러 나라
활동방법	1. 낱말 주머니판을 펼친다. 2. 단어카드 주머니에 있는 섞인 단어카드들을 꺼낸다. 3. 단어카드에 있는 나라 이름과 자음 주머니를 보고 알맞게 넣는다. 4. 카드를 다 사용한 후 다음 사람을 위해 카드를 다시 섞어 놓는다. 5. 섞은 카드를 카드 주머니에 넣고, 다시 접어서 제자리에 갖다 놓는다.

[활동 7] 생활도구 글자 맞추기

생활주제	생활도구		
활동영역	언어영역	대상 연령	만 4세
활동목표	• 생활도구의 명칭을 알아본다. • 글자를 보고 자음과 모음을 조합해 본다. • 친숙한 글자에 관심을 갖는다.		
누리과정 관련 요소	• 신체운동건강 〉 신체활동 즐기기 〉 신체 움직임 조절하기 • 의사소통 〉 읽기와 쓰기에 관심 가지기 〉 주변의 상징, 글자 등의 읽기에 관심 가지기		
활동자료	그림카드, 자음과 모음 퍼즐, 글자판		
준비물	하드보드지(베이지색, 분홍색, 보라색), EVA(연분홍색, 하늘색), 절연테이프, 마스킹테이프, 벨크로, 코팅지, 접착 아세테이트지, 양면테이프, 가위, 풀, 칼		
제작방법	**〈자음/모음 퍼즐〉** 1. 자음과 모음을 프린트하고 글자 모양대로 자른다. 2. 코팅한 후 글자 모양대로 자른다. 3. 양면테이프로 EVA에 자음과 모음을 붙인다. 이때 자음과 모음의 색을 다르게 붙인다. 4. 글자 모양대로 자른 후 뒤에 까슬이(벨크로)를 붙인다. 5. 뚜껑에 자음과 모음 글자를 표시한 상자에 넣어 준비한다. **〈그림카드〉** 1. 하드보드지를 가로 5cm, 세로 7cm 크기의 사각형으로 오린다. 2. 앞면에는 물음표, 뒷면에는 생활도구 그림이나 사진을 붙인다. 3. 뚜껑에 그림카드라고 쓴 상자에 넣어 준비한다.   		
활동방법	1. 생활도구 그림카드를 탐색하며 명칭을 알아본다. 2. 그림카드를 뒤집어 그림이 보이지 않도록 한 후 카드 1장을 뽑는다. 3. 뽑은 그림카드에 어떤 생활도구가 있는지 보고, 쓰임새에 대해 이야기해 본다. 4. 그림카드의 글자를 보고, 자음과 모음 퍼즐을 단어판에 붙이며 글자를 완성한다.		

[활동 8] 맛있는 샌드위치

<table>
<tr><th>생활주제</th><th colspan="3">건강과 안전</th></tr>
<tr><td>활동유형</td><td>역할영역</td><td>대상 연령</td><td>만 3세</td></tr>
<tr><td>활동목표</td><td colspan="3">• 샌드위치에 들어가는 재료와 만드는 방법을 알 수 있다.
• 나만의 샌드위치를 창의적으로 만들어 볼 수 있다.
• 골고루 먹는 습관을 익힌다.</td></tr>
<tr><td>누리과정 관련 요소</td><td colspan="3">• 신체운동건강 〉 건강하게 생활하기 〉 몸에 좋은 음식에 관심을 가지고 바른 태도로 즐겁게 먹기
• 사회관계 〉 더불어 생활하기 〉 친구와 서로 도우며 사이좋게 지내기
• 자연탐구 〉 생활 속에서 탐구하기 〉 주변에서 반복되는 규칙 찾기</td></tr>
<tr><td>활동자료</td><td colspan="3">여러 가지 샌드위치 재료, 접시</td></tr>
<tr><td>준비물</td><td colspan="3">펠트지(빨간색, 흰색, 베이지색, 노란색, 초록색, 연두색, 갈색, 주황색, 분홍색), 실, 바늘, 가위, 솜 등</td></tr>
<tr><td>제작방법</td><td colspan="3">1. 여러 색깔 펠트지에 각 재료(빵, 오이, 양파, 토마토, 치즈, 계란 프라이 등)의 그림을 그린다.
2. 펠트지 2장을 그린 도안과 겹쳐서 오린 후 솜을 넣고 바느질한다.
3. 펠트지 위에 색실로 모양을 내며 바느질한다.
 </td></tr>
<tr><td>활동방법</td><td colspan="3">1. 샌드위치를 먹어 본 경험에 대해 이야기 나눈다.
2. 샌드위치의 특징과 종류에 대해 이야기 나눈다.
3. 샌드위치 만드는 방법을 설명한다.
4. 여러 가지 재료들을 2장의 빵 사이에 쌓아 샌드위치를 만들어 본다.
5. 재료의 종류와 순서를 바꾸어 가며 다양한 샌드위치를 만들어 본다.
6. 완성된 샌드위치를 접시에 담아 친구에게 대접한다.</td></tr>
</table>

[활동 9] 병원놀이

생활주제	건강과 안전		
활동유형	역할영역	대상 연령	만 3세
활동목표	• 병원에서 일하는 사람들에 대해 관심을 갖는다. • 병원놀이에 필요한 역할을 알고 극놀이로 표현해 본다. • 친구들과 함께 즐겁게 활동에 참여한다.		
누리과정 관련 요소	• 사회관계 〉 더불어 생활하기 〉 친구와 서로 도우며 사이좋게 지내기 • 사회관계 〉 사회에 관심 가지기 〉 내가 살고 있는 곳에 대해 궁금한 것을 알아보기 • 예술경험 〉 창의적으로 표현하기 〉 극놀이로 경험이나 이야기를 표현하기		
활동자료	병원놀이 도구(청진기, 주사기, 밴드, 약병 등)		
준비물	부직포, 펠트지, 플라스틱 재활용 빈병, 똑딱이 단추, 글루건, 색지 등		
제작방법	1. 4절 크기의 부직포를 준비한다. 2. 부직포를 반으로 접어 손잡이를 붙이고 안쪽에 똑딱이 단추를 달아 접어서 보관할 수 있도록 한다. 3. 약병은 빈 플라스틱병에 색지를 붙여 꾸미고, 반창고와 약봉투는 펠트지로 오려서 바느질한다. 4. 주사위와 청진기는 펠트지를 말아 붙인 후 꾸민다. 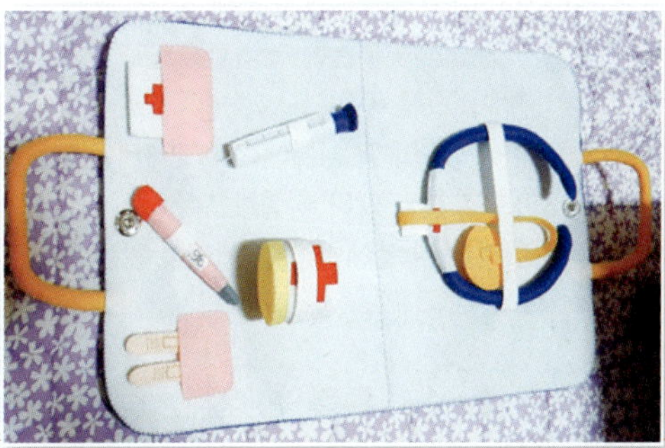		
활동방법	1. 병원에 가 본 경험을 이야기한다. 2. 병원에서 일하는 사람들에 대해 이야기 나눈다. 3. 병원놀이에 필요한 소품에는 어떤 것들이 있는지에 대해 이야기 나눈다. 4. 친구들과 함께 역할을 나누어 병원놀이 활동을 한다.		

[활동 10] 조심조심 건너요

생활주제	교통기관		
활동영역	역할영역	대상 연령	만 4세
활동목표	• 신호에 맞춰서 도로를 건너는 올바른 방법을 알아본다. • 알맞은 신호에 맞춰 건널목을 직접 건너 본다. • 교통안전규칙을 지키는 습관을 갖는다.		
누리과정 관련 요소	• 신체운동건강 〉 신체활동 즐기기 〉 신체를 인식하고 움직이기 • 신체운동건강 〉 신체활동 즐기기 〉 실내외 신체활동에 자발적으로 참여하기 • 신체운동건강 〉 안전하게 생활하기 〉 교통안전 규칙 지키기		
활동자료	자동차, 횡단보도, 신호등		
준비물	똑딱이 박스, 펠트지(흰색, 연하늘색, 진하늘색, 파란색, 검은색), 하얀 모루, 글루건, 송곳, 칼, 가위, 부직포(흰색, 검은색), 흰색 펜, 바늘, 실, 우드락(검은색), 셀로판지(빨간색, 초록색, 투명색), 꼬마전구, 절연테이프, 포스터물감(검은색), 붓, 테이프, AA 건전지, 전선, 우드락 본드, 자		
제작방법	〈자동차〉 1. 박스의 윗부분을 1/2 정도 자르고, 그 1/2를 2등분하여 2개의 선에 반만 칼집을 낸다. 2. 반만 칼집 낸 것을 접어 삼각대로 만들고, 연하늘색 펠트지를 붙인다. 3. 박스의 겉면에 파란색 펠트지를 붙인다. 4. 파란색 펠트지를 붙인 윗부분에 3cm 정도 크기의 연하늘색 펠트지를 붙인다. 5. 펠트지를 사용해 버스를 꾸민다. 6. 송곳을 사용해서 박스의 옆 부분에 각각 2개의 구멍을 뚫는다. 7. 모루를 2~3겹으로 겹쳐 땋아 두껍게 만든다. 8. 땋은 모루를 구멍 뚫린 곳에 넣어 손잡이를 만든다. 〈도로〉 • 검은색 펠트지 위에 흰색 펠트지로 도로 모양을 만들어 붙인다.		

생활주제	교통기관
제작방법	〈신호등〉 1. 상자 한 면에 초록불, 빨간불을 표시할 부분을 자르고, 검은색 시트지로 상자의 겉면에 붙인다. 2. 셀로판지(초록색, 빨간색) 위에 검은색 시트지로 보행자 표시를 오려 붙이고, 상자의 오린 부분에 붙인다. 3. 상자 안에 꼬마전구를 붙이고, 건전지와 연결하여 불을 켜고, 끌 수 있도록 만든다.    
활동방법	1. 각각의 자료를 맡을 유아를 정한다(자동차 1명, 횡단보도 보행자 2명, 신호등 1명). 2. 신호등을 맡은 유아의 빨간불 신호에 맞춰 자동차를 탄 유아가 움직인다. 3. 신호등에 초록불이 들어오면 횡단보도 보행자가 왼손을 들고, 차가 멈춘 것을 확인한 후 화살표 방향에 맞게 선 다음 횡단보도를 건넌다. 4. 각각의 유아가 번갈아가며 활동을 반복한다.

[활동 11] 나는야, 떡장수

생활주제	우리나라		
활동영역	역할영역	대상 연령	만 4세
활동목표	• 우리나라 전통음식에 대해 관심을 갖고 알아본다. • 역할을 정하고, 협력하여 떡장수 역할놀이를 한다. • 친구들과 함께 즐겁게 활동에 참여한다.		
누리과정 관련 요소	• 의사소통 〉 듣기와 말하기 〉 상황에 적절한 단어를 사용하여 말하기 • 사회관계 〉 더불어 생활하기 〉 친구와 서로 도우며 사이좋게 지내기 • 사회관계 〉 사회에 관심 가지기 〉 우리나라에 대해 자부심 갖기		
활동자료	다양한 떡, 대나무 바구니, 지갑, 면 주머니		
준비물	펠트지(흰색, 갈색, 노란색, 분홍색, 초록색), 무늬 펠트지(별 모양, 땡땡이 모양, 꽃모양), 스펀지, 솜, 아이클레이(흰색, 빨간색, 노란색), 단추, 실, 바늘, 쪽가위, 칼, 자, 글루건		
제작방법	〈무지개떡〉 1. 앞면과 뒷면은 흰색 펠트지로 가로 11cm, 세로 8cm의 크기로 4개씩 가위로 자른다. 2. 옆면은 흰색 펠트지로 가로 3.5cm, 세로 8cm의 크기로 4개씩 가위로 자른다. 3. 윗면과 아랫면은 흰색 펠트지 가로 11cm, 세로 3.5cm의 크기로 4개씩 가위로 자른다. 4. 노란색, 녹색, 갈색, 분홍색 펠트지로 줄무늬 띠를 둘러 준다. 5. 펠트지를 바느질로 연결하여 무지개떡을 완성한다. 〈화전〉 1. 흰색 펠트지를 지름 5cm 크기의 원 모양으로 자른 후 안에 솜을 넣고 2장씩 아래, 위로 붙여서 바느질한다. 2. 꽃모양으로 흰색 떡 모양의 펠트지를 꾸민다. 〈꿀떡〉 • 빨간색과 노란색 아이클레이를 이용하여 적당한 크기로 동그랗게 굴려서 꿀떡을 만든다.		

<table>
<tr><th>생활주제</th><th>우리나라</th></tr>
<tr><td>제작방법</td><td>〈지갑〉
1. 땡땡이 모양의 무늬 펠트지를 이용하여 가로 15cm, 세로 10cm 크기의 지갑 모양으로 자르고, 바느질하여 모양을 완성한다.
2. 단추를 달고, 단추 구멍을 만들어 돈을 넣고 잠글 수 있도록 만든다.
 </td></tr>
<tr><td>활동방법</td><td>1. 손님과 떡장수 역할을 정한다.
2. 손님은 지갑과 면 주머니를, 떡장수는 떡바구니와 지갑을 준비한다.
3. 떡장수는 "떡 사세요! 맛있고 따뜻한 떡이 왔습니다."와 같이 떡을 파는 데 필요한 말을 생각해 보고, 직접 역할을 해 본다.
4. 손님은 가격을 물어보며, 필요한 만큼 떡을 고른다.
5. 떡장수는 떡 채반의 덮개를 열어 떡을 면주머니에 담아 손님에게 주고, 떡값을 계산해 준다.</td></tr>
</table>

[활동 12] 카메라

생활주제	생활도구		
활동유형	역할영역	대상 연령	만 3세
활동목표	• 카메라의 사용방법과 쓰임새를 알아본다. • 카메라로 서로를 찍는 모습을 표현할 수 있다. • 카메라 활용법을 적극적으로 탐구해 본다.		
누리과정 관련 요소	• 사회관계 〉 더불어 생활하기 〉 친구와 서로 도우며 사이좋게 지내기 • 예술경험 〉 창의적으로 표현하기 〉 신체나 도구를 활용하여 움직임과 춤으로 자유롭게 표현하기 • 자연탐구 〉 생활 속에서 탐구하기 〉 도구와 기계에 대해 관심 가지기		
활동자료	실제 카메라, 상자로 제작한 카메라		
준비물	빈 상자 또는 하드보드지, 종이컵, 빵 끈, 셀로판테이프, 색 셀로판지, 음료수 뚜껑, 색지, 다양한 모양의 스팽글, 스티커, 목공 본드, 리본테이프 등		
제작방법	1. 빈 과자 상자나 하드보드지로 만든 상자를 색지로 감싼다. 2. 상자의 앞부분은 렌즈가 들어가도록 원모양으로, 뒷부분은 사각형 모양으로 구멍을 낸다. 3. 구멍을 낸 부분에 색 셀로판지를 붙인다. 4. 렌즈 부분에 종이컵을 적당히 잘라 고정시키고 색 끈으로 꾸민다. 5. 카메라에 여러 가지 모양의 스티커나 스팽글로 꾸민다. 6. 셔터 부분에는 음료수 병뚜껑을 붙인다. 7. 완성된 카메라 몸체에 리본테이프를 붙여 목에 걸 수 있도록 한다.  		
활동방법	1. 카메라와 관련된 경험이나 사전지식에 대해 이야기 나눈다. 2. 카메라의 생김새와 특징을 탐색해 본다. 3. 친구나 교실의 물체 등을 대상으로 사진 찍는 활동을 해 본다. 4. 상자로 만든 카메라를 소개하며 실제 카메라와 비교해 본다. 5. 역할놀이영역에서 활용해 보도록 한다.		

[활동 13] 베이커리

<table>
<tr><th>생활주제</th><th colspan="3">소중한 가족</th></tr>
<tr><td>활동유형</td><td>역할영역</td><td>대상 연령</td><td>만 3세</td></tr>
<tr><td>활동목표</td><td colspan="3">• 자신의 생일파티 경험을 회상해 본다.
• 친구들과 함께 즐겁게 활동한다.
• 빵가게에 대한 경험을 극놀이로 표현해 볼 수 있다.</td></tr>
<tr><td>누리과정 관련 요소</td><td colspan="3">• 의사소통 〉 듣기와 말하기 〉 자신의 경험, 느낌, 생각 말하기
• 예술경험 〉 창의적으로 표현하기 〉 극놀이로 경험이나 이야기를 표현하기</td></tr>
<tr><td>활동자료</td><td colspan="3">케이크, 생일축하 모자, 다양한 빵 등</td></tr>
<tr><td>준비물</td><td colspan="3">스티로폼, 펠트지, 솜, 바늘, 실, 구슬, 뽕뽕이, 글루건, 클레이, 찍찍이 등</td></tr>
<tr><td>제작방법</td><td colspan="3">〈케이크〉
1. 스티로폼을 낮은 원기둥 모양으로 만든 후 피자처럼 6등분한다.
2. 자른 스티로폼을 펠트지로 감싼다. 케이크 조각과 조각 사이에 찍찍이를 붙여 서로 떨어지지 않게 한다.
3. 펠트지에 다양한 과일 도안을 그린 후 속에 솜을 채워 넣고 바느질한다.
</td></tr>
</table>

<table>
<tr><th>생활주제</th><th>소중한 가족</th></tr>
<tr><td>제작방법</td><td>〈도넛〉
1. 여러 가지 색의 펠트지에 도넛 모양을 그리고 두 겹으로 겹쳐 오린다.
2. 다양한 모양으로 펠트지를 잘라 도넛 위에 여러 모양으로 꾸며 준다.
3. 도넛모양은 안쪽 원 부분을 먼저 바느질한 뒤 적당량의 솜을 넣어 바느질하고, 하트 모양은 창 구멍만 남겨두고 바느질을 다 한 뒤 솜을 넣어 마무리한다.

〈왕관〉
1. 머리에 두를 수 있을 정도의 길이와 너비로 펠트지를 자른다.
2. 펠트지로 'HAPPY BIRTHDAY' 글자와 초를 오려 바느질하여 붙인다.
3. 머리띠 뒷부분은 찍찍이로 고정시킨다.

</td></tr>
<tr><td>활동방법</td><td>1. 빵가게에 간 본 경험에 대해 이야기한다.
2. 빵가게에 파는 다양한 빵 종류에 대해 이야기 나눈다.
3. 케이크와 도넛, 왕관 등을 활용하여 빵가게 놀이를 해 본다.
4. 놀이하는 모습을 사진으로 기록하여 평가한다.</td></tr>
</table>

[활동 14] 추수를 해봐요

<table>
<tr><th>생활주제</th><th colspan="3">가을</th></tr>
<tr><td>활동유형</td><td>역할영역</td><td>대상 연령</td><td>만 4세</td></tr>
<tr><td>활동목표</td><td colspan="3">• 추수에 대해 알고 놀이하는 방법을 이해한다.
• 놀이 방법에 맞춰 교구를 사용할 수 있다.
• 가을 곡식에 대해 관심을 갖고 즐거운 마음으로 활동에 참여한다.</td></tr>
<tr><td>누리과정 관련 요소</td><td colspan="3">• 신체운동 · 건강 〉 신체활동 즐기기 〉 신체 움직임을 조절하기
• 사회관계 〉 더불어 생활하기 〉 약속과 규칙의 필요성을 알고 지키기
• 자연탐구 〉 자연과 더불어 살기 〉 주변의 동식물에 관심 가지기</td></tr>
<tr><td>활동자료</td><td colspan="3">논 받침대, 벼이삭 모형, 농부머리띠, 바구니, 낫 모형, 허수아비 그림</td></tr>
<tr><td>준비물</td><td colspan="3">펠트지(갈색, 황색), 한지(살구색, 갈색), 백업, 찍찍이, 나뭇가지모형, 허수아비, 농부, 낫 그림, 손코팅지, 택배상자 2개, '추수를 해봐요' 프린트, 글루건, 양면테이프, 가위, 고무줄, EVA</td></tr>
<tr><td>제작방법</td><td colspan="3">**〈논 받침대〉**
1. 종이 상자 겉면에 갈색과 황색의 펠트지를 붙인다.
2. 상자의 한쪽 면을 밑면만 남겨놓고 잘라 문을 만들고 안쪽에 한지를 붙여준다.
3. 노란색 백업을 일정한 크기로 잘라 상자 위 부분에 붙여 준다.
4. 백업 위에 동그란 찍찍이를 붙여주고 사이사이 나뭇가지를 붙인다.
 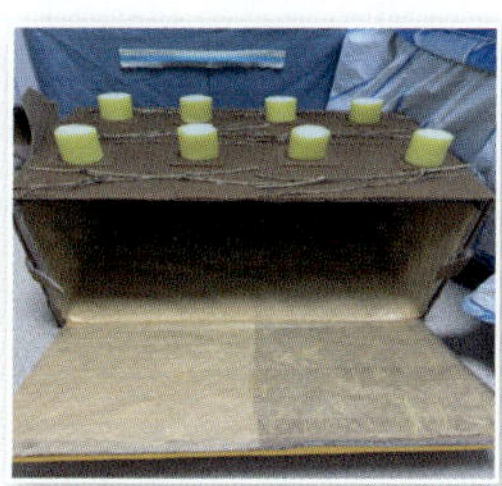 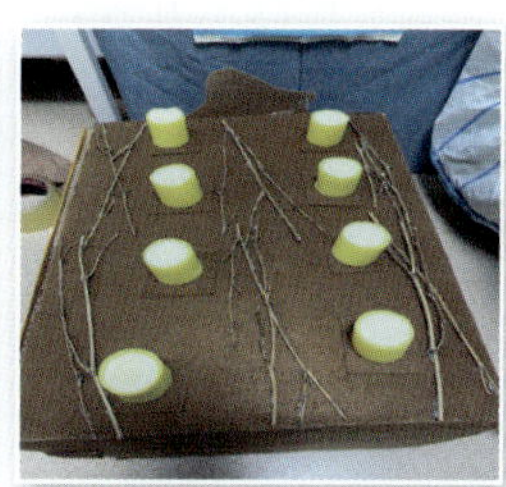</td></tr>
</table>

<table>
<tr><th>생활주제</th><th>가을</th></tr>
<tr><td>제작방법</td><td>〈벼〉
1. 초록색과 노란색 색지를 이용하여 긴 나뭇잎 모양으로 잘라준 후 테이프를 감싼다.
2. 꽃 철심을 중심으로 나뭇잎 색지를 붙인다.
3. 황갈색 펠트지를 길게 3등분으로 잘라 매듭을 지어 벼이삭을 만든다.
4. 나뭇잎을 붙인 꽃 철심 맨 위 부분에 벼이삭을 글루건으로 붙인다.
5. 꽃 철심의 가장 아래 부분을 꽃 테이프로 감싸주고 노란 백업 중앙에 꽂는다.

그 외에 농부, 낫, 허수아비 그림을 오린 뒤 코팅하고 뒤에 펠트지와 하드보드지를 덧붙여 단단하게 만든다.</td></tr>
<tr><td>활동방법</td><td>1. 두 사람씩 ‘추수를 해봐요’ 글씨가 붙어있는 문을 연 다음 바구니에 들어있는 농부 머리띠를 쓴다.
2. 낫을 들고 친구와 함께 한 줄씩 추수놀이를 해본다.
3. 추수를 할 때 한손은 벼이삭을 감싸고 있는 노란색을 잡고 다른 한 손은 낫을 잡아 벼를 수확한다.
4. 추수한 벼는 바구니에 모아본다.</td></tr>
</table>

[활동 15] 다림질을 해요

생활주제	우리나라		
활동유형	역할영역	대상 연령	만 3세
활동목표	• '다림질'에 사용하는 전통 생활 도구와 도구 사용방법에 대해 안다. • '다림질 놀이'를 하며 전통 생활 도구에 대한 자신의 느낌과 생각을 이야기해 본다. • 우리나라 사람들의 생활 문화에 관심을 갖고 친구들과 함께하는 놀이에 즐겁게 참여한다.		
누리과정 관련 요소	• 의사소통 〉 듣기와 말하기 〉 자신의 경험, 느낌, 생각을 말하기 • 사회관계 〉 사회에 관심 가지기 〉 우리나라에 대해 자부심을 가지기 • 자연탐구 〉 생활 속에서 탐구하기 〉 도구와 기계에 대해 관심 가지기		
활동자료	화로, 집게, 인두, 숯, 옷(치마) 등		
준비물	과자 상자(지름 약 15cm, 높이 약 15cm 고무 원형) 1개, 상자 뚜껑(지름 9cm, 높이 4cm 종이 원형), 하드보드지 1장, EVA 1장, 한지(누런색 1.5마, 풀색 1/2마, 검은색 1마), 펠트지(빨간색 1장, 검은색 1장, 회색 1장, 흰색 1장, 연분홍색 3장), 바늘, 실(연분홍색), 나무젓가락 2개, 백업 중간 크기(지름 약 3cm) 1개, 이면지, 양면테이프 2개, 글루건, 글루건 심, 다목적 가위, 가위, 커터칼, 풀, 물풀, 필기도구, 자(15cm, 30cm, 50cm 제작 교구의 크기에 따라 사용), 고무 데스크매트 등		
제작방법	**〈인두〉** 1. 인두 판 부분에 사용할 상자 뚜껑의 겉 부분을 이면지로 덮는다. 2. 하드보드지의 위, 아래쪽 그리고 상자 바깥쪽에 EVA를 붙여 인두의 손잡이와 판 부분을 견고하게 한다. 3. 검은색 한지를 찢어 물풀로 꼼꼼하게 붙인다. 4. 인두 바닥의 돌기(6개)는 EVA를 약 2cm로 잘라 겉을 이면지와 검은색 한지로 덮은 후 인두의 바닥 부분에 간격을 맞추어 붙인다. 		

생활주제	우리나라

제작방법

〈화로〉

1. 제작한 인두의 크기와 숯의 양, 크기 등을 고려하여 화로의 높이를 정하고 다목적 가위를 사용하여 상자를 자른다.
2. 하드보드지를 사용하여 화로의 형태를 만들고 누런색 한지 찢어 붙이고 말리는 과정을 반복한다.
3. 나무젓가락 2개를 EVA로 연결하고 한지를 붙여 집게를 완성한다.
4.하드보드지로 원모양과 손잡이 모양을 만들어 붙여 인두를 완성한다.
5. 백업을 잘라 펠트지를 감싸서 글루건으로 붙여 숯을 만든다.
6. 펠트를 활용하여 한복의 저고리, 치마, 깃 등을 완성한다.

〈집게〉

1. 나무젓가락 2개를 EVA로 연결한다.
2. 나무젓가락과 EVA를 다듬고 누런색 한지를 찢어 붙인다.

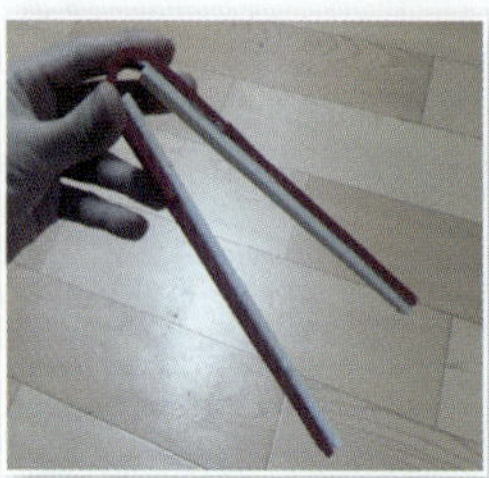
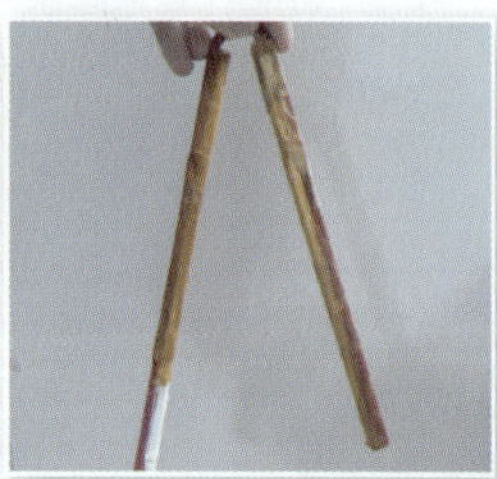
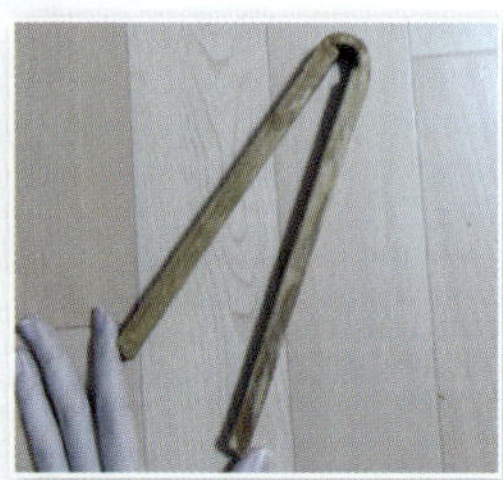

생활주제	우리나라

제작방법

〈숯〉

1. 백업을 높이 2cm, 4cm로 자른다.
2. 자른 백업에 양면테이프를 두르고 펠트지(빨간색, 검은색, 회색)를 붙인다.
3. 백업이 보이지 않도록 펠트지를 여유 있게 자르고 꼼꼼하게 붙여준다.

1. 화로에 있는 숯을 달군다.
2. 달궈진 숯을 집게로 인두에 담는다.
3. 인두로 옷을 다린다.
4. 교구 바구니에 교구를 정리한다.

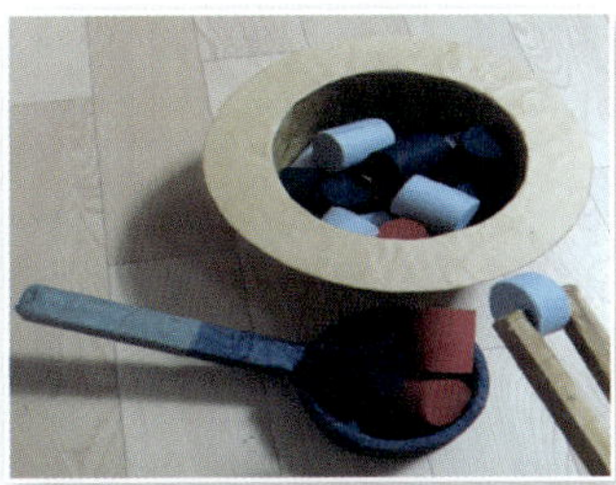

생활주제	우리나라
활동방법	1. 두 사람씩 '추수를 해봐요' 글씨가 붙어있는 문을 연 다음 바구니에 들어있는 농부 머리띠를 쓴다. 2. 낫을 들고 친구와 함께 한 줄씩 추수놀이를 해본다. 3. 추수를 할 때 한손은 벼이삭을 감싸고 있는 노란색을 잡고 다른 한 손은 낫을 잡아 벼를 수확한다. 4. 추수한 벼는 바구니에 모아본다.

[활동 16] 거울로 만드는 가을

생활주제	가을		
활동영역	과학영역	대상 연령	만 3세
활동목표	• 거울의 특징에 대해 알아본다. • 거울을 비춰 가을에 볼 수 있는 것들의 전체 모습을 완성해 본다. • 거울을 이용한 놀이에 흥미를 갖는다.		
누리과정 관련 요소	• 자연탐구 〉 탐구과정 즐기기 〉 주변 세계와 자연에 대해 지속적으로 호기심 가지기 • 자연탐구 〉 생활 속에서 탐구하기 〉 물체의 특성과 변화를 여러 가지 방법으로 탐색하기		
활동자료	반쪽 카드(과일 · 동물), 아크릴 거울		
준비물	펠트지(빨간색, 노란색, 주황색, 진노란색, 분홍색, 검은색, 흰색, 미색, 초록색, 연두색, 살구색), 아크릴 거울, 보관 상자		
제작방법	1. 분홍색 펠트지를 12cm 크기의 정사각형으로 16장 자른다. 2. 하드보드지를 10cm 크기의 정사각형으로 8장 자른다. 3. 펠트지로 귤, 무, 배추, 게, 옥수수, 토마토, 사과, 석류를 만들어 1번 펠트지에 바느질한다. 4. 검은색 펠트지로 각 물체의 이름을 만들어 1번 펠트지에 바느질한다. 5. 3번과 4번을 하드보드지 앞뒤로 짝을 맞춰서 덮고 바느질한다.   		
활동방법	1. 준비된 카드 중 1장을 고른다. 2. 카드의 그림을 보고 어떤 물체의 반쪽인지 생각해 본다. 3. 가운데에 거울을 세운다. 4. 거울에 비친 완성된 물체를 관찰한다. 5. 거울을 사용했을 때와 그렇지 않았을 때 어떤 점이 다른지 비교하여 이야기 나눈다.		

[활동 17] 마법의 손전등

<table>
<tr><th>생활주제</th><th colspan="3">동식물과 자연</th></tr>
<tr><td>활동영역</td><td>과학영역</td><td>대상 연령</td><td>만 4세</td></tr>
<tr><td>활동목표</td><td colspan="3">• 좋아하는 동물이 사는 곳을 안다.
• 돋보기를 비춰 좋아하는 동물을 찾아낼 수 있다.
• 좋아하는 동물 탐구에 관심을 가지고 참여한다.</td></tr>
<tr><td>누리과정 관련 요소</td><td colspan="3">• 의사소통〉 듣기와 말하기〉 자신의 경험, 느낌, 생각을 말하기
• 자연탐구〉 탐구과정 즐기기〉 궁금한 것을 탐구하는 과정에 즐겁게 참여하기
• 자연탐구〉 자연과 더불어 살기〉 주변의 동식물에 관심 가지기</td></tr>
<tr><td>활동자료</td><td colspan="3">마법의 손전등, 마법의 판(땅 속에 사는 동물), 보관용 가방</td></tr>
<tr><td>준비물</td><td colspan="3">A3 OHP필름, (초록색, 빨간색, 하얀색, 주황색, 진한 갈색, 연한 갈색, 분홍색) 펠트지, (두더지, 뱀, 개미, 지렁이) 동물 사진, (갈색, 하늘색) 4절 하드보드지, (검정색) 8절 하드보드지, 검정 도화지, 유성매직, (노란색, 보라색, 연두색, 초록색, 빨간색) 색지, 칼, 가위, 글루건, 풀, 양면테이프, 자</td></tr>
<tr><td>제작방법</td><td colspan="3">1. 하늘색 하드보드지에 여러 색의 펠트지로 땅 위와 땅 속의 모습을 꾸민다.
2. 땅 속에 사는 동물들의 모습과 이름을 출력하여 색지를 덧대어 코팅한 후 뒷면에 벨크로를 붙여 배치해준다.
3. A3 사이즈의 OHP필름 위에 유성매직을 이용하여 동물들을 그린다.
4. 하드보드지 뒷면에 4절 크기의 검은 도화지를 붙이고, 그 위에 OHP필름을 붙인 후(윗부분 제외), 그 위에 가운데 부분을 잘라낸 4절 크기의 갈색 도화지를 붙인다(윗부분 제외).
5. 검정색 하드보드지를 길게 잘라 손전등의 뼈대를 만들고 원 모양의 흰색 하드보드지를 뼈대 위에 붙인다. 뒷면은 검은색 도화지를 사용하여 감싼다.
6. 손전등을 검은 도화지와 OHP필름 사이로 넣어 움직이면서 관찰한다.
  </td></tr>
</table>

<table>
<tr><th>생활주제</th><th>동식물과 자연</th></tr>
<tr><td>제작방법</td><td>

</td></tr>
<tr><td>활동방법</td><td>1. 자신이 좋아하는 동물과 특징에 대해 이야기 나눈다.
2. 마법의 손전등 판 뒤에 있는 실제 판으로 동물들이 사는 곳에 대해 이야기 나눈다.
3. 마법의 손전등 판에서 손전등을 비춰가며 동물들을 찾는다.
4. 땅속에 다른 어떤 동물들이 사는지 이야기 나눈다.</td></tr>
</table>

2. 영아를 위한 교재교구

[활동 1] 관찰해 보세요
[활동 2] 킁킁, 무슨 냄새일까?
[활동 3] 알록달록 맛있는 과일
[활동 4] 칙칙폭폭 숫자놀이
[활동 5] 나도 의사 선생님
[활동 6] 롤케이크 모으기
[활동 7] 배고픈 애벌레
[활동 8] 맛있는 피자
[활동 9] 화장놀이
[활동 10] 따라해 봐요
[활동 11] 악기퍼즐
[활동 12] 달콤한 반쪽
[활동 13] 색 돋보기
[활동 14] 색깔판으로 보아요
[활동 15] 동물인형 짝 맞추기
[활동 16] 감각책
[활동 17] 놀잇감 바느질
[활동 18] 손으로 만져 보아요

[활동 1] 관찰해 보세요

<table>
<tr><td>활동영역</td><td>감각 · 탐색영역</td><td>대상 연령</td><td>만 2세</td></tr>
<tr><td>활동목표</td><td colspan="3">• 다양한 곡식의 종류와 특징에 대해 안다.
• 곡식을 관찰해 보고, 촉감을 직접 느껴본다.
• 곡식을 적극적으로 탐색하는 태도를 갖는다.</td></tr>
<tr><td>누리과정 관련 요소</td><td colspan="3">• 신체운동 〉 감각과 신체인식하기 〉 감각기관 활용하기
• 예술경험 〉 아름다움 찾아보기 〉 예술적 요소 탐색하기</td></tr>
<tr><td>활동자료</td><td colspan="3">촉감판</td></tr>
<tr><td>준비물</td><td colspan="3">하드보드지, 곡식(쌀 · 깨 · 현미 · 콩), 색종이(하늘색), 모루(금색), 골판지(빨간색, 주황색, 노란색), 구슬, 폼폼이, 우드락, 반원, 펠트지(노란색, 주황색)</td></tr>
<tr><td>제작방법</td><td colspan="3">1. 우드락 위에 원 모양을 그리고, 준비한 촉감도구들을 원에 맞춰서 붙인다.
2. 플라스틱 반원 안에 여러 가지 곡식을 넣고, 우드락 위에 붙인다.

3. '관찰해 보아요', '손으로 느껴 보아요' 글자를 인쇄한 후 오려서 색상지에 붙인다.</td></tr>
</table>

제작방법

4. 글자를 우드락에 붙여 완성한다.

* 주제에 따라 다양한 모양으로 변형하여 활용할 수 있다.

활동방법

1. 곡식의 종류와 특징에 대해 알아본다.
2. 반원에 들어있는 곡식을 살펴보고, 곡식의 크기와 색깔에 대해서 알아본다.
3. 여러 가지 촉감판을 만져 보고 자신이 느낀 촉감에 대해 알아본다.
4. 곡식의 크기와 색깔, 자신이 느낀 촉감에 대해 이야기 나눈다.

[활동 2] 킁킁, 무슨 냄새일까?

<table>
<tr><td>활동영역</td><td>감각 · 탐색영역</td><td>대상 연령</td><td>만 2세</td></tr>
<tr><td>활동목표</td><td colspan="3">• 다양한 냄새의 종류에 대해 알아본다.
• 후각을 사용하여 냄새를 구분하는 능력을 기를 수 있다.
• 사물에 호기심을 갖고 탐구할 수 있다.</td></tr>
<tr><td>누리과정 관련 요소</td><td colspan="3">• 신체운동 〉 감각과 신체인식하기 〉 감각기관 활용하기</td></tr>
<tr><td>활동자료</td><td colspan="3">후각병, 후각 상자, 레몬향, 양파, 초콜릿, 복숭아향, 꽃향, 물</td></tr>
<tr><td>준비물</td><td colspan="3">플라스틱병, 리본테이프, 투명테이프, 색지(노란색, 하늘색, 갈색, 분홍색, 흰색, 보라색), 그림, 글자, 코팅지, 벨크로</td></tr>
<tr><td>제작방법</td><td colspan="3">1. 플라스틱병을 준비하여 리본으로 꾸미고 병 안에 물, 레몬향 용액 등 필요한 재료를 넣고 뚜껑을 닫는다.
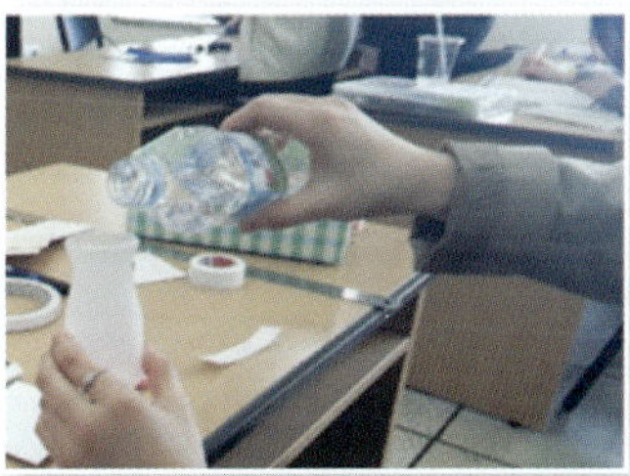 
2. 상자 뚜껑 안쪽에 병을 올려놓을 곳을 6칸으로 나누고, 색지와 코팅한 글자, 그림을 붙여 꾸민다.
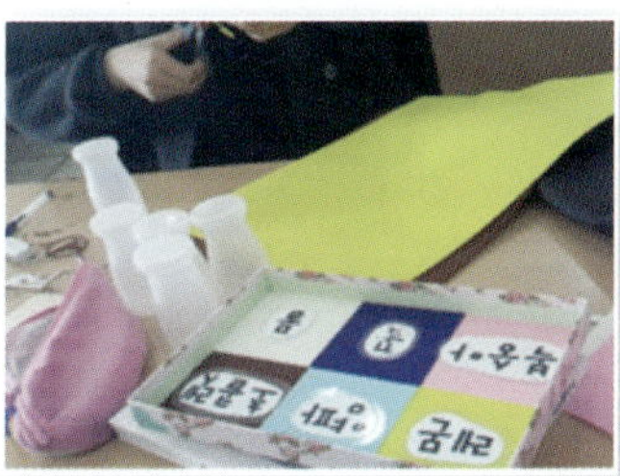 </td></tr>
</table>

	3. 하드보드지를 활용하여 상자 안을 6칸으로 나누어서 병을 넣을 수 있도록 만든다.  
활동방법	1. 후각 상자에 들어 있는 다양한 냄새에 대해 이야기 나눈다. 2. 상자를 열고 상자 위에 뚜껑을 놓은 다음 6개의 병 중 랜덤으로 병을 고른다. 3. 고른 병의 뚜껑을 열고 냄새를 맡는다. 4. 냄새를 맡고 어떤 냄새가 나는지 말해 보고, 상자 뚜껑에 있는 6가지 그림 중 맞는 그림 위에 올려놓는다. 5. 6가지 병의 냄새를 모두 맡아 보고 맞는 그림 위에 모두 올린다. 6. 병 속의 냄새와 그림이 일치하는지 확인해 본다. 7. 병뚜껑을 덮어 다시 상자에 넣고 정리한다.

[활동 3] 알록달록 맛있는 과일

활동영역	감각 · 탐색영역	대상 연령	만 2세
활동목표	• 다양한 색에 대해 알아본다. • 과일의 종류를 알고 같은 색끼리 연결할 수 있다. • 과일에 관심을 갖고 탐구하는 태도를 갖는다.		
누리과정 관련 요소	• 신체운동 〉 감각과 신체인식하기 〉 감각기관 활용하기 • 자연탐구 〉 과학적 탐구하기 〉 자연을 탐색하기 • 예술경험 〉 아름다움 찾아보기 〉 예술적 요소 탐색하기		
활동자료	활동판, 색 이름 글자카드, 과일 모형, 고무줄		
준비물	하드보드지, 펠트지(빨간색, 주황색, 노란색, 초록색, 보라색, 분홍색), 투명 시트지, 가위, 본드, 실, 바늘, 벨크로, 고무줄, 단추, 병뚜껑, 솜		
제작방법	1. 하드보드지 전체를 시트지로 감싸고, 윗부분에 글자 수만큼 병뚜껑을 붙인다. 2. '무슨 색일까요?'라는 글자를 인쇄해서 오린 후 코팅한 글씨를 병뚜껑 위에 붙인다. 3. 색 이름을 인쇄해서 코팅한 후 오려서 왼쪽에 붙인다. 4. 펠트지로 과일 모양을 만든 후 솜을 넣고, 뒤에 벨크로를 붙여 하드보드지 오른쪽에 붙인다.   		

<table>
<tr>
<td>제작방법</td>
<td>
5. 이름표와 과일 모양 옆에 단추를 붙인다.
6. 이름표 옆에 붙인 단추에 고무줄을 달아서 과일 모양 쪽에 있는 단추에 연결시킨다.

7. 펠트지로 주머니를 만들어 보관한다.

</td>
</tr>
<tr>
<td>활동방법</td>
<td>
1. 다양한 색(빨간색, 주황색, 노란색, 초록색, 보라색, 분홍색)에 대해 알아본다.
2. 활동판의 오른쪽 원하는 위치에 과일 모양을 붙인다.
3. 고무줄을 이용해서 색과 색이 같은 과일을 연결한다.
</td>
</tr>
</table>

[활동 4] 칙칙폭폭 숫자놀이

<table>
<tr><td>활동영역</td><td>감각 · 탐색영역</td><td>대상 연령</td><td>만 2세</td></tr>
<tr><td>활동목표</td><td colspan="3">• 1~7까지의 숫자에 대해 알아본다.
• 숫자에 해당하는 수만큼 세어 상자에 공을 집어넣으면서 눈과 손의 협응력을 기른다.
• 숫자에 관심을 갖고 탐구하는 태도를 갖는다.</td></tr>
<tr><td>누리과정
관련 요소</td><td colspan="3">• 자연탐구 〉 수학적 탐구하기 〉 수량 인식하기
• 신체운동 〉 신체조절과 기본운동하기 〉 소근육 조절하기</td></tr>
<tr><td>활동자료</td><td colspan="3">활동판, 음식사진카드, 글자카드, 빙고판</td></tr>
<tr><td>준비물</td><td colspan="3">우유갑, 병뚜껑, 펠트지, 반짝이 퐁퐁이, 퐁퐁이, 가위, 칼, 테이프, 글루건, 흰 종이</td></tr>
<tr><td>제작방법</td><td colspan="3">1. 빈 우유갑 7개에 펠트지를 붙인다.
2. 퐁퐁이를 이용해 펠트지를 붙인 우유갑에 숫자를 붙인다.
3. 펠트지로 과일을 만들어 바느질한다.

4. 숫자를 붙인 우유갑 반대쪽에 과일을 붙인다.
5. 병뚜껑을 검은색 펠트지로 감싼 후 우유갑에 붙인다.
</td></tr>
<tr><td>활동방법</td><td colspan="3">1. 1~7까지의 숫자에 대해 알아본다.
2. 7개의 퐁퐁이를 나열하면서 세어 본다.
3. 숫자가 붙여진 기차모형을 순서대로 나열한다.
4. 상자 안에 들어있는 퐁퐁이를 숫자에 맞게 기차 모형에 넣는다.</td></tr>
</table>

[활동 5] 나도 의사 선생님

활동영역	감각 · 탐색영역	대상 연령	만 2세
활동목표	• 병원에서 하는 일과 사용되는 도구를 알 수 있다. • 눈과 손을 협응하여 물체와 그림을 짝지을 수 있다. • 병원에서 사용하는 도구에 관심을 갖는다.		
누리과정 관련 요소	• 자연탐구 〉 탐구하는 태도 기르기 〉 반복적 탐색 즐기기 • 자연탐구 〉 수학적 탐구하기 〉 공간과 도형에 관심가지기 • 신체운동 〉 신체조절과 기본운동하기 〉 소근육 조절하기		
활동자료	가방, 청진기, 주사기, 약통, 체온계, 가위, 밴드		
준비물	펠트지(하늘색, 흰색, 빨간색, 황토색, 파란색), 글루건, 바늘, 실, 솜, 벨크로, 가위		
제작방법	1. 펠트지를 모양대로 오린다. 2. 바느질하거나 글루건으로 붙인다. 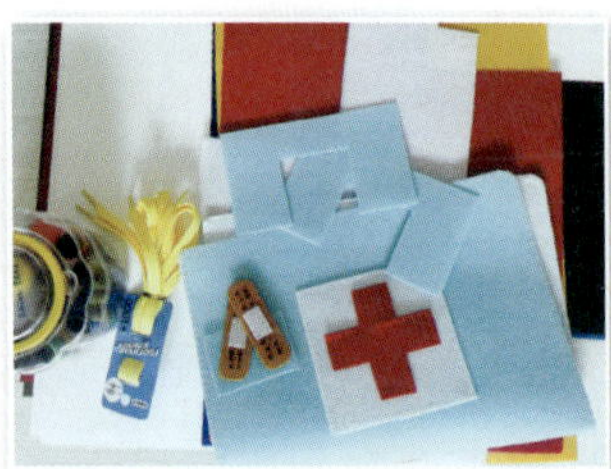 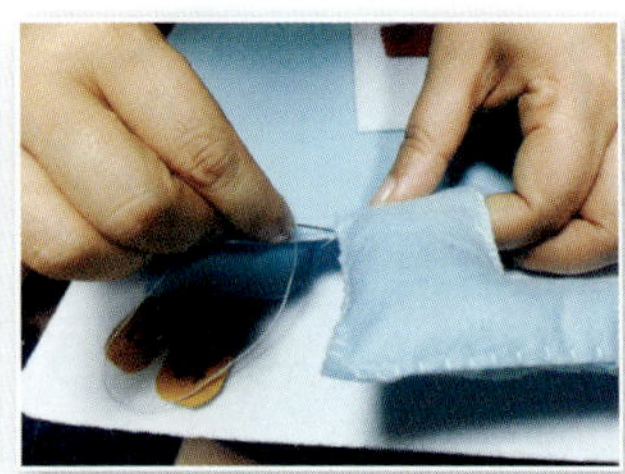 3. 펠트지 안에 솜을 넣거나 벨크로를 부착한다.  		

제작방법	4. 펠트지로 만든 가방 안에 병원놀이에 필요한 도구들을 붙인다. 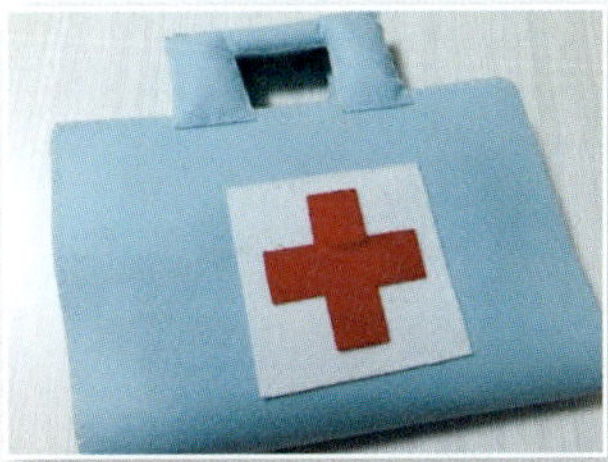 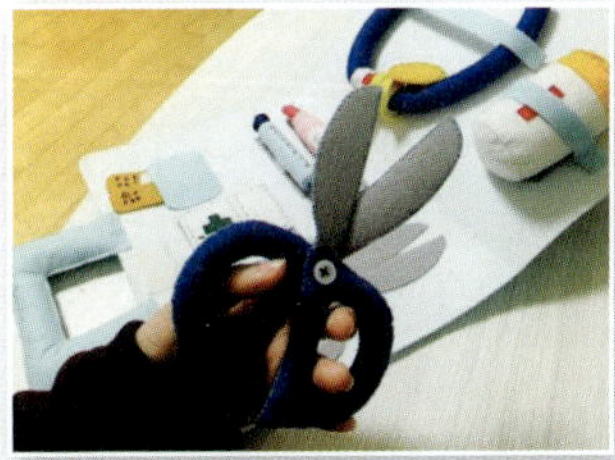  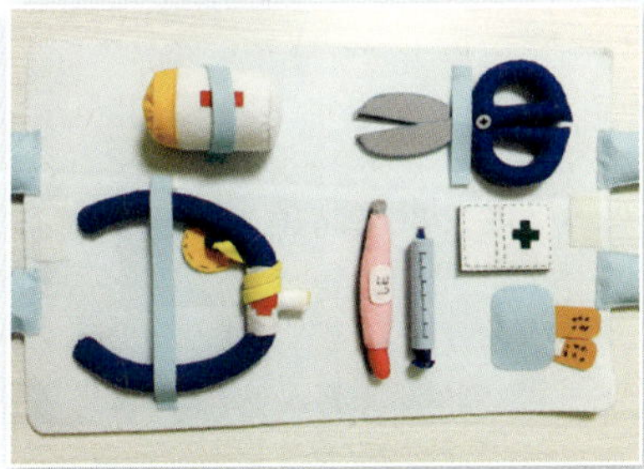
활동방법	1. 청진기, 체온계를 이용해 진찰한다. 2. 가위와 밴드를 이용하여 상처를 치료한다. 3. 주사기를 사용하여 주사를 놓는다. 4. 약통, 약봉투로 약을 처방한다. 5. 다 쓴 도구들을 병원 가방 안의 그림에 맞게 정리한다.

[활동 6] 롤케이크 모으기

활동영역	감각 · 탐색영역	대상 연령	만 2세
활동목표	• 1~10까지의 숫자의 순서를 안다. • 케이크를 알맞게 나누고, 붙여 볼 수 있다. • 활동에 호기심을 가지고 적극적으로 참여한다.		
누리과정 관련 요소	• 자연탐구 〉 수학적 탐구하기 〉 수량 인식하기 • 신체운동 〉 신체조절과 기본운동하기 〉 소근육 조절하기		
활동자료	1~10까지 쓰여 있는 롤케이크		
준비물	여러 가지 색 펠트지, 글루건, 실, 바늘, 가위, 솜, 스펀지		
제작방법	1. 스펀지를 롤케이크 모양으로 자른다. 2. 펠트지를 롤케이크 모양으로 자른다. 3. 입체감을 살려 바느질을 하다가 스펀지를 넣고 마무리한다. 4. 롤케이크 위에 올릴 장식을 만들고, 글루건으로 붙인다. 5. 1~10까지 숫자를 오려서 롤케이크 옆면에 글루건으로 붙인다. 		
활동방법	1. 케이크를 살펴본다. 2. 나눌 수 있는 개수만큼 나누어 본다. 3. 다시 케이크를 1~10까지 나열해 본다.		

[활동 7] 배고픈 애벌레

활동영역	언어영역	대상 연령	만 2세
활동목표	• 배고픈 애벌레 동화를 듣는다. • 애벌레를 조작하며 소근육 발달을 도모한다. • 다양한 재질을 탐색 · 조작하는 활동에 적극적으로 참여한다.		
누리과정 관련 요소	• 의사소통 〉 듣기 〉 짧은 이야기 듣기 • 신체운동 〉 신체조절과 기본운동하기 〉 소근육 조절하기		
활동자료	감각책		
준비물	펠트지(흰색, 빨간색, 주황색, 노란색, 초록색, 파란색, 하늘색), 여러 가지 색 실과 바늘, 가위, 벨크로(까슬이, 보슬이), 끈, 글루건, 뽕뽕이		
제작방법	1. 펠트지를 사각형 모양으로 잘라서 테두리를 버튼홀 스티치로 바느질하여 4장짜리 책으로 만든다. 2. 겉면에 '배고픈 애벌레' 글자를 잘라서 글루건으로 붙이고, 책을 열고 닫을 수 있도록 벨크로를 이용하여 붙였다 떼었다 할 수 있게 만든다.  		

제작방법	3. 나비, 아이스크림, 치즈 등의 모양을 펠트지로 오려서 각 장마다 붙인다. 4. 애벌레 인형은 솜을 넣어서 입체적으로 만들고, 리본 끈을 달아 애벌레가 각 장으로 움직일 수 있도록 만든다. 
활동방법	1. 교사가 직접 내용을 꾸민 동화 '배고픈 애벌레'를 들려준다. 2. 영아가 각 장을 넘기며 어떤 그림이 있는지 탐색하도록 한다. 3. 영아가 직접 애벌레를 조작하며 책을 넘기고 이야기해 보는 활동을 진행한다.

[활동 8] 맛있는 피자

활동영역	역할영역	대상 연령	만 2세
활동목표	• 피자의 모양과 재료를 탐색해 본다. • 다양한 토핑을 피자 위에 올려 본다. • 좋아하는 놀이에 관심을 갖고 참여한다.		
누리과정 관련 요소	• 신체운동 〉 신체조절과 기본운동하기 〉 소근육 조절하기 • 사회관계 〉 나를 알고 존중하기 〉 좋아하는 것 해 보기		
활동자료	피자 도우, 다양한 토핑, 피자판, 칼		
준비물	펠트지(황토색, 빨간색, 주황색, 노란색, 초록색, 분홍색, 회색, 흰색), 솜, 바늘, 실, 가위, 글루건		
제작방법	1. 펠트지를 이용하여 피자 도우, 피자 토핑 등 피자놀이에 필요한 재료를 오린다. 2. 안에 솜을 넣어 입체적으로 바느질한다. 3. 피자판과 칼, 보관하는 가방을 만든다.   		
활동방법	1. 피자도우 모양의 교구를 준비한다. 2. 준비된 피자 토핑을 피자판 위에 올려 피자 모양으로 꾸민다. 3. 친구들과 피자를 나누어 즐겁게 먹는 놀이를 한다. 4. 피자도우를 종류별로 나누어 정리한다.		

[활동 9] 화장놀이

<table>
<tr><td>활동영역</td><td>역할영역</td><td>대상 연령</td><td>만 2세</td></tr>
<tr><td>활동목표</td><td colspan="3">• 여러 가지 화장품의 이름과 각각의 쓰임새를 알아본다.
• 자신의 모습을 거울에 비추어 보고 소품을 이용하여 꾸미고 표현해 본다.
• 친구들과 함께 즐겁게 활동에 참여한다.</td></tr>
<tr><td>누리과정 관련 요소</td><td colspan="3">• 신체운동 〉 신체조절과 기본운동하기 〉 소근육 조절하기
• 사회관계 〉 나를 알고 존중하기 〉 좋아하는 것 해보기</td></tr>
<tr><td>활동자료</td><td colspan="3">다양한 화장품, 거울, 화장품 가방</td></tr>
<tr><td>준비물</td><td colspan="3">여러 가지 색의 펠트지, 실과 바늘, 가위, 솜, 자석, 종이 거울, 하드보드지</td></tr>
<tr><td>제작방법</td><td colspan="3">1. 여러 가지 화장품을 펠트지로 오린다.
2. 펠트지 사이에 솜을 넣은 후 꿰맨다.
3. 하드보드지로 거울 모양을 만든다.
4. 하드보드지에 종이 거울을 붙이고 펠트지로 감싸 꿰맨다.
5. 펠트지로 화장품 가방을 오린다.
6. 화장품 가방에 자석 달 곳을 정한다.
7. 펠트지로 자석을 감싸 꿰맨다.
</td></tr>
<tr><td>활동방법</td><td colspan="3">1. 다양한 화장품을 탐색하고 사용방법을 알아본다.
2. 화장품을 가지고 역할놀이를 한다.
3. 자신의 모습을 거울로 비춰 본다.</td></tr>
</table>

[활동 10] 따라해 봐요

<table>
<tr><td>활동영역</td><td>감각 · 탐색영역</td><td>대상 연령</td><td>만 2세</td></tr>
<tr><td>활동목표</td><td colspan="3">• 거울 속에 비치는 자신의 모습에 관심을 갖는다.
• 거울 속에 비치는 친구의 모습과 다양한 표정을 관찰해 본다.</td></tr>
<tr><td>누리과정
관련 요소</td><td colspan="3">• 사회관계 〉 나를 알고 존중하기 〉 나를 구별하기
• 사회관계 〉 더불어 생활하기 〉 또래에 관심 갖기</td></tr>
<tr><td>활동자료</td><td colspan="3">다양한 표정카드, 거울</td></tr>
<tr><td>준비물</td><td colspan="3">하드보드지, 여러 색의 펠트지, 거울지, 바늘, 실, 글루건, 자, 칼 등</td></tr>
<tr><td>제작방법</td><td colspan="3">1. 하드보드지를 반으로 자른 뒤, 2장의 하드보드지 사이에 간격을 조금 두어 나란히 펠트지 위에 붙인다.
2. 그 위를 다른 펠트지로 덮은 뒤에 바느질을 한다. 테두리 부분은 버튼홀 스티치, 가운데 부분은 박음질을 한다.
3. 한쪽 면에는 다양한 표정을 지은 아이를 펠트지로 만들어 붙이고, 다른 한 면에는 거울지를 동그랗게 잘라 붙인다.
4. 책 앞쪽에 '따라해 봐요'라는 제목을 붙인다.
</td></tr>
<tr><td>활동방법</td><td colspan="3">1. 영아에게 '따라해 보아요' 책을 보여 준다.
2. 관심을 보이는 영아와 책에 있는 표정을 보며 탐색해 본다.
3. 책을 펼친 뒤 옆에 있는 표정과 똑같은 표정을 거울지에 지어 본다.
4. 거울지로 친구들 얼굴도 비춰 본다.
5. 영아가 혼자 거울을 비춰 보며 활동해 본다.</td></tr>
</table>

[활동 11] 악기퍼즐

<table>
<tr><td>활동영역</td><td>감각 · 탐색영역</td><td>대상 연령</td><td>만 2세</td></tr>
<tr><td>활동목표</td><td colspan="3">• 다양한 소리를 내는 악기에 관심을 갖는다.
• 부분을 보며 전체를 완성해 본다.</td></tr>
<tr><td>누리과정 관련 요소</td><td colspan="3">• 예술경험 〉 아름다움 찾아보기 〉 음악적 요소 탐색하기
• 신체운동 · 건강 〉 신체조절과 기본운동하기 〉 신체조절하기</td></tr>
<tr><td>활동자료</td><td colspan="3">악기 그림 퍼즐 조각, 악기</td></tr>
<tr><td>준비물</td><td colspan="3">하드보드지, 투명 시트지, 인쇄한 그림자료, 칼, 가위, 풀, 색 테이프 등</td></tr>
<tr><td>제작방법</td><td colspan="3">1. 하드보드지를 자른 뒤 그 위에 같은 크기의 악기 그림자료를 풀로 붙인다.
2. 대각선, 가로, 세로 등 다양하게 두 조각으로 자른다.
3. 각 조각들을 투명 시트지로 감싼 뒤 색 테이프로 테두리를 마감한다.
</td></tr>
<tr><td>활동방법</td><td colspan="3">1. 그림자료에 나와 있는 악기를 보여 주며 악기에 대해 이야기 나눈다.
2. 악기를 탐색해 본다.
3. 악기 퍼즐을 하는 방법을 소개한다.
4. 퍼즐을 직접 맞추어 본다.
5. 활동을 평가한다.</td></tr>
</table>

[활동 12] 달콤한 반쪽

활동영역	감각 · 탐색영역	대상 연령	만 1세
활동목표	• 여러 가지 색의 과일의 종류에 대해 알아본다. • 완성된 과일 모형을 이용하여 과일의 반쪽을 찾아본다. • 과일 모형과 실물을 비교하여 적극적으로 탐구하는 태도를 갖는다.		
누리과정 관련 요소	• 자연탐구 〉 과학적 탐구하기 〉 자연을 탐색하기 • 자연탐구 〉 수학적 탐구하기 〉 공간과 도형에 관심 가지기		
활동자료	과일 사진, 과일의 반쪽 모형		
준비물	하드보드지, 펠트지(연두색, 빨간색, 초록색, 검은색, 보라색, 황토색, 주황색), 가위, 글루건, 벨크로, 인형 눈 모형, 과일 이름 글자, 과일 사진, 고무줄		
제작방법	1. 하드보드지를 반으로 자르고, 모서리를 둥글게 자른다. 2. 자른 하드보드지를 연두색 펠트지로 감싸 붙인다. 3. 연두색 펠트지를 붙인 하드보드지에 문을 만들어 붙인다. 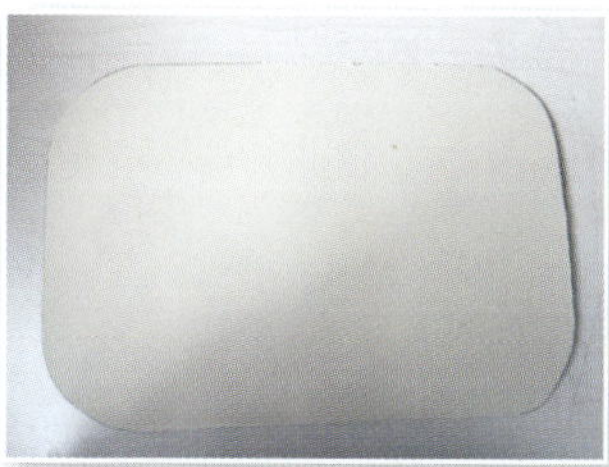  4. 과일(사과 · 포도 · 수박 · 감 · 딸기) 색에 해당하는 펠트지를 과일 모양으로 자른다. 5. 과일 펠트지를 하드보드지와 펠트지 문에 반씩 잘라 붙인다.  		

제작방법	6. 과일의 실물 사진과 이름을 인쇄해 자르고 코팅한다. 7. 코팅한 과일의 실물 사진과 이름을 해당 과일의 펠트지 문 안에 붙인다. 8. 낱장으로 완성된 것에 펀치로 구멍을 뚫고, 고무줄로 걸어 책으로 만든다. 
활동방법	1. 다양한 과일의 종류에 대해 알아본다. 2. 준비해 놓은 과일 사진들의 반쪽을 찾아 붙인다. 3. 펠트지로 만든 과일과 과일의 실물 사진을 비교한다.

[활동 13] 색 돋보기

활동영역	감각 · 탐색영역	대상 연령	만 1세
활동목표	• 다양한 색에 대해 알아본다. • 색깔 돋보기로 활용하여 사물을 관찰해 본다. • 색의 혼합에 관심을 갖는다.		
누리과정 관련 요소	• 자연탐구 〉 탐구하는 태도 기르기 〉 반복적 탐색하기 • 예술경험 〉 아름다움 찾아보기 〉 예술적 요소 탐색하기		
활동자료	색 돋보기(빨간색, 노란색, 파란색)		
준비물	셀로판지(빨간색, 노란색, 파란색), 펠트지(분홍색, 주황색, 노란색, 빨간색, 파란색, 검은색), 가위, 본드, 글루건, 코팅지		
제작방법	1. 부직포로 여러 모양의 동물 모양 틀을 만든다. 2. 동물 모양 틀에 코팅한 색 셀로판지를 가운데에 알맞게 붙인다. 3. 완성된 여러 가지 색 돋보기를 서로 겹쳐 보거나 사물에 대보면서 관찰할 수 있도록 크기를 통일하여 만든다.   * 주제에 따라 다양한 모양으로 변형하여 활용할 수 있다. 		
활동방법	1. 색 돋보기를 보여 주고 함께 탐색해 본다. 2. 색깔 돋보기를 눈 가까이 대고 주변환경이나 친구의 모습을 살펴본다. 3. 야외에 나가 주변환경에 대해 관심을 가지고 탐색해 본다.		

[활동 14] 색깔판으로 보아요

활동영역	감각 · 탐색영역	대상 연령	만 1세
활동목표	• 다양한 색깔과 모양에 관심을 갖는다. • 눈에 색깔판을 대고 다양한 사물을 탐색해 본다. • 다양한 물체에 대한 호기심을 갖고 탐색하는 태도를 갖는다.		
누리과정 관련 요소	• 신체운동 〉 감각과 신체운동하기 〉 감각능력 기르기 • 의사소통 〉 말하기 〉 낱말과 간단한 문장으로 말하기		
활동자료	다양한 색과 모양의 막대		
준비물	색지(빨간색, 노란색, 초록색, 파란색), 펠트지, 우드락 본드, 하드보드지 등		
제작방법	1. 노란색 색깔판을 별 모양으로 만든 뒤 펠트지로 테두리를 감싼다. 2. 빨간색 색깔판을 세모 모양으로 만든 뒤 펠트지로 테두리를 감싼다. 3. 파란색 색깔판을 동그라미 모양으로 만든 뒤 펠트지로 테두리를 감싼다. 4. 초록색 색깔판을 네모 모양으로 만든 뒤 펠트지로 테두리를 감싼다. 5. 하드보드지로 손잡이를 오린 후 각 색깔판과 같은 색의 펠트지로 감싼다. 		
활동방법	1. 보자기로 각 색깔판을 덮어 놓은 후 흥미를 유발한다. 2. 색깔판을 보여 주며 어떤 모양과 어떤 색이 있는지 탐색하며 이야기 나눈다. 3. 자유롭게 놀이한다.		

[활동 15] 동물인형 짝 맞추기

활동영역	감각 · 탐색영역	대상 연령	만 1세
활동목표	• 다양한 동물의 종류와 특성에 관심을 갖는다. • 동물 모양을 맞추어 퍼즐을 완성해 본다. • 물체를 적극적으로 탐색하는 태도를 갖는다.		
누리과정 관련 요소	• 자연탐구 〉 수학적 탐구하기 〉 공간과 도형에 관심 가지기 • 자연탐구 〉 과학적 탐구하기 〉 주변 동식물에 관심 가지기		
활동자료	동물 퍼즐(원숭이 · 코끼리 · 토끼 · 캥거루 · 호랑이 · 사자)		
준비물	펠트지, 상자, 바늘, 실, 가위, 글루건, 방울		
제작방법	1. 스펀지에 방울이 들어갈 자리를 자른다. 2. 펠트지로 여러 가지 동물 모양을 자른다(눈 · 귀 · 몸통 · 꼬리 등). 3. 펠트지를 정사각형 모양으로 자른다. 4. 여러 가지 동물 모양의 각 부분의 펠트지를 정사각형의 펠트지에 놓고 덧대어 꿰맨다. 5. 투명 실을 이용하여 동물의 얼굴 부분만 모아 앞뒤 방향으로 연결한다. 6. 방울이 들어 있는 스펀지를 넣고 모양을 잡아 준 후 옆 둘레를 잇는다. 7. 투명 실을 이용해 동물의 몸통 부분만 모아 앞뒤 방향을 연결한다. 8. 방울이 들어 있는 스펀지를 넣고 모양을 잡아 준 후 옆 둘레를 잇는다. 		
활동방법	1. 반쪽 모양을 탐색한다. 2. 동물 얼굴 모양을 찾는다. 3. 동물 얼굴에 알맞은 동물 몸통 모양을 찾아서 맞춘다. 4. 동물 6마리의 머리와 몸통을 모두 맞춘다.		

[활동 16] 감각책

활동영역	감각 · 탐색영역	대상 연령	만 1세
활동목표	• 다양한 재료의 재질에 대해 알아본다. • 재료의 재질을 만져 보고 조작해 본다. • 다양한 물체의 재질에 대해 적극적으로 탐색하는 태도를 갖는다.		
누리과정 관련 요소	• 자연탐구 〉 수학적 탐구하기 〉 수량 인식하기 • 신체운동 〉 감각과 신체인식하기 〉 감각기관 활용하기		
활동자료	감각책		
준비물	펠트지(흰색, 빨간색, 주황색, 노란색, 초록색, 파란색), 여러 가지 색실과 바늘, 가위, 지퍼, 단추, 벨크로(까슬이, 보슬이), 끈, 글루건, 뿅뿅이, 고리		
제작방법	1. 펠트지를 알맞은 크기로 자른다. 2. 한 장, 한 장 감각에 맞게 재료를 준비한다. 3. 벨크로(까슬이, 보슬이), 끈, 단추, 지퍼, 뿅뿅이를 넣고 각 면을 꿰맨다. 4. 펠트지 왼쪽을 펀치로 구멍을 뚫어 고리를 끼운다. 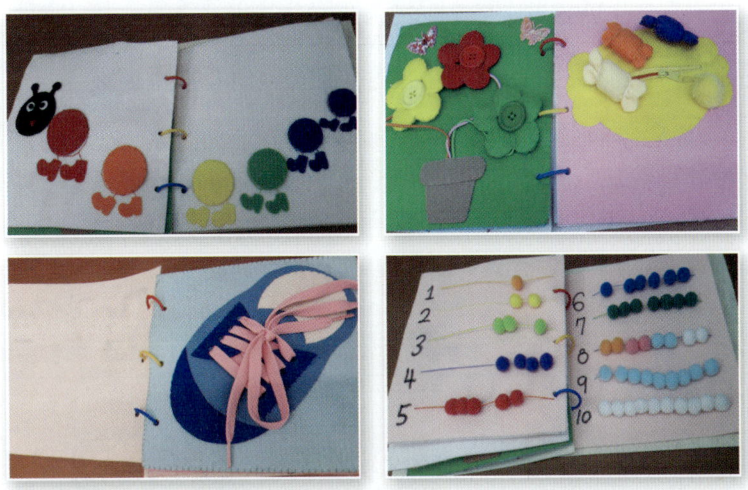		
활동방법	1. 영아가 지퍼를 열고 닫는 놀이를 한다. 2. 영아가 단추를 끼우는 놀이를 한다. 3. 영아가 신발 끈을 묶는 놀이를 한다. 4. 영아가 줄에 있는 모양을 올렸다 내렸다 한다. 5. 영아가 벨크로(까슬이, 보슬이)를 붙이고 떼는 놀이를 한다.		

[활동 17] 놀잇감 바느질

활동영역	감각 · 탐색영역	대상 연령	만 1세
활동목표	• 다양한 놀잇감의 종류에 대해 알아본다. • 운동화 끈은 이용하여 구멍에 끼워 본다. • 즐겁게 놀이활동에 참여한다.		
누리과정 관련 요소	• 신체운동 〉 감각과 신체인식하기 〉 감각기관 활용하기 • 신체운동 〉 신체조절과 기본운동하기 〉 소근육 조절하기		
활동자료	놀잇감 그림, 운동화 끈		
준비물	펠트지, 가위, 자, 글루건, 칼 ,끈		
제작방법	1. 복사한 놀잇감 사진을 코팅한다. 2. 코팅한 놀잇감 사진 뒤에 펠트지를 붙인다. 3. 놀잇감 사진을 붙인 펠트지에 구멍을 뚫는다.   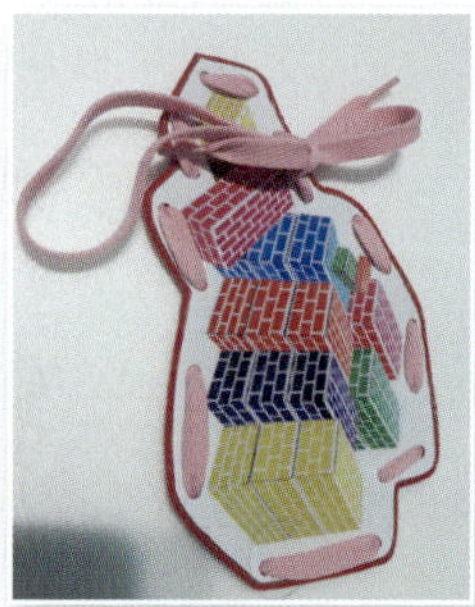		
활동방법	1. 영아에게 놀잇감을 붙인 펠트지를 보여 준다. 2. 관심을 보이는 영아와 구멍에 끈을 넣어 본다. 3. 영아들이 스스로 끈을 넣어 볼 수 있도록 한다.		

[활동 18] 손으로 만져 보아요

활동영역	감각 · 탐색영역	대상 연령	만 1세
활동목표	• 손의 촉감을 활용하여 다양한 자료의 재질을 탐색해 본다. • 만져 본 자료의 재질을 말로 표현해 본다. • 다양한 자료의 재질에 호기심을 갖는다.		
누리과정 관련 요소	• 신체운동 〉 감각과 신체인식하기 〉 감각기관 활용하기		
활동자료	촉감 부엉이, 촉감놀이 가방		
준비물	여러 가지 색 펠트지, 글루건, 가위, 벨크로, 스펀지, 털실, 퐁퐁이, 빨대, 골판지, 단추, 솜, 실, 바늘 등		
제작방법	**〈촉감 부엉이〉** 1. 부엉이(몸통 · 날개, 눈 · 발)를 스케치한 것을 오린 후 펠트지에 대고 그린다. 2. 부엉이(몸통 · 날개 · 눈 · 발,) 도안을 그린 후에 자르고 몸통에 날개 · 눈 · 발을 붙인다. 3. 부엉이 배 위에 촉감재료들이 떨어지지 않게 견고하게 붙인다.  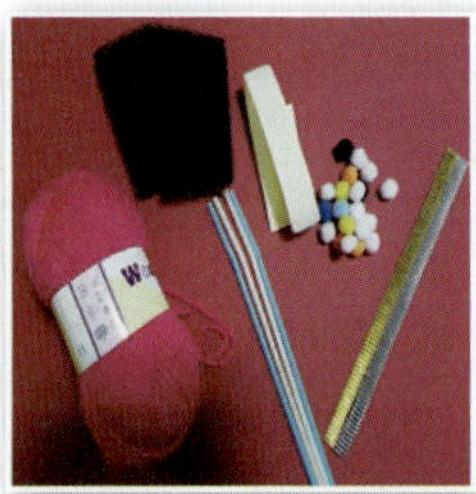 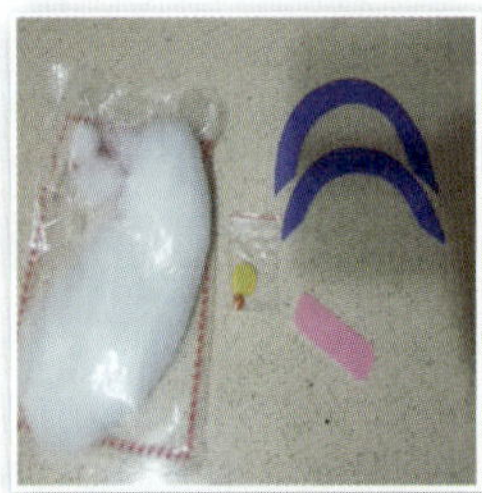 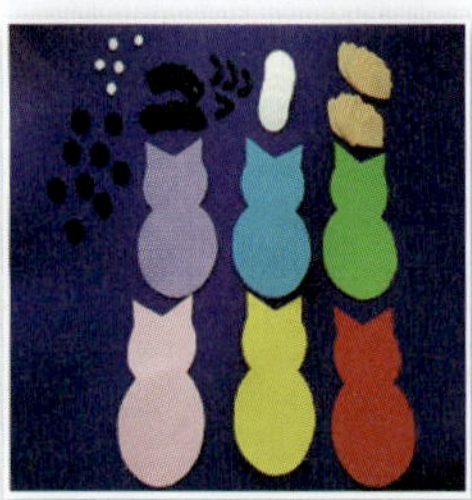  		

<table>
<tr>
<td>제작방법</td>
<td>〈촉감 놀이 가방〉
1. 남색 펠트지 위에 나뭇가지 모양의 펠트지를 붙이고, 촉감 부엉이들을 나뭇가지 위에 붙인다.
2. 남색 펠트지를 접으면 가방이 될 수 있도록 양쪽 끝에 펠트와 솜을 이용한 손잡이를 만들어 붙인다.
3. 단추를 달고, 펠트지 위에 '촉감놀이' 글자를 오려 가방 앞에 붙인다.
  </td>
</tr>
<tr>
<td>활동방법</td>
<td>1. 촉감놀이 가방을 보여 준다.
2. 가방을 열어 여러 자료의 촉감들을 만져 보게 한다.
3. 손의 촉감을 활용하여 탐색할 수 있도록 시간을 충분히 준다.
4. 만지기 꺼려하는 영아들에게는 만지는 모습 보여 주며 만질 수 있도록 격려한다.
5. 자유활동시간에 자유롭게 사용할 수 있도록 한다.</td>
</tr>
</table>

참고문헌

교육과학기술부, 보건복지부(2013). **3-5세 연령별 누리과정 교사용 지침서.**

김유정, 김정원(2011). **영유아 교육과정을 중심으로 한 교재교구 연구 및 지도법.** 양서원.

김은심, 유향선, 최현정(2016). **영유아를 위한 교과교재 연구 및 지도법.** 창지사.

김정규, 이광자, 조정숙(2010). **교과교재 연구 및 지도법.** 정민사.

김혜경(2010). **교구교재 연구 및 지도법.** 공동체.

나은숙, 김애옥, 박현경, 유연일, 홍지명(2014). **영유아 교과교재 연구 및 지도법.** 양서원.

문희연(2003). 흥미영역에 대한 유아의 선호연구. 중앙대학교 교육대학원 석사학위논문.

박란규(2005). 연령별, 생활주제별, 흥미영역별 교재의 실태 및 질적 수준에 관한 연구. 배재대학교 대학원 석사학위논문.

박지선(2017). 예비 유아교사들의 교재교구 제작경험 탐험. **한국산학기술학회 논문지, 18**(6), 418-430.

박찬옥, 방인옥, 이기현, 김은희(1999). **유아교육과정.** 정민사.

변홍규, 박혜정, 윤점룡(1983). **유아를 위한 놀잇감 평가기준 개발.** 한국교육개발원.

서예석, 송경섭, 오용환(2010). **교재 · 교구개발.** 형설출판사.

서향희(2014). **누리과정을 중심으로 한 유아 교재교구 연구의 이론과 실제.** 동문사.

서현아, 좌승화, 오성숙, 유민임, 안지성, 허수윤(2016). **멀티미디어 교수매체.** 공동체.

심성경, 김경의, 변길희, 김나림, 최대훈(2007). **교수매체의 이론과 실제(영유아를 위한).** 학지사.

양승지(2007). 동화내용에 기초한 교구활용 프로그램 개발 및 효과. 배재대학교 대학원 박사학위논문.

엄정례, 유향선(2013). **유아교재교구연구 및 지도법.** 정민사.

오숙자, 박은주, 홍기영(2011). **생활주제를 반영한 교재교구 제작 및 활용실제.** 동문사.

윤삼중(2002). 유치원의 교재 · 교구관리 프로그램의 설계 및 구현. 조선대학교 교육대학원 석사학위논문.

응우엔 티반람(2004). 재활용품을 활용한 유아교육용 교재교구에 관한 연구. 계명대학교 석사학위논문.

이대균, 송정원(2000). **유아교재교구 연구 및 지도.** 양서원.

이숙재(2004). **유아를 위한 놀이의 이론과 실제.** 창지사.

이영자(1981). **유아를 위한 교수매체.** 교문사.

이현옥, 박희숙(2015). **영유아교과교재 연구 및 지도법.** 공동체.

임은숙(2014). **유아교사를 위한 교과교재 연구 및 지도법.** 태영.

전선영, 유향선, 김은심, 문용은(2000). **교수매체의 이론과 실제.** 창지사.

정상녀, 박미자, 박형신, 김경란(2010). **교과교재 연구 및 지도법.** 공동체.

Heinich, R., Russell, J. D., Molenda, M., & Smaldino, S. E.(2002). **교육공학과 교수매체.** 설양환, 권혁일, 박인우, 손미, 송상호, 이미자, 최욱, 홍기칠 공역. 피어슨에듀케이션코리아(원본 출간일 2002).

Piaget, J.(1962). *Play, dreams and imitation in childhood.* New York: Norton.

Vygotsky, L. S.(1976). Play and it's role in the mental development of the child. In. Bruner, J. S., Jolly, A. & Sylva, K.(Eds.). *Play: its role in development and evolution.* New York: Penguin Book.

국립국어원 표준국어대사전 http://stdweb2.korean.go.kr/(2014년 2월 3일 인출).

찾아보기

[인명]

[내용]

ㄱ

ㄴ

저자소개

황소영

중앙대학교 사범대학 유아교육학과 문학사

중앙대학교 대학원 유아교육학과 문학석사

중앙대학교 대학원 유아교육학과 문학박사

(현) 유한대학교 아동보육학과 교수

나혜선

중앙대학교 사범대학 유아교육학과 문학사

중앙대학교 대학원 유아교육학과 문학석사

중앙대학교 대학원 유아교육학과 문학박사

(현) 경동대학교 유아교육과 교수

교과교재 연구 및 지도법 제2판

1판 1쇄 발행 2018년 2월 26일
2판 1쇄 발행 2021년 7월 20일

저 자 황소영 · 나혜선
발 행 인 회장 박철용
대표 박세원
발 행 처 정민사
주 소 경기도 파주시 직지길 522 파주출판도시
전 화 031-955-8030
팩 스 031-955-8025
홈 페 이 지 http://www.jmpub.co.kr
이 메 일 yswgroup@naver.com
출 판 등 록 1979년 1월 22일 No. 406-2004-000130호

I S B N 978-89-5809-930-7
정 가 19,000원